Bernd F. Schümann

CAESARS WORTSCHATZ

Vollständiges Lexikon
zu den Schriften bellum Gallicum,
bellum civile, bellum Africanum, bellum Alexandrinum,
bellum Hispaniense sowie den Fragmenten

7. Auflage

HELMUT BUSKE VERLAG
HAMBURG 1987

1. Auflage 1976
2. Auflage 1977
3. Auflage 1979
4. Auflage 1980
5. Auflage 1982
6. Auflage 1984
} Schümann Verlag, Hamburg
ISBN 3-9800120-2-6
Ab 7. Auflage 1987 Buske Verlag, Hamburg

CIP-Kurztitelaufnahme der Deutschen Bibliothek

Schümann, Bernd F.:

Caesars Wortschatz: vollst. Lexikon zu d. Schriften Bellum Gallicum, Bellum civile, Bellum Africanum, Bellum Alexandrinum, Bellum Hispaniense sowie d. Fragm. / [Hrsg.: B. F. Schümann]. – 7. Aufl. – Hamburg: Buske, 1987.
Bis 6. Aufl. im Verl. Schümann, Hamburg
ISBN 3-87118-824-7

NE: HST

ISBN 3-87118-824-7

Gesamtherstellung: J. J. Augustin, 2208 Glückstadt

meinem Freund
Wolf-Dieter Fritsch

VORWORT

Der Verlag übergibt das vorliegende Wörterbuch mit der Hoffnung, Schülern und Studenten, die sich auf das sog. Kleine Latinum vorbereiten, einen planmäßigen Spracherwerb zu ermöglichen.

Bewußt haben wir uns deshalb auf die Schriften Cäsars und seiner sog. Fortsetzer beschränkt, um den Schüler nicht mit Wörtern und Wortbedeutungen zu belasten, die für seinen Bedarf entbehrlich sind. Andererseits sind *alle* Wörter dieses Schriftbereichs erfaßt, so daß eine Lektüre, wie sie für das Kleine Latinum vorgesehen ist, mit Hilfe des vorliegenden Wörterbuchs jederzeit möglich ist.

Neu und, wie wir hoffen, besonders hilfreich ist die Unterscheidung nach Häufigkeiten. Für *alle* Wörter, Wortverbindungen und syntaktischen Angaben wurde ein einheitlicher Häufigkeitsindex eingeführt. Das Wörterbuch eignet sich deshalb nicht nur zum Nachschlagen, sondern vor allem auch zum Erlernen und Repetieren.

Der symbolisierte Index * bezeichnet eine Häufigkeit von mehr als 7 Belegen innerhalb der erfaßten Schriften. Zusätzlich sind die 450 häufigsten Wörter in einer gesonderten Liste als Anhang zum Wörterbuch noch einmal erfaßt.

Dem Schüler wird damit die Möglichkeit gegeben, seine Arbeit schwerpunktmäßig zu gestalten und trotz Zeitersparnis fundierte Kenntnisse zu erwerben. Gerade auch Lehrern hoffen wir damit ein Material an die Hand geben zu können, das den bekanntlich schwierigen Prozeß einer gezielten Einarbeitung der Schüler und Wiederaufbereitung ihres Wissensstoffs wesentlich erleichtert.

Großen Wert haben wir darauf gelegt, alle nötigen Angaben zur Grammatik eines Wortes wie Formen und Regeln zur Konstruktion vollständig zu erfassen. Strukturelle Zusammenhänge innerhalb eines Satzes werden damit leichter erkennbar und verbessern die Orientierung des Schülers beim Übersetzen.

Aus demselben Grund schien es uns ratsam, die Darstellung von Wortverbindungen möglichst reichhaltig zu gestalten. Einerseits lernt der Schüler, Bedeutungsvarianten eines Wortes am Zusammenhang zu erkennen, andererseits kann der Schüler so die richtige Übersetzung an der richtigen Stelle treffen, ohne sich trotz Wörterbuch zu “vergreifen”.

Als Anregung für eine intensivere Beschäftigung mit dem Leben der Menschen in der Antike sind Sacherläuterungen zu den wichtigsten Dingen vor allem des militärischen Lebens beigefügt.

Wir hoffen, dem Kreis der Schüler und Studenten, an den sich das vorliegende Wörterbuch wendet, mit dieser Ausgabe ein Arbeitsmaterial an die Hand geben zu können, das ihren Ansprüchen gerecht wird.

Uns selbst wünschen wir ein reges Interesse der Fachwelt an einer weiteren Ausgestaltung dieser ersten Auflage.

der Verlag

ERKLÄRUNG DER VERWENDETEN ABKÜRZUNGEN

Abl.	Ablativ	fem.	feminin
aci	Akkusativ mit Infinitiv	Gen.	Genitiv
Adv.	Adverb	m.	maskulin
Akk.	Akkusativ	n.	neutrum
b./bell. Afric.	Schrift über den Afrikanischen Krieg	nci	Nominativ mit Infinitiv
b./bell. Alex.	Schrift über den Alexandrinischen Krieg	Nom.	Nominativ
		Part.	Partizip
b./bell. civ.	Schrift über den Bürgerkrieg	pass.	passivisch
		Pl.	Plural
b./bell. Gall.	Schrift über den Gallischen Krieg	Präp.	Präposition
		Pron.	Pronomen
b./bell. Hisp.	Schrift über den Spanischen Krieg	Sg.	Singular
		Sup.	Superlativ
Caes.	Caesar	verb.	verbunden
Dat.	Dativ		

(1) (2) (3) (4) Verb der 1., 2., 3., 4. Konjugation

* mehr als 7-mal in den Schriften bell. Gall., bell. civ., bell. Afric., bell. Alex., bell. Hisp. sowie den Fragmenten belegt

(*) ausschließlich innerhalb eines sehr kleinen Textbereichs mehr als 7-mal belegt; vgl. dazu jeweils die Angaben zum Stichwort.

A

* **a, ab, abs (Präposition m. Abl.)**	**von**
I. räumlich:	von ... her
proficisci a	aufbrechen von
ab oppidis prohibere	von den Städten fernhalten
a sinistro cornu premere	auf dem linken Flügel vordrängen
a sinistra parte	auf der linken Seite
a tergo adoriri	im Rücken angreifen
II. übertragen:	
litteras a Caesare accipere	Briefe von Caesar empfangen
III. beim logischen Subjekt:	
ab hoste conspici	vom Feind erblickt werden
IV. zeitlich:	
a superiore aestate	vom vergangenen Sommer an
a pueris	von Kindheit an
V. ab ... ad	von ... bis (räumlich/zeitlich)
ab oppido Bibracte proficiscitur ad legionem XIII	er brach von der Stadt B. zur 13. Legion auf
ab hora septima ad versperum pugnare	von der siebenten Stunde bis zum Abend kämpfen
VI. Trennung	
prohibere ab	schützen vor, abhalten von
* **abdere, abdo, abdidi, abditum (3)**	**entfernen, aus den Augen schaffen**
* se in silvas abdere	sich in den Wäldern verstecken
abditi in tabernaculis	in den Zelten verborgen/versteckt
abdicare, o, avi, atum (1)	**entsagen, niederlegen**
dictatura *(Abl.)* se abdicare	das Amt des Diktators niederlegen
* **abducere, o, duxi, ductum (3)**	**wegführen**
* **abesse, absum, afui**	**abwesend sein, nicht da sein**
* abesse a	entfernt sein von
* longius abesse	weiter (zu weit) entfernt sein
* non longius bidui via abesse	nicht weiter als zwei Tagesmärsche entfernt sein
non multum afuit, quin	es hätte nicht viel gefehlt, daß
eo absente	in dessen Abwesenheit
abhorrere, eo, ui (2)	**vor etwas zurückschaudern; nichts wissen wollen von**
a pace abhorrere	von Frieden nichts wissen wollen
* **abicere, io, ieci, iectum (3)**	**wegwerfen, schleudern, hinwerfen**
abies, abietis fem.	**Tanne**
abire, abeo, abii, abitum	**sich entfernen, weggehen**
ex conspectu abire	sich außer Sichtweite entfernen
abiungere, o, iunxi, iunctum (3)	**entfernen**
abripere, io, ripui, reptum (3)	**fortreißen, wegschleppen** *z.B.: liberos*

abs *vgl. a/ab/abs*

abscedere, o, cessi, cessum (3) — **sich entfernen**

abscidere, o, cidi, cisum (3) — **abschneiden, trennen**

* **absens, absens, absens** — **abwesend**
Gen.: absentis

absimilis, absimilis, absimile — **unähnlich**

absistere, o, stiti, stitum (3) — **sich entfernen**

absolvere, o, solvi, solutum (3) — **vollenden** *z.B.: opus*

abstinere, eo, tinui, tentum (2) — **sich enthalten, abhalten**
nostros proelio abstinere — unsere Soldaten vom Kampf abhalten

abstrahere, o, traxi, tractum (3) — **fortreißen, wegschleppen, abschneiden**
aliquem frumento abstrahere — jemanden von der Getreidezufuhr abschneiden
aliquem in servitutem abstrahere — jemanden in die Sklaverei verschleppen

absumere, o, sumpsi, sumptum (3) — **aufwenden**

* **abundare, o, avi, atum (1)** — **reichlich versehen sein mit, etwas im Übermaß besitzen, Überfluß haben an etwas**
* omnibus rebus abundare — alle Dinge im Überfluß haben

abuti, abutor, abusus sum (3) — **unnütz vergießen**
sanguine abuti — unnütz Blut vergießen

* **ac** *vgl. atque*

* **accedere, o, cessi, cessum (3)** — **herantreten, herankommen, anrücken**
propius Romanos accedere — näher an die Römer heranrücken
ad oppidum accedere — auf die Stadt zurücken
accedit, quod — es kommt hinzu, daß
* accedebat, ut — es kam noch hinzu, daß

accelerare, o, avi, atum (1) — **eilen, beschleunigen** *z.B.: iter*

accendere, o, cendi, censum (3) — **anzünden** *z.B.: lumen*

acceptus, a, um — **beliebt**
plebi acceptus — beim Volk beliebt

accessio, accessionis fem. — **Zuwachs, Fortschritt**

* **accessus, us m.** — **Annäherung, Zugang**

* **accidere, accido, accidi (3)** — **eintreten, auf etwas fallen**
* *mit Dativ verbunden* — jemandem zustoßen
mit adv.Best.: quibus rebus accidit, ut — so kommt es, daß
gravius accidere *(von Geschossen gesagt)* — schwerer aufschlagen
* accidit, ut — es ereignet sich, daß

accīdere, o, cidi, cisum (3) — **anhauen, schwächen** *z.B.: arbores/copias*

* **accipere, io, cepi, ceptum (3)**	**annehmen, empfangen, aufnehmen**
* calamitatem/detrimentum accipere	eine Niederlage erleiden
* vulnus accipere	eine Wunde empfangen/verwundet werden
aliquem in deditionem accipere	die Unterwerfung jemandes annehmen
aliquid fama accipere	etwas gerüchteweise erfahren
* incommodum accipere ex	Schaden nehmen/erleiden durch
nomen accipere a	seinen Namen erhalten nach
accire, accio, accivi (acii), accitum (4)	**herbeirufen**
acclivis, acclivis, acclive	**ansteigend** *z.B.: aditus/collis/locus*
acclivitas, aeclivitatis fem.	**Abdachung**
accomodare, o, avi, atum (1)	**anpassen, anlegen**
accomodare ad	anpassen an
accomodatus, a, um	angepaßt
accurate Adv.	**sorgfältig**
accurrere, o, accurri (accucurri) accursum (3)	**hinzulaufen, eilig herankommen, herbeisprengen**
ad Galbam accurrere	zu Galba eilen
in castra accurrere	ins Lager eilen
accusare, o, avi, atum (1)	**anschuldigen, anklagen, Vorwürfe machen**
accusare, quod	(jemandem) Vorwürfe machen, daß
acer, acris, acre	**scharf, feurig, hitzig** ***z.B.: certamen, concursus, consilia defensor, proelium, tempestas***
acerbe Adv.	**streng, rücksichtslos, schmerzlich**
acerbitas, acerbitatis fem.	**Härte, Drangsal**
acerbus, a, um	**hart, schmerzlich**
acervatim Adv.	**scharenweise**
acervus, acervi m.	**Haufen**
* **acies, aciei fem.**	**Schärfe, Schlachtreihe, Schlacht**
* aciem instruere	die Schlachtreihe aufstellen
acquiescere, o, quievi, quietum (3)	**ruhen, sich beruhigen**
acquirere, acquiro, acquisivi, acquisitum (3)	**gewinnen, erreichen**
* **acriter Adv.**	**heftig, hitzig, eifrig**
actio, actionis fem.	**Amtshandlung**
* **actuarius, a, um**	**schnellsegelnd**
acutus, a, um	**spitz, scharfsinnig** ***z.B.: homines, sudes, valli***
* **ad** **Präposition mit Akk.**	**zu, nach, bei, bis ... zu**
I räumlich:	
a) wohin?	
ad oppidum accedere	an die Stadt heranrücken
ad eos adducere	zu ihnen führen

b) wo?	
primum pilum ad Caesarem ducere	bei Caesar Primipil sein
ad Alisiam castra facere	bei Alesia das Lager aufschlagen
II. zeitlich:	
ad horam octavam	bis zur achten Stunde
III. zur ungefähren Bestimmung:	
ad hominum milia decem	bei zehntausend Menschen
ad eundem numerum	in ungefähr gleicher Anzahl
numero ad duodecim	ungefähr zwölf (an der Zahl)
IV. Art und Weise:	
ad eundem modum	auf dieselbe Weise
ad speciem	zum Schein
ad suum arbitrium	nach seinem Ermessen
V. final beim Gerundium und Gerundivum:	
ad frigora atque aestus vitandos	zum Schutz gegen Hitze und Kälte
ad molliendum clivum	um die Anhöhe abzuflachen
ad pabulandum	zum Futterholen
VI. bei Substantiven:	
aditus ad	Zugang zu
VII. bei Adjektiven:	
aptus/idoneus ad	geeignet zu
VIII. usque ad	bis zu
* **adaequare, o, avi, atum (1)**	**angleichen, auf selbe Höhe bringen, erreichen, gleichkommen**
adamare, o, avi, atum (1)	**lieb gewinnen**
adaquari, adaquor (1)	**Wasser holen**
adaugere, adaugeo, adauxi, adauctum (2)	**vermehren**
	z.B.: naves/numerum/pabulum
adc *vgl. acc*	
* **addere, addo, addidi, additum (3)**	**hinzufügen**
pauca addere	wenige Worte hinzufügen
addere *mit aci*	hinzufügen, daß
addere, ut ...	hinzufügen, daß
addicere, o, dixi, dictum (3)	**zusprechen**
* **adducere, o, duxi, ductum (3)**	**heranführen**
* adducere aliquem, ut	jemanden dazu bringen, daß
* his rebus adductus	dadurch bewogen/veranlaßt
* **adeo**	**so sehr**
* adeo ..., ut	so sehr ..., daß
adequitare, o, avi, atum (1)	**heranreiten**
* **adesse, adsum, affui**	**anwesend sein, anrücken, beistehen**
alicui adesse	jemandem beistehen
qui aderant	die Anwesenden

	adf *vgl. aff*	
	adhaerescere, o, haesi (3)	**hängen bleiben**
*	**adhibere, eo, ui, itum (2)**	**hinzuziehen, anwenden**
	diligentiam adhibere	umsichtig vorgehen
*	**adhortari, or, hortatus sum (1)**	**anfeuern, ermahnen, mahnen**
	adhortari, ut	anfeuern/ermahnen zu ...
	adhuc	**bis jetzt**
	adiacēre, adiaceo, adiacui (2)	**angrenzen**
	adiacere ad	angrenzen an
*	**adicere, io, ieci, iectum (3)**	**werfen, anschließen, hinzufügen**
	telum adicere	Wurfgeschoß werfen
	non longius abesse, quam quo telum adici (adigi) posset	in Schußweite sein
*	**adigere, o, egi, actum (3)**	**treiben, eintreiben werfen, verpflichten**
	adimere, adimo, ademi, ademptum (3)	**nehmen, entziehen** *z.B.: dona, facultatem, prospectum, spem*
	adipisci, adipiscor, adeptus sum (3)	**erringen** *z.B.: victoriam*
*	**adire, adeo, adii, aditum**	**herangehen, anrücken**
	* Remos adire	zu den Remern gehen
*	**aditus, aditus m.**	**Zugang**
	aditus est ad	Zugang besteht zu
	aditus est ex	Zugang besteht von
	aditum habere ex terra	Zugang vom Land her haben
	navibus (pedibus) aditum habere	Zugang von der See (vom Land) her haben
	adiudicare, o, avi, atum (1)	**zuerkennen**
	adiumentum, i n.	**Hilfe**
*	**adiungere, o, iunxi, iunctum (3)**	**vereinigen, hinzufügen**
	provinciae adiungere	der Provinz angliedern
	adiutor, adiutoris m.	**Beistand, Gehilfe** *(öffentlich und privat)*
*	**adiuvare, adiuvo, adiuvi, adiutum (1)**	**helfen, unterstützen**
	mit Akkusativ verbunden	jemandem helfen/etwas unterstützen
	ad aliquam rem adiuvare	eine Sache hilfreich unterstützen
	admaturare, o (1)	**beschleunigen**
	administer, administri m.	**Gehilfe**
*	**administrare, o, avi, atum (1)**	**verrichten, besorgen, ausführen, leiten**
	administratio, onis fem.	**Leitung, Tätigkeit**
*	**admirari, or, atus sum (1)**	**bewundern, anstaunen, sich wundern**
	admirari *mit aci*	sich wundern, daß
	admirari, quod	sich wundern, daß

admiratio, onis fem.	**Staunen, Bewunderung**
admiscēre, eo, miscui, mixtum (2)	**vermischen**
* **admittere, o, misi, missum (3)**	**zulassen, loslassen, verschulden**
equum admittere	das Pferd gallopieren lassen
facinus admittere	ein Verbrechen begehen
facinus in se admittere	ein Verbrechen auf sich laden
* **admodum Adv.**	**völlig, sehr**
admonere, eo, ui, itum (2) *(mit aci/Inf./ut-Satz verbunden)*	**erinnern**
admonitus m. *(nur Ablativ Sg. erhalten)*	
admonitu	auf Mahnung (von)
admovere, eo, movi, motum (2)	**nähern, heranbringen** *z.B.: copias/legiones/opus/scalas*
adnare, adno, adnavi, adnatum (1) auch: annare	**heranschwimmen**
adnatare, o, avi, atum (1) auch: annatare	**heranschwimmen**
* **adolescens, adolescentis m.**	**der junge Mann** *(vom 18. bis zum 25. (ev. 30.) Lebensjahr)*
adolescentulus, i m.	**sehr junger Mann**
adolescere, o, olevi, ultum (3)	**heranwachsen**
* **adoriri, adorior, adortus sum (4)**	**angreifen**
adornare, o, avi, atum (1)	**ausrüsten**
adp. vgl. app	
ads vgl. ass	
adsc vgl. asc	
adsp vgl. asp	
adst vgl. ast	
adsum vgl. adesse	
adt vgl. att	
adulatio, onis fem.	**Schmeichelei**
adulescentia, ae fem. auch: adolescentia	**Jugend**
adultus, a, um	**erwachsen**
advehere, o, vexi, vectum (3)	**bringen** *passivisch:* ankommen
* **advenire, io, veni, ventum (4)**	**ankommen**
adventare, o, avi (1)	**sich nähern, anrücken**
adventare ad	anrücken auf
* **adventus, us m.**	**Ankunft, Anwesenheit**
* **adversarius, a, um**	**feindlich, hinderlich**

*	**adversarius, adversarii m.**	**Gegner** *den Ausdruck 'adversarius' benutzt Caes. fast ausschließlich für die Gegner im Bürgerkrieg, während er im Gallischen Krieg von den Gegnern als 'hostes' spricht.*
*	**adversus, a, um**	**zugekehrt, entgegengesetzt, ungünstig**
	adverso flumine	stromauf
	res adversae	Unglück
*	**adversus (adversum) Präp. mit Akkusativ**	**gegen, gegen ... hin, gegenüber**
	I. räumlich:	
	a) wohin? (bei Verben der Bewegung) elephantos convertere adversus hostem	die Elefanten gegen den Feind wenden
	b) wo? area, quae erat adversus pontem	der freie Platz, der gegenüber der Brücke lag
	II. zur Bezeichnung eines feindlichen/freundlichen Verhältnisses: adversus opinionem eius loqui	gegen dessen Ansicht sprechen
*	**advertere, adverto, adverti, adversum (3)**	**hinkehren, hinwenden**
	* animum advertere *(mit aci)* (auch: animadvertere)	bemerken, daß
	advesperascit (3)	**es wird Abend**
*	**advocare, o, avi, atum (1)**	**herbeirufen, berufen** *z.B.: contionem*
*	**advolare, o, avi, atum (1)**	**herbeieilen**
	aedificare, o, avi, atum (1)	**bauen**
*	**aedificium, aedificii n.**	**Bauwerk**
	aedilicius, a, um	**ädilisch**
	aedilitas, atis fem.	**Amt des Ädilen**

die Ädilen besorgten die Spiele. Außerdem oblag ihnen die Sicherheits- und Wohlfahrtspolizei, vor allem die Überwachung des Getreidemarktes. Für den letzteren Aufgabenbereich ernannte Caes. im Jahre 44 v. Chr. zwei weitere Ädilen, die sich auch mit der Lebensmittelversorgung der Stadt zu befassen hatten.

*	**aeger, aegra, aegrum**	**leidend, krank, angegriffen, bekümmert**
*	**aegre Adv.**	**mit Mühe**
	aemulari, or, atus sum (1) *mit Akk. verbunden*	**nacheifern** einer Sache nacheifern
	aequalis, aequalis, aequale	**gleich**
	aequaliter Adv.	**gleichmäßig**
	aequare, aequo, aequavi aequatum (1)	**gleichmachen, gleichkommen**

aeque Adv. — **gleich, ebenso**

aequinoctium, aequinoctii n. — **Tag- und Nachtgleiche**
1. Tag des Frühlings bzw. Herbstes mit dem Sonnenaufgang um 6 Uhr und dem Sonnenuntergang um 18 Uhr.

aequitas, atis fem. — **Gleichheit, Mäßigung, Billigkeit**

* **aequus, a, um** — **eben, gleich, günstig, billig, gerecht**
* aequo animo — mit Gleichmut

aeraria, ae fem. — **Erzgrube**

aerarium, aerarii n. — **Schatzkammer, Staatskasse**

Das 'aerarium' war geteilt in das gewöhnliche 'aerarium', in das die regelmäßigen Abgaben flossen und aus dem die ordentlichen Ausgaben bestritten wurden, und in das 'aerarium sanctius', die geheime Staatskasse, in die u.a. die Kriegsbeute floß; dieser geheime Schatz war für höchste Notfälle bestimmt. Aufsicht über das aerarium führten z.Zt. der Republik die Quästoren und ihre Gehilfen.

aeratus, a, um — **mit Metall beschlagen**

* **aes, aeris n.** — **Kupfer, Metall, Geld**
aes alienum — Schulden

* **aestas, aestatis fem.** — **Sommer** *bzw. die für Kriegszüge geeignete wärmere Jahreshälfte*

aestimare, o, avi, atum (1) — **schätzen**
aliquid levi momento aestimare — etwas für unbedeutend halten
ex tertia parte Galliae aestimare — auf ein Drittel Galliens schätzen

aestimatio, onis fem — **Abschätzung** *(einer Sache nach ihrem Geldwert)*
aestimationem facere — eine Schätzung vornehmen

aestivus, a, um — **sommerlich**
aestiva, orum n. — Sommerlager

aestuarium, aestuarii n. — **Niederung, Seelache**

* **aestus, aestus m.** — **Hitze, Brandung, Flut**
minuente aestu — bei Eintritt der Ebbe

* **aetas, aetatis fem.** — **Lebensalter**
per aetatem — aus Altersgründen
omnes gravioris aetatis — alle älteren Leute *(d.h.: gewichtigeren Leute)*
omnes superioris aetatis — alle älteren Leute *(hier rein zeitlich gemeint)*

aeternus, a, um — **ewig**

* **afferre, affero, attuli, allatum** *(konjugiert wie 'ferre')* — **herbeitragen, herbeibringen, anführen**
causas afferre — Gründe anführen
detrimentum nostris afferre — unseren Soldaten Verluste beibringen

*	**afficere, io, feci, fectum (3)** beneficio affici supplicio affici	**versehen mit** eine Gunst empfangen hingerichtet/niedergemetzelt werden
	affigere, o, fixi, fixum (3)	**befestigen, schleudern**
	affingere, o, finxi, fictum (3)	**hinzudichten**
	affinis, affinis m./fem.	**Verwandter**
	affinitas, atis fem.	**Verwandtschaft**
	affirmare, o, avi, atum (1) *mit aci verbunden*	**versichern** versichern, daß
	affirmatio, onis fem.	**Versicherung, Beteuerung**
	afflictare, o, avi, atum (1)	**beschädigen, bedrängen**
	affligere, o, flixi, flictum (3)	**beschädigen, niederwerfen**
*	**ager, agri m.**	**Feld:** *'ager' bezeichnet das bewirtschaftete Land (Feld/Acker) und häufig auch das Gebiet um eine Ortschaft herum.* Feld, Dorf, Land, Gebiet, Boden
*	**agere, ago, egi, actum (3)** conventus agere * gratias agere (quod) nihil agere * vineas agere * agere *cum aliquo de aliqua re*	**führen, treiben, leisten** Gerichtstage abhalten Dank (dafür) sagen, (daß) nichts unternehmen Schutzdächer vorschieben mit jemandem über etwas verhandeln
*	**agger, aggeris m.**	**Erde, Wall**

Caes. spricht vom 'agger' als dem Angriffsdamm, während er den Verteidigungs- bzw. Schutzwall 'vallum' nennt. Ein solcher 'agger' konnte bis zu 80 Fuß Höhe erreichen (vgl. b. G. 7,24/b. civ. 2,1). Faschinen, Palisaden oder Baumstämme hinderten die Erde am Abrutschen, bedeuteten aber gleichzeitig eine Brandgefahr (vgl. b. Hisp. 16/b. G. 7,24). Auf diesem 'agger' wurden wie auf einer Mauer Bollwerke und Türme errichtet und das Sturmzeug aufgepflanzt.)

*	**aggredi, aggredior, aggressus sum (3)**	**angreifen**
	aggregare, o, avi, atum (1) se aggregare	**anschließen** sich anschließen
	agitare, o, avi, atum (1)	**verhandeln, äußern**
*	**agmen, agminis n.** * agmen novissimum agmen primum agmen claudere	**Heereszug** Nachhut Vorhut den Schluß des Heeres bilden
	agnoscere, agnosco, agnovi, agnitum (3) vix proximum agnoscere posse ex aliqua re agnosci	**erkennen** kaum die Hand vor Augen sehen können an etwas erkannt werden
	agricultura, ae fem. (auch: agri cultura)	**Ackerbau**

	aio *(verbum defectivum)* *(bei Caes. sind die Formen 'ais' und 'ait' belegt)*	**sagen**
*	**ala, alae fem.**	**Reiterschar** *Flügel des Heeres, die Flügeltruppen; früher eine Abteilung d.röm. Reiterei, später eine Abteilung d. Bundesgenossen, besonders die Reiterei, die meist die Flanken d.röm. Legionen decken sollte.*
	alacer, alacris, alacre	**munter feurig (als Tugend)**
*	**alacritas, alacritatis fem.**	**mutige Stimmung**
*	**alarius, a, um** alarii, alariorum m.	**aus Hilfstruppen bestehend** Flügelsoldaten, Flügeltruppen
	albere, albeo (2) *(bei Caes. nur im Partizip Praes. belegt)* caelo albente	**hell sein** bei Morgengrauen
	albus, a, um plumbum album	**weiß** Zinn
	alces, alcis fem.	**Elch**
*	**alere, alo, alui, altum (3)**	**ernähren, nähren, fördern**
	alga, algae fem.	**Seetang**
	alias Adverb alias ... alias	**ein andermal** bald ... bald
	alienare, o, avi, atum (1)	**entfremden, verstören**
	alienatio, alienationis fem.	**Entfremdung, Abfall**
*	**alienus, a, um** aes alienum	**ungünstig, fremd** Schulden
	alio Adverb	**anderswohin**
	aliquamdiu Adverb	**ziemlich lange, eine Zeit lang**
	aliquando Adverb	**endlich**
	aliquantus, a, um	**ziemlich groß, bedeutend**
*	**aliqui, aliqua, aliquod** *(adjektivisches Indefinitpron.)*	**irgend ein**
*	**aliquis, aliquid** *Pl.:* aliqui aliqui ex nostris aliquid incommodi	**irgend jemand; irgend etwas** manche einige von uns irgendein Nachteil
*	**aliquot** ***(indeklinabel)***	**einige, etliche**
*	**aliter Adverb**	**anders, andernfalls**
*	**alius, alia, aliud** *Gen.:* alterius *Dat.:* alii	**ein anderer**

* alius atque	ein anderer als
* alius ... alius	der eine ... der andere
* *mit verschiedenen Formen:* alius alia ex navi	der eine von diesem, der andere von jenem Schiff
aliusmodi	**von anderer Art**
allevare, o, avi, atum (1)	**erheben**
allicere, io, lexi, lectum (3)	**anlocken**
allidere, allido, allisi, allisum (3)	**werfen**
alluere, alluo, allui (3)	**bespülen**
* **alter, altera, alterum** *Gen.:* alterius *Dat.:* alteri	**der eine von zweien, der andere**
* alter ... alter	der eine ... der andere
altercari, or, atus sum (1)	**streiten**
alternis Adverb	**abwechselnd**
alternus, a, um	**abwechselnd**
alteruter, alterutra, alterutrum *Gen.:* alterutrius *Dat.:* alterutri	**einer von beiden**
* **altitudo, altitudinis fem.**	**Höhe, Tiefe**
* in altitudinem pedum LXXX	in einer Höhe von 80 Fuß
altum, alti n.	**hohe See**
* **altus, a, um**	**hoch, tief**
aluta, alutae fem.	**weiches Leder**
amator, amatoris m.	**Freund**
ambactus, i m.	**Dienstmann**
ambire, ambio, ambivi (ambii), ambitum (4)	**bittend angehen**
ambitio, ambitionis fem.	**Haschen nach Gunst**
ambitus, ambitus m.	**Amtserschleichung (Wahlbestechung)** *(durch die lex Pompeia 52 v. Chr. verboten)*
* **ambo, ambae, ambo**	**beide** *(zusammen/zur gleichen Zeit)*
ambulatorius, a, um	**beweglich**
amentia, ae fem.	**Blindheit, Wahnsinn**
amentum, amenti n.	**Schwungriemen** *am Schaft eines Wurfspießes befestigt, dient er dazu, dem Wurfgeschoß eine rotierende Bewegung in seiner Längsachse zu geben. Dadurch erhöhte man Weite und Treffsicherheit.*
amfractus, us m.	**Krümmung** *(des Weges und anderer Örtlichkeiten)*

amice Adverb	**wohlwollend**
* **amicitia, ae fem.**	**Freundschaft, Freundschaftsbündnis**
pacem et amicitiam confirmare	ein festes Freundschaftsbündnis schließen
* **amicus, a, um**	**freundlich, gesinnt**
mit Dativ verbunden	
* **amicus, amici m.**	**Freund, Anhänger, auswärtiger Staatsfreund**
amita, amitae fem.	**Tante** *(väterlicherseits)*
* **amittere, o, misi, missum (3)**	**verlieren, wegschicken, entlassen**
amor, amoris m.	**Liebe**
(häufig mit Genitiv verbunden)	Liebe zu
ample Adverb	**reichlich**
amplecti, or, plexus sum (3)	**einschließen**
ampliare, o, avi, atum (1)	**vergrößern**
amplificare, o, avi, atum (1)	**vergrößern**
amplitudo, amplitudinis fem.	**Größe, Macht**
* **amplius Adverb**	**mehr, weiter, ferner**
* non amplius milibus passuum XVIII	nicht weiter als 18 000 Doppelschritte
* **amplus, a, um**	**umfangreich, weit, groß, reichlich, bedeutend**
* **an**	**ob, oder**
I. zur Einleitung einer direkten einfachen Frage:	oder
an vero in Hispania res gestas Caesaris non audistis?	oder habt ihr wirklich nicht von den Erfolgen Caesars in Spanien gehört?
II. zur Einleitung einer direkten oder indirekten Doppelfrage vgl. ne ... an / utrum ... an	
anceps, anceps, anceps	**doppelseitig, nach zwei Seiten**
Gen.: ancipitis	
proelium anceps	ein Kampf nach zwei Seiten
* **ancora, ae fem.**	**Anker**
ancoras iacere	Anker werfen
ancoras tollere	Anker lichten
ancorarius, a, um	**zum Anker gehörig**
angiportum, i n.	**(enge) Gasse**
* **angulus, anguli m.**	**Winkel, Ecke**
anguste Adverb	**eng, spärlich**
* **angustiae, angustiarum fem.**	**Engpaß, Enge**
in angustiis esse	in Bedrängnis sein
* **angustus, a, um**	**eng, schmal, spärlich**

	anima, animae fem.	**Leben, Seele**
	animadversio, onis fem.	**Bestrafung**
*	**animadvertere, o, verti, versum (3)**	**wahrnehmen, bemerken**
	* *mit aci verbunden*	bemerken, daß
	mit ut-Satz verbunden	bemerken, daß
	animal, animalis n.	**Tier**
*	**animus, i m.**	**Geist, Herz, Seele, Sinn** *(bisweilen unübersetzt)*
	animos Gallorum verbis confirmare	den Galliern Mut zusprechen
	animum offendere	kränken
	animos perturbare	verwirren, in Verwirrung bringen
	animo deficere	den Mut verlieren
	inimico animo	feindlich
	bono animo in populum Romanum esse	feindlich gesinnt sein gegen das römische Volk
	sibi esse in animo *mit Inf.*	er habe vor/sei willens etwas zu tun
	in animo habere *mit Inf.*	vorhaben zu ...
	annona, ae fem.	**Getreide, Getreidepreis, Getreidemangel**
	annotinus, a, um	**vorjährig, ein Jahr alt**
	annuere, annuo, annui (3)	**bestimmen**
*	**annus, anni m.**	**Jahr**
	* tempus anni	Jahreszeit
	annuus, a, um	**jährlich, auf ein Jahr**
	anser, anseris m.	**Gans**
*	**ante Präposition mit Akk.**	**vor**
	* ante oppidum	vor der Stadt
	* ante solis occasum	vor Sonnenuntergang
*	**ante Adverb**	**zuvor**
	* aliquot diebus ante	einige Tage zuvor
	* paulo ante	kurz zuvor
	ut ante dictum est	wie zuvor erwähnt
*	**antea Adverb**	**vorher, früher**
*	**antecedere, o, cessi, cessum (3)**	**vorangehen, übertreffen**
	* multo antecedere	um vieles übertreffen
	multum antecedere	eine große Strecke vorauseilen
	* scientia nauticarum rerum reliquos antecedere	die übrigen an nautischer Erfahrung übertreffen
	antecessor, antecessoris m.	**Vorläufer** *(synonym zu antecursor)*

antecursor, oris m.	**Vorläufer, Vortrab** *um für das nachfolgende Heer einen Lagerplatz auszusuchen und abzustekken, Wege zu bahnen und auch den Feind auf seinem Marsch zu beobachten.*
anteferre, antefero, antetuli, antelatum *(konjugiert wie 'ferre')*	**vorantragen, vorziehen**
anteire, anteeo, anteii, anteitum *(konjugiert wie 'ire')*	**übertreffen**
numero anteire	an Zahl übertreffen
antemittere, o, misi, missum (3)	**vorausschicken**
antemna, ae fem.	**Segelstange**
anteponere, o, posui, positum (3)	**vorziehen**
antequam *(manchmal auch getrennt geschrieben:* ante ... quam)	**bevor**
antesignanus, i m.	**Vorkämpfer** *Soldat einer Elitetruppe, die Caesar aufgebaut hatte, um der gegnerischen Übermacht an Reiterei und Fußvolk im Bürgerkrieg das Gleichgewicht zu halten.*
antevertere, o, verti, versum (3)	vorziehen
* antiquitus Adv.	von Alters her, vor langer Zeit
antiquus, a, um	**alt i. Sinn von: früher, vormalig, einstig**
anxius, a, um	**ängstlich**
* **aperire, io, ui, apertum (4)**	**öffnen**
aperte Adv.	**offen, offenbar**
* **apertus, a, um**	**offen, frei, bloß**
* latus apertum	ungedeckte Flanke
loca aperta	offenes Gelände
apparare, o, avi, atum (1) *(mit Infinitiv verbunden)*	**sich anschicken, vorbereiten**
apparatus, us m.	**Ausrüstung, Zurüstung**
apparere, eo, ui (2)	**erscheinen, offenbar werden**
apparitor, oris m.	**Amtsdiener** *(Schreiber/Liktor/Präko/Viator u.a. fallen darunter)*
* **appellare, o, avi, atum (1)**	**nennen**
* *mit dopp. Akkusativ*	jemanden ... nennen *z.B. 'Freund des römischen Volkes nennen'*
* *mit dopp. Nominativ*	jemand wird ... genannt
appellatio, onis fem.	**Ansprache, Form**
* **appellere, o, puli, pulsum (3)**	**landen, vorrücken, treiben**

naves appellere — landen
naves appelluntur — Schiffe landen
Messanam naves appellere — in Messina landen

* **appetere, o, ivi, (ii), itum (3)** — **erstreben, angreifen, herannahen**
dies appetebat septimus — es kam der siebente Tag heran
lux appetit — der Morgen graut
amicitiam appetere — sich um die Freundschaft bemühen
gladio appetere — mit dem Schwert angreifen

applicare, o, avi, atum (1) — **anlehnen, landen**

apportare, o, avi, atum (1) — **herbeischaffen**

apprehendere, o, prehendi, prehensum (3) — **ergreifen**

approbare, o, avi, atum (1) — **billigen**

approperare, o, avi, atum (1) — **sich beeilen**

* **appropinquare, o, avi, atum (1)** — **heranrücken, sich nähern**
* *mit Dat.:* castris appropinq. — sich dem Lager nähern
* *mit ad:* ad portam approp. — sich dem Tor nähern

aptare, o, avi, atum (1) — **rüsten**

* **aptus, a, um** — **geeignet** *(d.h.: künstlich geeignet gemacht)*
aptus ad — geeignet zu

* **apud Präposition mit Akk.** — **bei**
(räumlich): de his rebus apud Caesarem agere — über diese Dinge bei Caesar verhandeln

* **aqua, aquae fem.** — **Wasser, Wasserstelle**
Pl.: aquae — Hochwasser

* **aquari, aquor, aquatus sum (1)** — **Wasser holen**

aquatio, onis fem. — **Wasserholen**

aquator, oris m. — **Wasserholer**

* **aquila, ae fem.** — **Adler** *(Hauptfeldzeichen einer römischen Legion)*

aquilifer, aquiliferi m. — **Adlerträger**

ara, ae fem. — **Altar** *(Altäre standen nicht nur in Tempeln, sondern auch auf Straßen und im Hof von Häusern)*

arator, oris m. — **Pächter** *(einer Domäne für den Zehnten des Ertrags)*

arbiter, arbitri m. — **Schiedsrichter**
Leitung der Verhandlung geschah nach Gutdünken und war nicht an Regeln des Staatsprozesses gebunden. Schiedsrichter wurden auch zur Abschätzung des Vermögens eingesetzt: vgl. b. civ. 3,1/b. civ. 3,20.

* **arbitrari, arbitror, arbitratus sum (1)** — **glauben, meinen**
* *mit aci verbunden* — glauben, daß
mit dopp. Akkusativ verbunden — halten für

arbitrium, arbitrii n.	**Schiedsspruch, freie Entscheidung**
ad suum arbitrium	nach seinem (ihrem) eigenen Willen
ad eorum arbitrium redire	auf ihrer Entscheidung beruhen/ von ihrer Entscheidung abhängen
* **arbor, arboris fem.**	**Baum**
arcano Adv.	**heimlich**
* **arcessere, arcesso, arcessivi, arcessitum (3)**	**herbeiholen**
auxilio arcessere	zu Hilfe holen
mercede arcessere	durch Lohn anwerben / als Söldner dingen
ardere, eo, arsi (2)	**brennen, entbrannt sein**
studio pugnae ardere	auf Kampf brennen
arduus, a, um	**steil, schwierig**
area, areae fem.	**freier Platz**
arena *vgl. harena*	
argentum, i n.	**Silber**
argilla, ae fem.	**Ton, Töpfererde**
argumentum, i n.	**Beweis**
argumenti loco sumere	zum Beweis nehmen / als Beweis anführen
aridus, a, um	**trocken**
aridum, i n.	trockenes Land
aries, arietis m.'	**Mauerbrecher** *ein an Tauen waagerecht aufgehängter Balken, dessen Spitze mit einem eisernen (Widder) kopf beschlagen war.*
* **arma, armorum n.**	**Waffen**
* arma capere	zu den Waffen greifen
* arma ferre posse	waffenfähig sein
* arma tradere	die Waffen abliefern
armis congredi	sich in einen Kampf einlassen
armis contendere	kämpfen
* in armis esse	bewaffnet sein / in Waffen stehen
armamenta, orum n.	**Takelwerk**
* **armare, o, avi, atum (1)**	**bewaffnen, ausrüsten**
naves armare	Schiffe ausrüsten
* armati, orum m.	die Bewaffneten
* **armatura, ae fem.**	**Waffengattung, Bewaffnung**
* levis armatura	die leichtbewaffnete Truppe
arripere, io, ripui, reptum (3)	**ergreifen, an sich reißen** *z.B.: arma/ fasces/imperium/manum*
arrogans, arrogans, arrogans *Gen:* arrogantis	**anmaßend, vermessen**
arroganter Adv.	**anmaßend**

*	**arrogantia, ae fem.**	**Anmaßung**
	arrogantiam sumere	anmaßend werden/sich anmaßend verhalten
	arrogantia uti	sich anmaßend verhalten
	ars, artis fem	**Kunst, Geschicklichkeit**
	arte Adv.	**dicht, eng**
	articulus, i m.	**Gelenk**
*	**artificium, artificii n.**	**Kunst, List**
	artus, a, um	**dicht** ***(von Wäldern gesagt)***
	arundo, arundinis fem.	**Rohr**
*	**arx, arcis fem.**	**Burg**
*	**ascendere, ascendo, ascendi, ascensum (3)**	**besteigen**
*	**ascensus, us m.**	**das Besteigen, Aufgang, Anhöhe, Abhang**
	ascensus ad	Aufgang zu/nach
	asciscere, o, ascivi, ascitum (3)	**annehmen, aufnehmen**
	aliquem sibi socium asciscere	jemanden als Bundesgenossen aufnehmen
	aspectus, us m.	**Anblick, Aussehen**
	asper, aspera, asperum	**rauh, schwierig**
	aspere Adv.	**hart**
	asperitas, atis fem.	**Unebenheit** ***(vom Gelände gesagt)***
	aspernari, or, atus sum (1)	**zurückweisen, verachten**
	aspicere, aspicio, aspexi, aspectum (3)	**hinblicken**
	asportare, o, avi, atum (1)	**wegführen**
	assentire, assentio, assensi, assensum (4)	**zustimmen**
	asser, asseris m.	**Stange**
	asservare, o, avi, atum (1)	**bewachen**
	assidue Adv.	**fortwährend**
	assiduus, a, um	**fortwährend, ununterbrochen**
	assignare, o, avi, atum (1)	**zuschreiben**
	assistere, o, astiti (3)	**sich hinstellen**
	assuefacere, assuefacio, assuefeci, assuefactum (3)	**gewöhnen**
	assuescere, o, assuevi, assuetum (3)	**sich gewöhnen**
	assumere, o, sumpsi, sumptum (3)	**annehmen, anmaßen** ***z.B.: ducem/licentiam***
	astare, asto, astiti (1)	**dabeistehen**
	astruere, o, struxi, structum (3)	**daranbauen**
*	**at**	**aber**

*	**atque (ac)**	**und, als**
	'atque' steht nur, sofern die beiden Glieder der Aufzählung inhaltlich in enger Beziehung zueinander stehen: pontem in Arare faciendum curat atque ita exercitum traducit	er sorgte für einen Brückenschlag über die A. und führte so das Heer hinüber
*	*nach Ausdrücken der Gleichheit, Ähnlichkeit und ihrem Gegenteil bedeutet* 'atque' 'als'; *so nach:* aequus, aliter, alius, dissimilis, idem, par, similis	
	longe aliam esse navigationem in concluso mari atque in Oceano	daß die Schiffahrt im Binnenmeer eine ganz andere ist als auf dem Ozean
	attenuare, o, avi, atum (1)	**schwächen** *z.B. legionem*
	attexere, attexo, attexui, attextum (3)	**anflechten**
	attinet	**es schickt sich, es gehört sich**
*	**attingere, o, attigi, attactum (3)** * *mit Akk. verbunden*	**berühren, angrenzen** an etwas angrenzen/etwas berühren
*	**attribuere, attribuo, attribui, attributum (3)** *beim Gerundivum:* singula latera castrorum alicui munienda attribuere	**zuteilen** jemandem einzelne Seiten des Lagers zur Befestigung zuteilen
	auctio, auctionis fem.	**Versteigerung**
	auctionari, or, atus sum (1)	**Versteigerung halten**
	auctior, auctior, auctius honore auctiores	**größer, reichlicher** die ehrenhafteren
*	**auctor, auctoris m.** auctore hoste	**Urheber, Gewährsmann** auf Veranlassung des Feindes
*	**auctoritas, atis fem.** magna cum auctoritate	**Einfluß, Ansehen** mit großem Nachdruck
	auctumnus *vgl. autumnus*	
	aucupari, or, atus sum (1)	**auf etwas lauern** *z.B.: accessum/occasionem*
*	**audacia, ae fem.** summa audacia esse	**Kühnheit** sehr kühn sein
*	**audacter Adv.**	**kühn**
	audax, audax, audax *Gen.:* audacis	**kühn** *(häufig mit tadelndem Nebensinn)*
*	**audere, audeo, ausus sum (2)** * *mit Infinitiv verbunden*	**wagen** wagen etwas zu tun
*	**audire, audio, audivi auditum (4)** * *mit aci verbunden* dicto audiens	**hören** hören, daß Gehorsam leistend

auditio, onis fem.	**Gerücht**
* **augere, augeo, auxi, auctum (2)**	**größer machen, wachsen, gedeihen**
spes augebatur	die Hoffnung wuchs
opinionem timorisaugere	den Eindruck von Furcht verstärken
augur, auguris m.	**Augur** *die Auguren bildeten ein angesehenes Priesterkollegium in Rom. Sie prophezeihten die Zukunft vor allem aus dem Flug, dem Fressen und dem Geschrei der Vögel.*
augurari, or, atus sum (1)	**vermuten**
aura, aurae fem.	**leichter Wind**
aureus, a, um	**golden**
auriga, ae m.	**Wagenlenker**
auris, auris fem.	**Ohr**
auspicium, auspicii n.	**göttliches Vorzeichen (Vogelschau)** *Im Felde hat nur der Feldherr bzw. der Unterfeldherr das Recht, Auspizien anzustellen.*
auster, austri m.	**Südwind**
ausus, us m.	**Wagnis**
* **aut**	**oder**
* aut ... aut	entweder ... oder
aut ... aut ... aut	entweder ... oder ... oder
* **autem** *stets nachgestellt; schwächste Adversativpartikel der lat. Sprache; sie hebt das Vorangegangene nicht auf, sondern bezeichnet lediglich das Folgende als etwas Neues und vom Vorigen Verschiedenes.*	**aber**
autumnus, i m.	**Herbst** *(23. September bis 22. Dezember)*
auxiliari, or, atus sum (1) *mit Dativ verbunden*	**Hilfe leisten** jemandem Hilfe leisten
auxiliaris, auxiliaris, auxiliare	**Hilfe leistend**
auxiliarius, a, um	**Hilfe leistend**
* **auxilium, auxilii n.**	**Hilfe**
extremum auxilium experiri	den letzten rettenden Versuch unternehmen/sich aus äußerster Gefahr zu retten versuchen
* auxilium ferre (alicui)	(jemandem) zu Hilfe kommen
auxilium ab aliquo implorare	jemanden um Hilfe anflehen
auxilium petere	um Hilfe bitten
auxilium rogare	um Hilfe bitten

alicui auxilio mittere	jemandem zu Hilfe schicken
alicui auxilio venire	jemandem zu Hilfe kommen
* auxilia, iorum n.	Hilfstruppen
avaritia, ae fem.	**Selbstsucht, Habgier**
avehere, o, vexi, vectum (3)	**wegschaffen**
aversari, or, aversatus sum (1) *(mit Infinitiv verbunden)*	**abgeneigt sein**
aversio, aversionis fem.	**Abwenden**
* **avertere, averto, averti, aversum (3)**	**abwenden**
flumen avertere	einen Fluß umleiten
se ab eius amicitia avertere	sich von dessen Freundschaft abwenden
avidus, a, um	**begierig**
avis, avis fem.	**Vogel**
avus, avi m.	**Großvater**
axis, axis m.	**Bohle**

B

ballista, ae fem.	**Wurfmaschine, Geschoß** *eine bogenartige, mit Stricken und Sehnen gespannte Kriegsmaschine zum Schleudern von Steinmassen und anderen Geschossen*
balteus, baltei m.	**Wehrgehenk** *(Gurt zum Tragen des Schwertes)*
* **barbarus, a, um**	**ausländisch, fremd, roh, ungebildet**
* **barbarus, barbari m.**	**der Fremde, Barbar**
basilica, ae fem.	**Gerichtshalle**
* **bellare, o, avi, atum (1)**	**Krieg führen**
bellator, oris m.	**Kriegsmann**
belle Adverb	**wohl**
belle habere	sich wohl befinden
bellicosus, a, um	**kriegerisch**
bellicus, a, um	**zum Krieg gehörig; Kriegs-**
laus bellica	Kriegsruhm
* **bellum, belli n.**	**Krieg**
bellum coortum est	Krieg brach aus
bellum defendere	einen Verteidigungskrieg führen
* bellum ducere	den Krieg in die Länge ziehen

bellum facere	Krieg anstiften/anfangen
* bellum gerere	Krieg führen
* bellum inferre alicui	jemanden bekriegen (Offensivkrieg führen)
* bellum parare	zum Krieg rüsten
bellum renovare	von neuem Krieg anfangen
* bellum suscipere	einen Krieg unternehmen
* **bene Adv.**	**gut**
beneficiarius, ii m.	*ein Soldat, der durch besondere Vergünstigung seines Feldherrn von den schwersten Arbeiten wie Schanzenanlegen, Wasserholen u. Furagieren befreit war*
* **beneficium, beneficii n.**	**Freigebigkeit, Gefälligkeit**
* beneficium in aliquem	Gefälligkeit gegen jemanden
benevolentia, ae fem.	**Wohlwollen**
benignitas, atis fem.	**Güte**
* **bestia, ae fem.**	**Tier**
bibere, bibo, bibi (3)	**trinken**
* **biduum, bidui n.**	**ein Zeitraum von zwei Tagen**
biduum morari	sich zwei Tage lang aufhalten
biduo pervenire	innerhalb von zwei Tagen hingelangen
biennium, biennii n.	**Zeitraum von zwei Jahren**
* **bini, binae, bina**	**je zwei**
bipartito Adv.	**in zwei Abteilungen**
bipedalis, bipedalis, bipedale	**von zwei Fuß**
biremis, biremis fem.	**Zweiruderer**
bis Adv.	**zweimal**
blande Adv.	**schmeichelnd**
bonitas, atis fem.	**Güte, Qualität, Vortrefflichkeit**
* **bonus, a, um** *Komparativ:* melior, melior, melius *Superlativ:* optimus, a, um	**gut**
bono animo in aliquem esse	gut gesinnt sein gegen jemanden
* bona, bonorum n.	Vermögen, Reichtum
bos, bovis m./fem. *Gen. Pl.:* boum	**Rind**
* **bracchium, bracchii n.**	**Arm**
* **brevis, brevis, breve**	**kurz**
brevitas, atis fem.	**Kürze**
breviter Adv.	**kurz**

bruma, ae fem.	**Wintersonnenwende**
brumalis, brumalis, brumale	**winterlich**
bucinator, oris m.	**Hornist**

C

* **C**	**Zahlzeichen für centum (100)**
cacumen, cacuminis n.	**Spitze**
cadaver, cadaveris n.	**Leichnam** *(eigentlich der Leichnam von Tieren, aber auch von Menschen gesagt.)*
* **cadere, cado, cecidi, casurus (3)**	**fallen**
omnia cadunt secunda	alles geht gut/glücklich aus
caecus, a, um	**verdeckt, verborgen**
* **caedere, caedo, cecidi, caesum (3)**	**fällen, töten, schlagen**
* **caedes, caedis fem.**	**Blutbad**
* caedem facere	einen Mord begehen, morden
caelare, caelo, caelavi, caelatum (1)	**ziselieren**
caelestis, caelestis, caeleste	**himmlisch**
caelum, caeli n.	**Himmel**
caerimonia, ae fem.	**Weihe, Feier**
caeruleus, a, um	**dunkel, bläulich**
* **caespes, caespitis m.**	**Rasenstück** *(zum Bau von Wällen verwendet)*
caetratus *vgl. cetratus*	
* **calamitas, calamitatis fem.**	**Niederlage, Unglück**
calamitatem accipere	eine Niederlage einstecken/ eine Niederlage erleiden
calamitatem alicui inferre	jemandem eine Niederlage beibringen
calcar, calcaris n.	**Sporn** *(des Reiters)*
calere, caleo, calui (2)	**erhitzt sein, aufgeregt sein**
calidus, a, um	**hitzig, unbesonnen**
calliditas, atis fem.	**Schlauheit**
callidus, a, um	**schlau, gewitzt**
* **calo, calonis m.**	**Troßknecht**
camelus, i m./fem.	**Kamel**
campester, campestris, campestre	**in flacher Gegend, auf freiem Feld**
* **campus, campi m.**	**Feld** *(offenes Land)*

canalis, canalis m./fem.	**Wasserrinne** *(künstlich mit Stein eingefaßt)*
cancelli, orum m.	**Schranken, Ring**
canere, cano, cecini, cantum (3)	**blasen**
receptui canere	zum Rückzug blasen
cantus, us m.	**Klang**
* **capere, capio, cepi, captum (3)**	**fassen, ergreifen** *passivisch:* gefangen werden
* arma capere	zu den Waffen greifen
* consilium capere	einen Beschluß fassen/beschließen
* locum capere	1. einen Ort besetzen/einnehmen 2. sich aufstellen 3. einen Ort erreichen
nomen capere ex	seinen Namen erhalten nach
* oppidum capere	eine Stadt einnehmen
portum capere	den Hafen erreichen
stipendium capere	Tribut beziehen
mit doppeltem Akkusativ: aliquem sibi ducem capere	sich jemanden zum Führer nehmen
capillus, i m.	**Haupthaar**
capra, ae fem.	**Ziege**
capreolus, i m.	**Strebe, Sparren**
* **captivus, a, um**	**erbeutet, gefangen**
* **captivus, i m.**	**Gefangener**

Die Gefangenen wurden verhört, damit man sich ein genaueres Bild vom Vorgehen des Feindes machen konnte, wobei man u.U. auch brutal vorging, da Personen, die in Kriegsgefangenschaft gerieten, völlig rechtlos waren. Kriegsgefangene verloren das Bürgerrecht, die Nationalität, den Geburtsstand; die elterliche Gewalt und die Ehe waren aufgehoben. Das gesamte Vermögen ging in die Hände des Siegers über. Durch Unterwerfung seiner Bürgerschaft unter römische Herrschaft konnte der Kriegsgefangene bedingt oder unbedingt freigelassen und in seine Rechte wieder eingesetzt werden. Die Entlassung ist jedoch in das freie Ermessen des Siegers gestellt.

captus, us m.	**Vorstellungskraft**
* **caput, capitis n.**	**Haupt, Kopf, Hauptstadt**
caput demittere	den Kopf senken
capitis damnare	zum Tode verurteilen
capitum numerus	Anzahl (der Leute/Soldaten)
capitis periculum	Lebensgefahr
capitis poena	Todesstrafe
carceres, carcerum m.	**Schranken** *(eigentlich der Rennbahn; aber auch übertragen verwendet)*
carere, careo, carui (2)	**entbehren, meiden**
mit Ablativ verbunden: cibo carere	nichts zu essen haben/Hunger leiden
carina, ae fem.	**Kiel**

caritas, atis fem. — **Teuerung (der Nahrungsmittel)**

caro, carnis fem. — **Fleisch**
Die Verpflegung der Soldaten bestand in der Regel nicht aus Fleisch, sondern aus einem Fladen, den sich jeder Soldat selbst backen mußte.

carpere, carpo, carpsi, carptum (3) — **tadeln, angreifen**

* **carrus, carri m.** — **vierrädriger Transportkarren**

carus, a, um — **lieb, teuer**

casa, casae fem. — **Hütte**

caseus, i m. — **Käse**

cassis, cassidis fem. — **Helm** *(aus Metall)*

castellanus, i m. — **Bewohner eines festen Fleckens**

* **castellum, i n.** — **Schanze, Kastell**
castella communire — Schanzen anlegen

castigare, o, avi, atum (1) — **zurechtweisen**

* **castra, castrorum n.** — **Lager**

Ein Heerlager der röm. Republik (für 2 Legionen) maß ca. 660 m an jeder Seite seiner quadratischen Grundfläche. Es war mit Wall und Graben befestigt. Vier Tore führten aus dem Lager, deren wichtigste, die porta praetoria, auf die via praetoria führte, an deren Endpunkt ungefähr im Mittelpunkt des Lagers die Unterkunft für den Lagerkommandanten lag (praetorium). Im rechten Winkel zu dieser Straße führte vor dem praetorium die via principalis zu den beiden Seitentoren. Die porta decumana schloß das Lager nach der rückwärtigen Seite ab. In der Regel hatten die einzelnen Waffengattungen innerhalb des Lagers ihren festen Platz. In der Praxis gab es natürlich zahlreiche Abweichungen von diesem Typus. Ein solches Lager wurde, wenn sich das Heer auf dem Marsch befand, jeden Abend angelegt und dabei so ausgerichtet, daß die porta praetoria zum Feind hin zeigte.

castra contra aliquem habere — gegen jemanden im Feld stehen
* castra movere — aufbrechen, das Lager abbrechen
* castra munire — das Lager befestigen
* castra ponere/facere — ein Lager aufschlagen
castra promovere — näher heranrücken

* **casus, us m.** — **Fall, Sturz, Ereignis**
eundem casum una ferre — gemeinsam gleiches Schicksal erleiden/teilen
* casu — durch Zufall

catapulta, ae fem. — **Wurfmaschine**
grobes Geschütz zum Abschießen von Lanzen, Pfeilen u.ä.

catascopus, i m. — **Spähschiff**

catena, ae fem. — **Kette**
in catenas conicere — in Ketten legen

catervatim Adv. — **truppenweise**

* **causa, ae fem.** — **Grund**
causam dicere — sich vor Gericht verantworten

causam inferre	einen Grund vorbringen
causam interponere	Vorwände machen
* *mit nd-Formen*	
causa postulandi	Grund für die Forderung
* *mit Präposition*	
qua de causa	deshalb/weshalb
ob eas causas	deswegen/deshalb
ob eam causam	deswegen/deshalb
sine causa	grundlos
dies causae dictionis	Gerichtstag, Verhandlungstag
* **causa (Postposition mit Gen.)**	**wegen, um ... zu**
colloquendi causa	um sich zu unterreden
Caesaris causa	um Caesars willen
causula, ae fem.	**geringe Veranlassung**
caute Adv.	**vorsichtig**
cautes, cautis fem.	**Riff**
cautus, a, um	**vorsichtig**
cavere, caveo, cavi, cautum (2)	**sich hüten, sich vorsehen**
cavere *mit Akk. verbunden*	sich hüten vor etwas
cavere ab	sich hüten vor etwas
* **cedere, cedo, cessi, cessum (3)**	**weichen, nachstehen, sich fügen**
nostris virtute cedere	unseren Soldaten an Tapferkeit nachstehen
loco cedere	die Stellung räumen
celare, o, avi, atum (1)	**verbergen**
celeber, celebris, celebre	**volkreich**
* **celer, celeris, celere**	**schnell**
* **celeritas, atis fem.**	**Schnelligkeit**
incredibili celeritate	mit unglaublicher Schnelligkeit
* **celeriter Adv.**	**schnell**
cena, cenae fem.	**Mahlzeit**
cenare, o, avi, atum (1)	**speisen**
* **censere, eo, censui, censum (3)**	**der Meinung sein**
mit aci verbunden	meinen, daß
mit ut-Satz verbunden	beschließen, daß
censor, oris m.	**Zensor** *Sittenrichteramt über das Betragen der Bürger im häuslichen und öffentlichen Leben. Aufsicht über alle öffentlichen Plätze und Bauten. Verpachtung von Staatsgrund.*
census, us m.	**Zählung**
censum habere	eine Zählung vornehmen, durchführen

centeni, ae, a	**je hundert**
centie(n)s Adv.	**hundermal** **zehn Millionen**
cento, centonis m.	**Lappen** *mit Wasser getränkt zum Löschen oder zur Abwehr von Brandgefahr verwendet.*
* **centum** *(indeklinabel)*	**hundert**
centuria, ae fem.	**Zenturie** *(ursprünglich 100, später 60 Mann stark)*
centuriatim Adv.	**zenturienweise**
* **centurio, centurionis m.**	**Befehlshaber einer Zenturie**
* **certamen, certaminis n.**	**Kampf, Wettstreit** *(friedlicher und kriegerischer)*
certare, o, avi, atum (1)	**streiten, wetteifern**
* **certe Adv.**	**gewiß, sicherlich, wenigstens**
certo Adv.	**sicher**
* **certus, a, um**	**sicher, fest beschlossen**
* aliquem certiorem facere	jemanden benachrichtigen
* certior factus de	benachrichtigt von, in Kenntnis gesetzt über
cervix, cervicis fem.	**Nacken, Hals**
cervus, i m.	**Hirsch, spanischer Reiter** *(gabelförmige Stämme zur Abwehr der Feinde)*
cespes *vgl. caespes*	
cessare, o, avi, atum (1)	**zögern**
* **ceterus, a, um** *Pl.:* ceteri	**übrig** die übrigen/anderen
* **cetratus, a, um** (auch: caetratus)	**leichtbeschildet**
chara, ae fem.	**Kümmelwurzel**
cibaria, cibariorum n.	**Nahrungsmittel, Ration für die Soldaten**
molita cibaria	Mehl *die Ration für den Soldaten bestand im Regelfall aus Weizen, den sich die Soldaten mit Handmühlen selbst mahlen mußten; die Tagesration für den Infanteristen betrug ein knappes Kilo.*
cibus, cibi m.	**Speise**
* **cingere, cingo, cinxi, cinctum (3)**	**einschließen, besetzen**

	cippus, cippi m.	**Spitzsäule** *(Pfähle eines Schanzwerks)*
	circa Präposition mit Akk. circa vallum	**um** um den Wall
	circinus, circini m.	**Zirkel**
*	**circiter Adv.** circiter CCC equites	**ungefähr** *(bei Zahlangaben)* ungefähr 300 Reiter
	circiter Präposition circiter meridiem	**um** um die Mittagszeit
	circuire vgl. circumire	
*	**circuitus, us m.**	**Umkreis, Umweg**
	circulari, circulor (1)	**sich versammeln**
*	circum Präposition mit Akk. *(nur räumlich verwendet)* circum munitiones vagari circum Brundisium	**um, herum, ringsum** um die Befestigungen streifen in der Umgebung von Brundisium
	circumcidere, o, cidi, cisum (3)	**ringsum abschneiden**
	circumcirca Adv.	**ringsumher**
	circumcludere, o, clusi, clusum (3)	**einschließen**
*	**circumdare, o, dedi, datum (1)**	**umgeben, einschließen**
	circumducere, o, duxi, ductum (3)	*(auf Umwegen)* **herumführen**
*	**circumfundere, o, fudi, fusum (3)**	**verbreiten, umgeben**
	circumicere, io, ieci, iectum (3)	**herumstellen**
*	**circumire, circumeo, circumii, circumitum** *(konjugiert wie 'ire')* (oder: circuire, eo, ii, itum)	**herumgehen, besichtigen, einschließen**
	circummittere, o, misi, missum (3)	**umherschicken**
*	**circummunire, io, ivi, itum (4)**	**einschließen**
	circummunitio, onis fem.	**Einschließung**
	circumplecti, or, plexus sum (3)	**umfassen, einschließen**
	circumponere, o, posui, positum (3)	**herumlegen**
	circumscribere, o, scripsi, scriptum (3)	**beschränken, einschränken**
	circumsedere, eo, sedi (2)	**umzingeln**
	circumsidere, o, sedi, sessum (3)	**in Belagerungszustand setzen**
*	**circumsistere, o, steti (3)**	**umstellen, umringen**
	circumspicere, io, spexi, spectum (3)	**sich umschauen nach, berücksichtigen, erwägen**
	circumvallare, o, avi, atum (1)	**(mit Wall und Graben) einschließen**
	circumvehi, vehor, vectus sum (3)	**herumfahren, herumreiten**
*	**circumvenire, io, veni, ventum (4)**	*(etwas/jemanden)* **umgeben, umzingeln**

	cis Präposition mit Akkusativ cis Rhenum	**diesseits** diesseits des Rheins
	citatim Adv.	**schnell**
	citatus, a, um	**beschleunigt, schnell**
*	**citerior, citerior, citerius** *Gen.:* citerioris Gallia/Hispania citerior	**näher zuliegend** das diesseitige Gallien/Spanien
	cito Adv.	**schnell**
*	**citra Präposition mit Akkusativ** citra flumen Rhenum	**diesseits** diesseits des Rheins
	citro Adv.	**hierher**
*	**civilis, civilis, civile** bellum civile	**bürgerlich** Bürgerkrieg
*	**civis, civis m.**	**Bürger, Mitbürger, Patriot**
*	**civitas, atis fem.** civitate donare	**Bürgerschaft** mit dem Bürgerrecht beschenken
*	**clam Adv.** clam et noctu	**heimlich** bei Nacht und Nebel
	clamare, o, avi, atum (1)	**ausrufen**
	clamitare, o, avi, atum (1)	**laut rufen**
*	**clamor, clamoris m.** * clamorem tollere	**Geschrei, lautes Rufen** *(das Kriegsgeschrei zu Beginn einer Schlacht war auch bei den Römern üblich)* ein Geschrei anstimmen
	clanculum Adv.	**heimlich**
	clandestinus, a, um	**geheim, heimlich**
	clare Adv.	**laut**
	claritas, atis fem.	**Berühmtheit**
	clarus, a, um	**1. hell, glänzend** *z.B.: dignitas/lux* **2. laut** *z.B.: vox*
	classiarius, i m.	**Marinesoldat, Matrose**
	classicum, i n.	Signal *(das Zeichen mit der Trompete)*
*	**classis, classis fem.** classem instruere	**Flotte** eine Flotte ausrüsten
*	**claudere, claudo, clausi, clausum (3)** agmen claudere * portas claudere	**zuschließen, versperren, einschließen** den Schluß des Heeres bilden die Tore schließen
	claustra, orum n.	**Schloß, Riegel**
	clavus, clavi m.	**Nagel**
	clementer Adv.	**mild**

* **clementia, ae fem.** — **Milde** *(die clementia Caesaris gegen seine politischen Gegner war berühmt.)*

* **cliens, clientis m.** — **Klient**
Der Klient war seinem Patron gegenüber zur Gefolgschaft und zu wirtschaftlichen Leistungen verpflichtet; als Gegenleistung vertrat ihn der Patron vor Gericht oder nahm sonst die Interessen seines Klienten wahr; ein mächtiger Mann hatte daher auch die meisten Klienten. Aus dem bell. Gall. (1,4,2/6,12,2) wissen wir, daß das Klientelverhältnis auch den Galliern bekannt war.

* **clientela, ae fem.** — **Schutzgenossenschaft**
clientela bezeichnet das Verhältnis zwischen Völkern, kann aber auch für die Klienten selbst verwendet werden: Klienten (schaft)

clivus, i m. — Anhöhe

cludere *vgl. claudere*

coacervare, o, avi, atum (1) — anhäufen, drängen

coacta, orum n. — Filz

coactus m. — Zwang
nur Abl. Sg. erhalten: coactu — durch Zwang

coagmentare, o, avi, atum (1) — zusammenfügen

coagmentum, i n. — Fuge

coangustare, o, avi, atum (1) — zusammendrängen

coarguere, o, coargui, coargutum (3) — erklären

coartatio, onis fem. — Zusammendrängen

coemere, coemo, coemi, coemptum (3) — zusammenkaufen, ankaufen

coena *vgl. cena*

coenare *vgl. cenare*

* **coepisse, coepi, coeptum** — beginnen
(nur im Perfekt erhalten)
* *mit Infinitiv verbunden* — beginnen, etwas zu tun

coercere, eo, ui, coercitum (2) — **in Schranken halten, zügeln**

* **cogere, cogo, coegi,** coactum (3) — **zwingen, zusammentreiben**
* *mit Infinitiv verbunden* — zwingen etwas zu tun
mit aci verbunden — erzwingen, daß

* **cogitare, o, avi,** atum (1) — **denken, trachten, erwägen**
* de bello cogitare — an Krieg denken
cogitare *mit aci verbunden* — erwägen, daß
cogitare, ut — trachten, etwas zu tun

cogitatio, onis fem. — **Gedanke, Absicht**

cognatio, onis fem. — **Verwandtschaft**

* **cognitus, a, um** — **bekannt**
mit Ablativ verbunden — bekannt für/wegen

* **cognoscere, cognosco, cognovi, cognitum (3)**	**kennenlernen, erkennen, erfahren**
cognoscere aliquid ex aliqua re	von etwas auf etwas schließen
* cognoscere ab/ex aliquo *mit aci verbunden*	von jemandem erfahren, daß
* de proelio cognoscere	von der Schlacht erfahren
de aliqua re cognosci	von etwas in Kenntnis gesetzt werden
de postulatis cognoscere	über die Forderungen entscheiden
cognoscere, quid fiat	erkennen, was geschieht/die Lage überblicken
cohaerere, eo, haesi, haesum (2)	**eng verbunden sein**
cohibere, eo, hibui, hibitum (2)	**zurückhalten**
* **cohors, cohortis fem.**	**Kohorte** *(ein Zehntel einer Legion; also ca. 360 Mann)*
* **cohortari, or, cohortatus sum (1)**	**antreiben, anfeuern**
* cohortari ad	anfeuern zu etwas
cohortari *mit ut verbunden*	anfeuern/antreiben, etwas zu tun
cohortari *mit Konj. verbunden*	anfeuern/antreiben, etwas zu tun
cohortatio, onis fem.	**Ermunterung, Ansprache**
coire, coeo, coii, coitum *konjugiert wie 'ire'*	**sich vereinigen**
* **colere, colo, colui, cultum (3)**	**bebauen, pflegen, verehren** *z.B.: agrum/deum/templum*
collabefieri, collabefio, collabefactus sum	**zusammenbrechen**
collatio, onis fem.	**Vergleich**
collatus m. *nur Abl. Sg. erhalten:* collatu	**der** *(feindliche)* **Zusammenstoß**
* **collaudare, o, avi, atum (1)**	**loben**
collega, ae m.	**Amtsgenosse**
collegium, collegii n.	**Amtsgenossenschaft**
colligare, o, avi, atum (1)	**aneinanderheften**
* **colligere, o, legi, lectum (3)**	**sammeln, gewinnen, erholen**
* se colligere	sich sammeln, sich formieren
se ex timore colligere	sich von dem Schrecken erholen
* **collis, collis m.**	**Hügel**
* **collocare, o, avi, atum (1)**	**aufstellen**
* legionem (in Belgis) collocare	eine Legion (bei den Belgern) stationieren
* in hibernis collocare	ins Winterlager legen
* **colloqui, colloquor, collocutus sum (3)**	**sich unterreden**
* **colloquium, ii n.**	**Unterredung**
colloquium tollere	die Unterredung scheitern lassen
colloquium dirimere	eine Unterredung abbrechen

	colonicus, a, um	**in römischen Kolonien ausgehoben**
	colonus, i m.	**Ansiedler**
	color, coloris m.	**Farbe**
	columella, ae fem.	**Pfosten**
	columnarium, ii n.	*eine Abgabe für die Säulen in den Gebäuden:* **die Säulensteuer**
	comburere, o, combussi, combustum (3)	**verbrennen** *(transitiv)*
	comes, comitis m./fem.	**Begleiter**
	comicus, a, um	**komisch**
	comitari, or, comitatus sum (1)	**begleiten**
	comitatus, us m.	**Gefolge**
	comitia, comitiorum n.	**Volksversammlung**
	comitia habere	Wahlen abhalten
	comitialis, comitialis, comitiale	**zu den Komitien gehörig**
	comitium, comitii n.	**Versammlungsplatz**
	commeare, o, avi, atum (1)	**seinen Weg bahnen**
*	**commeatus, us m.**	**Lebensmittelzufuhr**
	* commeatum supportare	Lebensmittel herbeischaffen
	commeatum petere	furagieren
*	**commemorare, o, avi, atum (1)**	**sich oder anderen ins Gedächtnis zurückrufen; erwähnen**
	commemorare de	erinnern an
	mit aci verbunden	erwähnen, daß
*	**commendare, o, avi, atum (1)**	**empfehlen, anvertrauen**
	se fugae commendare	fliehen
	commendare, ne	empfehlen, daß nicht
	commendatio, commendationis fem.	**Empfehlung**
	commentarius, commentarii m.	*gemeint sind die sieben Bücher, die Caes. über den Gallischen Krieg geschrieben hat (das 8. Buch ist von Hirtius verfaßt.) Über den stilistischen Wert der sog. commentarii vgl. auch Cic. Brut. 262.*
	commigrare, o, avi, atum (1)	**einziehen**
	commiles, commilitis m.	**Mitsoldat**
	commilito, onis m.	**Kriegsgefährte**
	comminari, or, atus sum (1)	**drohen**
*	**comminus Adv.**	**handgemein, im Handgemenge**
	commissura, ae fem.	**Fuge**
*	**committere, committo, commisi, commissum (3)**	**zulassen, anvertrauen**

* proelium committere	kämpfen, ein Gefecht liefern
committere, ut	zulassen, daß
* **commode Adv.**	**angemessen, zweckmäßig, bequem**
* **commodum, commodi n.**	**Vorteil**
* **commodus, a, um**	**angemessen, zweckmäßig, bequem**
commonefacere, facio, feci, factum (3)	*(jemanden an etwas)* **erinnern, vorhalten**
* **commorari, or, atus sum (1)**	**verweilen, sich aufhalten**
* **commovere, eo, movi, motum (2)**	**in Bewegung bringen**
commotus, a, um	veranlaßt
* his nuntiis commotus	durch diese Botschaften veranlaßt
se ex loco commovere non posse	sich nicht von der Stelle bewegen können
* **communicare, o, avi, atum (1)**	**mitteilen, Anteil gewähren**
* **communire, io, ivi, itum (4)**	**befestigen, beschanzen** *z.B.: castra/collem/locum*
* **communis, communis, commune**	**gemeinsam, öffentlich**
* **commutare, o, avi, atum (1)**	**verwandeln, verändern**
* **commutatio, onis fem.**	**Veränderung**
compar, comparis m.	**Gefährte**
* **comparare, o, avi, atum (1)**	**1. zusammenstellen, beschaffen, besorgen, rüsten** **2. vergleichen**
gubernatores comparare	Steuermänner anwerben
cum Germanis virtute comparare	mit den Germanen in der Tapferkeit vergleichen
comparatio, onis fem.	**Zurüstung**
* **compellere, o, puli, pulsum (3)**	**antreiben, zusammentreiben**
compendium, compendii n.	**Gewinn**
compensare, o, avi, atum (1)	**ausgleichen**
* **comperire, comperio, comperi, compertum (4)**	**sicher erfahren, in Erfahrung bringen**
* *mit aci verbunden*	erfahren, daß
compertum habere	erfahren haben
compingere, compingo, compegi, compactum (3)	**zusammendrängen**
complanare, o, avi, atum (1)	**niederreißen**
complecti, complector, complexus sum (3)	**umfassen, umschlingen, einnehmen**
* **complere, compleo, complevi, completum (2)**	**anfüllen**
* **complures, complures, complura**	**mehrere**
* complures adversarii	mehrere Gegner
complures adversariorum	mehrere von den Gegnern
complures ex his	mehrere von ihnen
componere, o, posui, positum (3)	**beilegen, Frieden machen** *z.B.: contentiones/controversias*

*	**comportare, o, avi, atum (1)**	**zusammentragen**
	compositio, onis fem.	**Vergleich, Aussöhnung**
*	**comprehendere, o, prehendi, prehensum (3)**	**ergreifen, fassen, festnehmen**
	comprimere, o, pressi, pressum (3)	**unterdrücken, hemmen**
	comprobare, o, avi, atum (1)	**billigen, bestätigen**
*	**conari, conor, conatus sum (1)**	**versuchen**
	* *mit Infinitiv verbunden*	versuchen etwas zu tun
	conari, si	versuchen, ob
	conari, ut	versuchen, daß
	conatum, i n.	**Unternehmen**
	conatus, us m.	**Versuch**
	conatu desistere	den Versuch aufgeben
*	**concedere, o, cessi, cessum (3)**	**einräumen, zugestehen**
	vitam concedere	das Leben schenken
	mit Infinitiv verbunden	gewähren zu ...
	concedere, ut	zugestehen/gewähren, daß
	concelebrare, o, avi, atum (1)	**rühmen**
	concertare, o, avi, atum (1)	**kämpfen**
	concessus, us m.	**Einwilligung, Annäherung**
*	**concīdere, o, cidi, cisum (3)**	**zu Boden schlagen, niedermachen, durchschneiden**
*	**concidere, o, cidi (3)**	**fallen, sinken, einstürzen**
	conciere, concieo, concitum (2)	**schnell bewegen**
*	**conciliare, o, avi, atum (1)**	**vereinigen, geneigt machen, gewinnen**
	conciliare ad	gewinnen für
*	**concilium, concilii n.**	**Versammlung, Landtag**
	concinere, o, cinui, centum (3)	**ertönen**
	concipere, concipio, concepi, conceptum (3)	**auffangen, aufnehmen, auf sich laden**
*	**concitare, o, avi, atum (1)**	**antreiben, aufwiegeln**
	concitatio, onis fem.	**Unruhe**
	concitator, oris m.	**Aufwiegler, Anstifter**
*	**conclamare, o, avi, atum (1)**	**laut rufen**
	vasa conclamare	den Befehl geben, das Kriegsgerät einzupacken (sich marschfertig zu machen)
	victoriam conclamare	"Sieg" rufen
	mit aci verbunden	rufen, daß
	mit ut-Satz verbunden	rufen, daß
	mit Konjunktiv verbunden	rufen, daß
	conclamatio, onis fem.	**Zuruf**
	concludere, o, clusi, clusum (3)	**einschließen, absperren**
	conclusio, onis fem.	**Blockade**

	concordia, ae fem.	**Eintracht**
	concrepare, concrepo, concrepui (1)	**rasseln**
	concubinus, i m.	**Beischläfer**
*	**concurrere, o, curri, cursum (3)**	**zusammenlaufen, herbeieilen, angreifen**
	* ad arma concurrere	zu den Waffen eilen
	concursare, o, avi, atum (1)	**hin und herlaufen**
*	**concursus, us m.**	**das Zusammenlaufen, Auflauf, Angriff**
	condemnare, o, avi, atum (1)	**bezichtigen**
	iniquitatis condemnare	der Ungerechtigkeit bezichtigen
	condensare, o, avi, atum (1)	**zusammendrängen**
	condensus, a, um	**dicht zusammengedrängt**
	condere, condo, condidi, conditum (3)	**bergen**
*	**condicio, condicionis fem.**	**Bedingung, Lage**
	* condicio pacis	Friedensbedingung
	condocefacere, facio, feci, factum (3)	**abrichten, drillen**
	condocere, eo, docui, doctum (2)	**einüben**
	condonare, o, avi, atum (1)	**schenken, beschenken, vergeben**
	iniurias condonare	Ungerechtigkeiten vergeben
*	**conducere, o, duxi, ductum (3)**	**zusammenführen, versammeln, anwerben**
	in unum locum conducere	an einem Ort zusammenführen
	conductor, oris m.	**Mieter**
*	**confercire, confercio, confersi, confertum (4)**	**zusammendrängen, zusammenschließen**
	confertissimo agmine	in sehr dicht geschlossenen Reihen
*	**conferre, confero, contuli, collatum** *(konjugiert wie 'ferre')*	**zusammentragen, vergleichen, aufschieben**
	* se conferre	sich begeben
	in longiorem diem conferre	auf einen späteren Zeitpunkt verschieben
	* in unum locum conferre	an einem Ort zusammenschaffen
	timorem conferre in *(mit Akk.)*	die Furcht mit etwas bemänteln
	cum Caesare conferre	mit Caesar vergleichen
*	**confestim Adv.**	**sofort**
*	**conficere, conficio, confeci, confectum (3)**	**vollenden, ausführen, aufbringen, entkräften, töten**
	* bellum conficere	den Krieg beenden
	* iter conficere	einen Marsch zurücklegen
	legionem conficere	eine Legion aufbringen
	itinere confectus	vom Marsch erschöpft
	* vulneribus confectus	schwer verwundet
	confidentia, ae fem.	**Verwegenheit**

* **confidere, confido, confisus sum (3)**	**vertrauen**
* *mit Ablativ verbunden*	vertrauen auf
natura loci confidere	auf die örtlichen Gegebenheiten vertrauen
mit de verbunden	in Hinblick auf etwas Vertrauen haben, zuversichtlich sein
* *confidere mit aci verbunden*	darauf vertrauen, daß
multum confidere	viel vertrauen, großes Vertrauen hahaben
confieri, confio	**ausgeführt werden**
configere, o, fixi, fixum (3)	**zusammenfügen, angreifen**
confinis, confinis, confine	**benachbart**
mit Dativ verbunden	jemandem benachbart
confinium, confinii n.	**Nachbarschaft**
* **confirmare, o, avi, atum (1)**	**befestigen, stärken**
opinionem confirmare	den Eindruck verstärken
rem confirmare	einen Sachverhalt bestätigen
se (tantum) confirmare, (ut)	sich (soweit) ermannen, (daß)
lege confirmare	gesetzlich festlegen
animos verbis confirmare	Mut zusprechen
* confirmare *mit aci verbunden*	versichern, daß
confirmare, ut	bekräftigen, daß
confirmatio, onis fem.	**Versicherung**
confiteri, eor, fessus sum (2)	**zugestehen**
conflagrare, o, avi, atum (1)	**verbrennen** *(intransitiv)*
conflare, o, avi, atum (1)	**anfachen** *z.B.: bellum*
conflictare, o, avi, atum (1)	**bedrängen, heimsuchen**
* **confligere, confligo, conflixi, conflictum (3)**	**zusammentreffen, kämpfen**
* confligere cum	kämpfen mit
confluens, confluentis m.	**Zusammenfluß zweier Flüsse**
confluere, o, fluxi (3)	**zusammenströmen** *(von Personen gesagt)*
* **confugere, io, fugi (3)**	**flüchten**
* in (silvas) confugere	in (die Wälder) flüchten
confundere, o, fudi, fusum (3)	**vereinigen, verwirren**
congerere, o, gessi, gestum (3)	**zusammenbringen, anhäufen** *z.B.: crates/ligna/numerum/res/vim*
congesticius, a, um	**aufgeschüttet**
* **congredi, ior, gressus sum (3)**	**zusammenkommen**
armis congredi	sich in einen Kampf einlassen
congressus, us m.	**Zusammentreffen, Angriff**

*	**conicere, io, ieci, iectum (3)**	**werfen, schleudern, treiben**
	* tela conicere (in nostros)	Wurfgeschosse schleudern (gegen...)
	in catenas conicere	in Ketten legen
	* in fugam conicere	in die Flucht schlagen
	* in vallum conicere	gegen den Wall schleudern
	coniectare, o, avi, atum (1)	**vermuten**
	mit aci verbunden	vermuten, daß
	coniectura, ae fem.	**Vermutung**
	coniti, conitor, conisus sum (conixus sum) (3)	**emporklimmen**
	coniunctim Adv.	**gemeinschaftlich**
*	**coniungere, o, iunxi, iunctum (3)**	**zusammenbinden, verbinden**
	* coniungere aliquid cum	etwas verbinden/vereinigen mit
	* se cum aliquo coniungere	sich mit jemandem verbünden
*	**coniurare, o, avi, atum (1)**	**sich verschwören**
	inter se coniurare	sich untereinander verschwören
	mit aci verbunden	schwören, daß
	mit ut-Satz verbunden	schwören, daß
*	**coniuratio, onis fem.**	**Verschwörung**
	coniurationem facere	eine Verschwörung anzetteln
	coniuratus, i m.	**Verschworener**
	coniu (n) x, coniugis m/fem.	**Gatte, Gattin** *(bei Caes. ist immer 'Gattin' gemeint)*
	conl- *vgl. coll-*	
	conquiescere, o, quievi, quietum (3)	**ruhen, ausruhen**
*	**conquirere, o, quisivi, quisitum (3)**	**einsammeln, sich zu verschaffen suchen, anwerben**
	conquisitor, oris m.	*(gewaltsamer)* **Werber von Soldaten**
	conr- *vgl. corr*	
	consanguineus, i m.	**Blutsverwandter**
*	**conscendere, o, scendi, scensum (3)**	**einsteigen, besteigen**
	* naves conscendere	Schiffe besteigen
	conscientia, ae fem.	**Gewissen, Einverständnis**
	consciscere, o, scivi, scitum (3)	**sich für ein Übel entscheiden**
	mortem sibi consciscere	Selbstmord begehen
	conscius, a, um	**bewußt, mitwissend**
*	**conscribere, o, scripsi, scriptum (3)**	**zusammenschreiben, ausheben**
	* legiones/milites conscribere	Legionen/Soldaten ausheben
	litteras conscribere	einen Brief abfassen
	patres conscripti	Väter u. Beigeordnete *(Anrede der Senatoren im Senat)*
	consecrare, o, avi, atum (1)	**weihen**
*	**consectari, or, atus sum (1)**	**verfolgen**

	consensio, onis fem.	**Einmütigkeit**
*	**consensus, us m.**	**Übereinstimmung**
	* consensu omnium	auf Zustimmung aller
	ex communi consensu	auf gemeinsamen Beschluß hin
*	**consentire, io, sensi, sensum (4)**	**übereinstimmen, einverstanden sein**
	consentire, ut	damit einverstanden sein, daß
*	**consequi, consequor, consecutus sum (3)**	**nachfolgen, verfolgen, folgen, erreichen, gewinnen**
	conserere, o, conserui, consertum (3)	*(nur in Verbindung mit 'manum')*
	manum conserere	handgemein werden
	conserere, o, consevi, consitum (3)	*(in die Erde)* **einsetzen**
*	**conservare, o, avi, atum (1)**	**bewahren, schonen, begnadigen**
	ius legatorum conservare	das Recht der Gesandten beachten
	considerare, o, avi, atum (1)	**besichtigen**
	considerate Adv.	**bedächtig**
	consideratus, a, um	**bedächtig**
*	**considere, consido, consedi, consessum (3)**	**sich niedersetzen, sich lagern, Aufstellung nehmen**
	* in eorum finibus considere	sich in deren Gebiet niederlassen
	consiliari, or, atus sum (1)	**beraten**
*	**consilium, consilii n.**	**Rat, Sitzung einer Behörde, Versammlung, Überlegung, Beschluß**
	* consilium capere	einen Entschluß fassen
	consilium (com) mutare	den (Marsch) plan ändern
	consilium convocare	einen Kriegsrat einberufen
	* consilium inire	eine Überlegung anstellen
	hoc consilium ad extremum reservare	diesen Plan für den äußersten Notfall aufsparen/zurückstellen
	ad consilium deferre	vor die Versammlung/den Kriegsrat bringen
	* communi consilio	auf gemeinsamen Beschluß hin
	* eo consilio, ut	in der Absicht ... zu
	* *mit nd-Form:*	
	consilium belli renovandi	der Entschluß, von neuem Krieg zu führen
	vir magni consilii	ein umsichtiger Mann
	consimilis, consimilis, consimile	**sehr ähnlich**
*	**consistere, o, stiti (3)**	**sich hinstellen, haltmachen, stocken, beruhen auf, bestehen aus**
	* in muro consistere	auf der Mauer Posten beziehen
	* in locis superioribus consistere	auf den Anhöhen haltmachen
	omne certamen in virtute consistit	der ganze Kampf beruht/hängt ab von der Tapferkeit
	vita omnis in venationibus consistit	das ganze Leben besteht aus der Jagd
	consobrinus, i m.	**Vetter**

	consolari, or, atus sum (1)	**trösten, ermutigen**
	consolari, ut	ermutigen, etwas zu tun
	consolatio, onis fem.	**Trost**
*	**conspectus, us m.**	**Anblick, Aussicht, Gesichtskreis**
	* in conspectum hostium venire	in Sichtweite des Feindes kommen
	* in conspectu hostium	vor den Augen des Feindes
*	**conspicari, or, atus sum (1)**	**erblicken**
*	**conspicere, io, spexi, spectum (3)**	**erblicken**
	* *mit Akk. und Part. verbunden*	erblicken, wie
	mit aci verbunden	erblicken, daß
*	**conspirare, o, avi, atum (1)**	**sich verschwören**
*	**constanter Adverb**	**standhaft, einstimmig**
*	**constantia, ae fem.**	**Beständigkeit**
*	**constat**	**es steht fest**
	* *mit Dativ d. Person verbunden:*	
	Bruto constabat, quid ageret	für Brutus stand fest, was er tun sollte; B. wußte ...
	mit Ablativ der Sache verbunden:	
	virorum fortium morte constare	das Leben tapferer Männer kosten
	mit Präposition verbunden:	
	constare ex	sich zusammensetzen aus
	constare in	beruhen auf
	* *mit aci verbunden*	es steht fest, daß
	consternare, o, avi, atum (1)	**erschrecken, aufregen**
*	**consternere, o, stravi, stratum (3)**	**bedecken, decken, belegen**
	constipare, o, avi, atum (1)	**zusammendrängen**
*	**constituere, o, ui, stitutum (3)**	**festsetzen, beschließen, aufstellen**
	* aciem/legionem constituere	eine Schlachtreihe/eine Legion aufstellen
	* diem (colloquio) constituere	einen Tag (für die Unterredung) festsetzen
	* his rebus constitutis	nachdem man das beschlossen hatte
	mit aci verbunden	beschließen, daß
	* *mit Infinitiv verbunden*	beschließen zu ...
	mit ut-Satz verbunden	beschließen, daß
	* *mit doppeltem Akk. verbunden:*	
	aliquem regem constituere	jemanden zum König einsetzen
	constringere, o, strinxi, strictum (3)	**fesseln**
	construere, o, struxi, structum (3)	**errichten**
	consuefacere, facio, feci, factum (3)	**gewöhnen**
	mit Infinitiv verbunden	daran gewöhnen etwas zu tun
*	**consuescere, o, suevi, suetum (3)**	**sich gewöhnen**
		im Perfekt: **sich gewöhnt haben, pflegen**
	* *mit Infinitiv verbunden*	sich gewöhnen, etwas zu tun
*	**consuetudo, consuetudinis fem.**	**Gewohnheit**

* consuetudine populi Romani	nach der Gewohnheit des röm. Volkes
ex consuetudine sua	nach seiner/ihrer Gewohnheit
* praeter consuetudinem	gegen die Gewohnheit
consuetus, a, um	**gewohnt**
* **consul, consulis m.**	**Konsul** *(höchstes Amt in der röm. Republik)*
M. Messala, M. Pisone consulibus	unter dem Konsulat des M. Messala und M. Piso
consularis, consularis, consulare	**konsularisch, gewesener Konsul**
* **consulatus, us m.**	**Konsulat**
* **consulere, o, ui, sultum (3)**	**beraten, sorgen**
civitati consulere	für die Bürgerschaft sorgen, sich um die Bürgerschaft kümmern
sibi quisque consulebat	ein jeder dachte an sich
consultare, o, avi, atum (1)	**beraten**
de bello consultare	über den Krieg beraten
consulto Adverb	**absichtlich**
* **consultum, i n.**	**Plan, Rat, Beschluß**
consultum in aliquem facere	einen Beschluß gegen jemanden fassen
ex senatusconsulto	nach dem Beschluß des Senats
* **consumere, o, sumpsi, sumptum (3)**	**aufbrauchen, vernichten**
frumentum consumere	das Getreide aufzehren
* magnam partem diei consumere	einen großen Teil des Tages hinbringen
ferro flammaque consumere	mit Feuer und Schwert vernichten
fame consumptus	ausgehungert
consurgere, consurgo, consurrexi, consurrectum (3)	**sich erheben, aufstehen**
contabulare, o, avi, atum (1)	**mit Stockwerken versehen, erhöhen**
contabulatio, onis fem.	**Balkenlage, Decke, Stockwerk**
contagio, onis fem.	**Berührung**
contaminare, o, avi, atum (1)	**beflecken, entehren**
contegere, o, texi, tectum (3)	**bedecken, decken, schützen** *z.B.: arma/capita/naves*
* **contemnere, o, tempsi, temptum (3)**	**verachten**
contemptio, onis fem.	**Verachtung, Geringschätzung**
in contemptionem venire	sich (die) Verachtung zuziehen
contemptus, us m.	**Verachtung**
* **contendere, o, tendi, tentum (3)**	**streiten, kämpfen, eilen, fest behaupten**
armis contendere	kämpfen
proelio contendere	kämpfen
* de (potentatu) contendere	um (die erste Macht im Staat) kämpfen
* in Italiam contendere	nach Italien eilen

contendere mit aci verbunden	fest behaupten, daß
* *contendere mit Infinitiv verbunden*	eilen/sich beeilen, etwas zu tun
contendere, ut	sich anstrengen, daß
id contendere, ut	sich dafür anstrengen, daß
* **contentio, onis fem.**	**Anstrengung, Wettstreit**
* **contentus, a, um**	**zufrieden**
* *mit Ablativ d. Sache verb.*	zufrieden sein mit etwas; sich begnügen mit
conterrere, eo, terrui, territum (2)	**einschüchtern**
contestari, or, testatus sum (1)	**beschwören**
contexere, o, texui, textum (3)	**zusammenflechten, verbinden, fortsetzen**
contignare, o, avi, atum (1)	**mit Balken belegen**
contignatio, onis fem.	**Balkenwerk**
* **continens, continentis fem.** *Abl. Sg. meist:* continenti	**Festland**
* **continens, continens, continens** *Gen.:* continentis	**unmittelbar, angrenzend, ununterbrochen, enthaltsam**
continenter Adverb	**dauernd, ununterbrochen, beständig**
continentia, ae fem.	**Selbstbeherrschung**
* **continere, eo, tinui, tentum (2)**	**zusammenhalten, aufhalten, einschließen**
milites castris continere	die Soldaten im Lager halten
suos a proelio continere	seine Soldaten vom Kampf fernhalten/nicht kämpfen lassen
in officio tenere	in Botmäßigkeit halten
altissimis montibus undique contineri	von allen Seiten von sehr hohen Bergen eingeschlossen sein
* **contingere, o, tigi, tactum (3)**	**berühren, zuteil werden, eintreten**
continuare, o, avi, atum (1)	**fortsetzen, ausdehnen** *z.B.: iter/opus*
continuatio, onis fem.	**Fortdauer**
continuo Adverb	**sogleich**
continuus, a, um	**zusammenhängend, ununterbrochen, fortlaufend**
* **contio, contionis fem.**	**Versammlung** *(des Volkes oder der Soldaten)*
* contionem habere	eine Versammlung abhalten
contionari, or, atus sum (1)	**reden, eine Ansprache halten**
contorquere, eo, torsi, tortum (2)	**schwingen** *z.B.: pilum*

* **contra Präposition mit Akk.**	**gegen, gegenüber, entgegen**
1. räumlich (wo?):	
contra oppidum collocare	gegenüber der Stadt aufstellen
räumlich (wohin)?:	
copias contra Labienum ducere	Truppen Labienus entgegen führen
2. übertragen:	
contra populum Romanum coniurare	sich gegen das römische Volk verschwören
contra senatus auctoritatem	gegen das Ansehen des Senats
3. nach Substantiven:	
consilium contra aliquem	ein Beschluß, der sich gegen jemanden richtet
* **contra Adv.**	**dagegen, hingegen**
contradicere, o, dixi, dictum (3)	**widersprechen**
* **contrahere, o, traxi, tractum (3)**	**zusammenziehen**
in unum locum contrahere	an einem Ort zusammenziehen, konzentrieren
* **contrarius, a, um**	**gegenüberliegend, feindlich**
contribuere, o, tribui, tributum (3)	**einverleiben**
* **controversia, ae fem.**	**Streit**
controversias minuere/tollere	Streitigkeiten beilegen
contubernalis, is m.	**Zeltgenosse**
contubernium, ii n.	**gemeinsames Zelt**
* **contumelia, ae fem.**	**Schmach, Schähung, Ehrenverletzung**
contumeliosus, a, um	**schmähend**
contundere, o, tudi, tusum (3)	**zerstoßen**
convalescere, o, valui (3)	**genesen, erstarken**
* **convallis, is fem.**	**Talkessel**
convehere, o, vexi, vectum (3)	**zusammenbringen**
convellere, o, velli, vulsum (3)	**losreißen, erschüttern**
convenae, arum m./fem.	**zusammengelaufenes Volk**
* **convenire, io, veni, ventum (4)**	**zusammenkommen**
* in eum locum convenire	an diesem Ort zusammenkommen
in eo manere, quod convenit	daran festhalten, worin man übereingekommen ist
quod tempus inter eos convenerat	welche Zeit sie unter sich vereinbart hatten
convenire mit Infinitiv verbunden	passen/sich eignen zu
convenire mit Supinum verbunden	zusammenkommen, um zu ...
* **conventus, us m.**	**Versammlung**
conventus agere	Gerichtstage abhalten

* **convertere, o, verti, versum (3)**	**umwenden**
castra castris convertere	ein Lager mit dem anderen wechseln
iter convertere	den Marschplan ändern
mentes convertere	umstimmen
terga convertere	fliehen
ad hostem convertere	gegen den Feind kehrt machen/sich gegen den Feind wenden
ad suam potentiam convertere	unter seinen Befehl stellen
conversus ad/in	hingewendet zu, hin ... zu
conversa signa (in hostes) inferre	(die Feinde) angreifen
conviciari, or, atus sum (1)	**schmähen**
convicium, ii n.	**Vorwurf, Schmähung**
convincere, o, vici, victum (3)	**unwiderlegbar beweisen**
* **convocare, o, avi, atum (1)**	**zusammenrufen**
consilium convocare	eine Versammlung einberufen
convolvere, o, volvi, volutum (3)	**umwickeln**
* **convulnerare, o, avi, atum (1)**	**verwunden**
cooriri, ior, coortus sum (4)	**sich erheben, ausbrechen, losbrechen**
* **copia, copiae fem.**	**Vorrat, Menge**
* copia frumenti	Vorrat an Getreide
* *Pl.* copiae, arum fem.	Truppen; Hab und Gut
* copias instruere	die Truppen zur Schlacht ordnen
copias ostendere	Truppen vorbrechen lassen
copias parare	Truppen aufbringen
cum omnibus copiis exire	mit Hab und Gut auswandern
* copiae pedestres	Infanterie
copiosus, a, um	**reich an Vorrat, reichlich, reich**
copula, ae fem.	**Enterhaken**
cor, cordis n.	**Herz**
coram Adv.	**persönlich, selbst**
corbis, is m./fem.	**Korb**
corium, corii n.	**Fell**
* **cornu, cornus n.**	**Horn, Flügel des Heeres**
* sinistro cornu	auf dem linkel Flügel
corona, ae fem.	**Kranz, Kreis**
sub corona vendere	in die Sklaverei verkaufen
* **corpus, corporis n.**	**Körper**
corripere, io, ripui, reptum (3)	**ergreifen, zusammenraffen, angreifen**
corrogare, o, avi, atum (1)	**aufbringen** *z.B.: pecuniam*
* **corrumpere, o, rupi, ruptum (3)**	**verderben, vereiteln**
cortex, corticis m./fem.	**Rinde**

	cothon, cothonis m.	**künstlicher innerer Hafen**
*	**cotidianus, a, um**	**alltäglich, täglich**
*	**cotidie Adverb**	**täglich**
	crassitudo, dinis fem.	**Stärke, Dicke**
	crassus, a, um	**dicht** *(vom Nebel gesagt)*
*	**cratis, cratis fem.**	**Flechtwerk, Faschine**
	creare, o, avi, atum (1) *mit doppeltem Akkusativ*	**wählen** **jemanden zu etwas wählen**
*	**creber, crebra, crebrum**	**zahlreich, oft wiederholt**
	crebritas, atis fem.	**Häufigkeit**
*	**crebro Adv.**	**häufig**
*	**credere, o, credidi, ditum (3)** * *mit aci verbunden*	**glauben** glauben, daß
	creditor, oris m.	**Gläubiger**
	cremare, o, avi, atum (1)	**verbrennen** *(transitiv)*
	crepitus, us m.	**Klirren**
	crescere, o, crevi, cretum (3)	**wachsen, steigen**
	crimen, criminis n. crimen arrogantiae	**Vorwurf** der Vorwurf der Anmaßung
	crinis, is m.	**Haar**
	cruciabiliter Adv.	**qualvoll**
*	**cruciatus, us m.**	**Qual, Folter**
	crudelis, crudelis, crudele	**grausam**
*	**crudelitas, atis fem.**	**Grausamkeit**
	crudeliter Adv.	**grausam, schonungslos**
	cruentus, a, um	**blutig**
	crus, cruris n.	**Bein**
	crux, crucis fem.	**Kreuz** *(zur Hinrichtung)*
	cubi Adv.	**irgendwo**
	cubiculum, i n.	**Schlafgemach**
	cubile, cubilis n.	**Lager**
	cuiusmodi	**von welcher Art, wie beschaffen**
	cuiusquemodi	**von jeder Art**
	culmen, culminis n.	**höchster Punkt, Gipfel**
*	**culpa, culpae fem.**	**Schuld**
	cultus, us m.	**Pflege, Anbau, Kultur**

* **cum Präposition mit Ablativ**	**mit, bei, unter**
* cum Caesare agere	mit Caesar verhandeln
conferre cum	vergleichen mit
* cum Sequanis contendere	mit den Sequanern kämpfen
* legionem secum habere	eine Legion bei sich haben
multis cum lacrimis	unter vielen Tränen
* una cum	zusammen mit
una cum reliquis	zusammen mit den übrigen
una vobiscum	zusammen mit euch
cum iis una	zusammen mit diesen
* **cum (Konjunktion)**	**als, indem, immer wenn, sobald als**
I mit Indikativ:	
* cum primum *(mit Ind. Perf.)*	sobald als
* cum ... tum	wenn schon ... dann (ganz besonders)
II mit Konjunktiv:	da, weil; als; obgleich
cumulare, o, avi, atum (1)	**aufhäufen**
cunctari, or, atus sum (1)	**zögern**
non cunctari, quin	nicht zögern zu ...
cunctatio, onis fem.	**Zaudern, Zögern**
superiorum dierum Sabini cunctatio	das Zögern des Sabinus während der letzten Tage
* **cunctus, a, um**	**gesamt**
* cuncti, ae, a	alle
cuneatim Adv.	**geschlossen**
cuneus, i m.	**keilförmige Schlachtordnung**
* **cuniculus, i m.**	**unterirdischer Gang, Mine** *z.B.: um die feindlichen Türme ungesehen zu erreichen und in Brand zu stecken.*
cupa, ae fem.	**Faß**
* **cupere, cupio, cupivi, cupitum (3)**	**wünschen, begehren**
* *mit Infinitiv verbunden*	etwas zu tun verlangen
omnibus cupientibus	unter allgemeiner Begeisterung
* **cupide Adv.**	**eifrig, heftig, gern**
* **cupiditas, atis fem.**	**Begierde**
* *mit Genitiv verbunden:*	
regni cupiditas	Verlangen nach der Königsherrschaft
* **cupidus, a, um**	**begierig**
* *mit Genitiv verbunden:*	auf etwas begierig
rerum novarum cupidus	auf Umsturz bedacht
bellandi cupidus	kriegslüstern
* **cur**	**warum, weshalb**
cura, ae fem.	**Sorge**
alicui curae esse	jemandem am Herzen liegen

* **curare, o, avi, atum (1)**	**sorgen**
* *mit Gerundivum verb.:*	
naves aedificandas curare	für den Bau von Schiffen sorgen
obsides dandos curare	für die Stellung von Geiseln sorgen
pontem faciendum curare	für den Bau einer Brücke sorgen
curare, ut	dafür Sorge tragen, daß
curatio, onis fem.	**Verwaltung**
currere, curro, cucurri, cursum (3)	**eilen, fließen**
currus, us m.	**Wagen**
* **cursus, us m.**	**Lauf, Richtung, Fahrt**
cursum tenere	Kurs halten
cuspis, cuspidis fem.	**Spitze**
* **custodia, ae fem.**	**(Tag-) Wache**
custodias disponere	Wachen verteilen
custodire, io, ivi, itum (4)	**bewachen**
* **custos, custodis m.**	**Wächter**
alicui custodes ponere	jemanden bewachen lassen, unter Aufsicht stellen

D

D	**Zahlzeichen für 500**
damnare, o, avi, atum (1)	**verurteilen**
capitis damnare	zum Tode verurteilen
ambitūs Pompeia lege damnare	nach der lex Pompeia wegen Amtserschleichung verurteilen
damnum, i n.	**Verlust**
* **dare, do, dedi, datum (1)**	**geben**
* facultatem dare (ad)	Möglichkeit geben (zu)
fidem dare alicui	jemandem sein Wort geben
negotium dare, ut	Auftrag erteilen zu ...
* obsides dare	Geiseln stellen
* operam dare	sich bemühen
* signum dare	Zeichen geben (zum Angriff)
suspicionem dare	Verdacht erregen
veniam dare	Verzeihung gewähren
se vento dare	vor dem Wind fahren
* *mit Gerundivum verbunden: finaler Sinn*	
exercitum Lucio ducendum dare	das Heer dem Lucius geben, damit er es führt

* **de (Präposition mit Ablativ)**	**aus, von, von ... herab, über, wegen, in Bezug auf**
I. räumlich:	
* de muro se deicere	sich von der Mauer stürzen
II. zeitlich:	
* de tertia vigilia	um die dritte Nachtwache
III. kausal:	
* qua de causa	aus diesem Grund/aus welchem Grund; deshalb/weshalb
IV. zur Bildung eines Präpositionalobjekts:	
de re frumentaria adhortari	wegen der Verpflegung mahnen
* agere de aliqua re	über etwas verhandeln
* cogitare de aliqua re	an etwas denken
* cognoscere de aliqua re	1. erfahren von einer Sache 2. über eine Sache entscheiden
* contendere de aliqua re	kämpfen um etwas
* desperare de aliqua re	verzweifeln an etwas
* bene mereri de aliqua re	sich sehr verdient machen um etwas
nuntiare de aliqua re	etwas melden
* de aliquo scribere/dicere	über jemanden schreiben/sprechen
* *bei Substantiven:*	
legati de deditione	Gesandte, die wegen der Übergabe verhandeln sollen: Unterhändler
* legati de pace	Friedensgesandte
* *als Ersatz für Genitiv part.*	
pauci de nostris	wenige von uns
dea, deae fem.	**Göttin**
* **debere, eo, ui, itum (2)**	**schulden, verdanken, müssen**
* *mit Infinitiv verbunden*	
debilitare, o, avi, atum (1)	**lähmen**
debitor, oris m.	**Schuldner**
* **decedere, o, cessi, cessum (3)**	**weggehen, sterben**
* decedere *mit Ablativ verb.*	weggehen von
loco decedere	Stellung räumen
* decedere *mit* de *verbunden*	weggehen von
* **decem** *(indeklinabel)* (Zahlzeichen: X)	**zehn**
* **decernere, o, decrevi, decretum (3)**	**beschließen, kämpfen, zuweisen**
provincias decernere alicui	jemandem Provinzen zuweisen
decernere de aliqua re	entscheiden über etwas
* *mit Inifinitiv verbunden*	beschließen/bestimmen etwas zu tun
* **decertare, o, avi, atum (1)**	**einen Entscheidungskampf führen, bis zur Entscheidung kämpfen**
* proelio decertare	um die Entscheidung kämpfen
pugna decertare	um die Entscheidung kämpfen
de salute omnium decertare	einen Entscheidungskampf führen, von dem das Wohl und Wehe aller abhängt

decessus, us m.	**Abgang, Zurücktreten**
* **decidere, o, cidi (3)**	**zu Boden fallen**
equo decidere	vom Pferd sinken
* **decimus, a, um**	**der zehnte**
* legio decima	die zehnte Legion *(zu der Caes. nach bell. Gall. 1,40 ein besonderes Vertrauen hatte)*
decipere, io, cepi, ceptum (3)	**täuschen, vereiteln**
eo deceptus, quod	darin getäuscht, daß
declarare, o, avi, atum (1)	**kundgeben, erklären**
* **declivis, declivis, declive**	**abschüssig, abfallend**
declivitas, atis fem.	**Abschüssigkeit**
decretum, i n.	**Beschluß, Entscheidung, Verordnung**
* **decumanus, a, um**	**zur zehnten Legion gehörig**
* porta decumana	rückwärtiges Tor des Lagers *(vgl. castra)*
decurio, onis m.	**Anführer einer Dekurie** *(d.i. eine Gruppe von 10 Militär- oder Zivilpersonen)*
decurio equitum	Anführer einer Reiterdekurie
* **decurrere, o, curri (cucurri), cursum (3)**	**herabeilen**
decursio, onis fem.	**Überfall, Einfall**
decursus, us m.	**Senkung**
decutere, io, cussi, cussum (3)	**herabwerfen**
dedecus, dedecoris n.	**Schande, Schmach**
* **dedere, dedo dedidi, deditum (3)**	**ergeben, übergeben, unterwerfen, ausliefern**
dediscere, dedisco, didici (3)	**verlernen, sich entwöhnen**
dediticius, ii m.	**einer, der sich auf Gnade und Ungnade ergibt**
* **deditio, onis fem.**	**Übergabe**
aliquem in deditionem accipere	die Unterwerfung jemandes annehmen
aliquem in deditionem recipere	die Unterwerfung jemandes annehmen
in deditionem venire	sich unterwerfen
deditione facta	nach der Übergabe *Damit eine deditio zustandekam, mußten die Waffen abgegeben und meist Geiseln gestellt werden. Bei schwerwiegenden Rechtsverletzungen der unterlegenen Partei kam es auch zu Säuberungsaktionen unter gegnerischen Staatsmännern, die meist blutig verliefen.*

* **deducere, o, duxi, ductum (3)**	**wegführen, führen**
deducere ad Ciceronem	zu Cicero führen
ad eam sententiam deducere	zu dieser Ansicht bringen
* exercitum deducere ex his regionibus	das Heer aus diesen Gegenden abziehen
* in Sequanos exercitum deducere	das Heer zu den Sequanern führen
rem in controversiam deducere	eine Sache zum Gegenstand eines Streitfalls machen
rem in periculum deducere	eine gefährliche Situation herstellen; es auf die Spitze treiben
deerrare, o, avi, atum (1)	**vom Weg abkommen**
* **deesse, desum, defui**	**fehlen**
* *mit Dativ verbunden:*	
rei publicae non deesse	dem Staat die Hilfe nicht versagen
* **defatigare, o, avi, atum (1)**	**erschöpfen, ermüden**
defatigatio, onis fem.	**Ermüdung, Erschöpfung**
* **defectio, onis fem.**	**der Abfall, Abtrünnigkeit**
* **defendere, o, fendi, fensum (3)**	**verteidigen, abwehren, schützen**
bellum defendere	einen Verteidigungskrieg führen
* Galliam ab iniuria defendere	Gallien vor Unrecht schützen
* **defensio, onis fem.**	**Verteidigung**
* **defensor, oris m.**	**Verteidiger**
* **deferre, defero, detuli, delatum** *(konjugiert wie 'ferre')*	**hintragen, überbringen, melden**
imperium ad aliquem deferre	jemandem den Oberbefehl übertragen
ad consilium deferre	vor die Versammlung bringen/ zum Gegenstand einer Beratung machen
* ad hostes deferre	den Feinden melden
* **defessus, a, um**	**ermüdet, ermattet, erschöpft**
* **deficere, io, feci, fectum (3)**	**abfallen, verlassen, schwinden, mutlos werden**
animo deficere	den Mut verlieren
ab Haeduis deficere	von den Häduern abfallen
tempus deficit	Zeit fehlt
vires nostros deficiunt	unseren Soldaten gehen die Kräfte aus
* **defigere, o, fixi, fixum (3)**	**befestigen, einschlagen**
definire, io, ivi, itum (4)	**bestimmen, festsetzen**
defluere, o, fluxi (3)	**abfließen**
deformare, o, avi, atum (1)	**entstellen**
deformis, deformis, deforme	**häßlich**
deformitas, atis fem.	**Schändlichkeit**
defugere, io, fugi (3)	**meiden, ausweichen**

	degenerare, o, avi, atum (1)	**ausarten**
	degredi, ior, gressus sum (3)	**weggehen, hinabsteigen**
	degustare, o, avi atum (1)	**kosten** *(i. Sinne von: schmecken)*
*	**deicere, io, ieci, iectum (3)**	**niederwerfen, herabwerfen, vertreiben, berauben**
	ea spe deiectus	in der Hoffnung darauf getäuscht
	deiectus, us m.	**Abhang**
*	**deinceps Adv.**	**nacheinander, der Reihe nach**
*	**deinde (dein) Adv.**	**darauf**
*	primum ... deinde	zuerst ... dann
	primo ... deinde	zuerst ... dann
	delabi, or, lapsus sum (3)	**herabrollen**
	delectare, o, avi, atum (1)	**erfreuen**
	delectus *vgl. dilectus*	
	delegare, o, avi, atum (1)	**zuweisen, aufbürden**
*	**delere, eo, delevi, deletum (2)**	**zerstören**
	exercitum delere	das Heer vernichten
	turpitudinem delere	die Schande tilgen
	deliberare, o, avi, atum (1)	**überlegen, erwägen, beraten**
	de summa rerum deliberare	über die Gesamtlage beraten
	delibrare, o, avi, atum (1)	**abschälen**
	delictum, i n.	**Vergehen**
	deligare, o, avi, atum (1)	**anbinden, festbinden**
	naves ad ancoras deligatae	ankernde Schiffe
*	**deligere, o, legi, lectum (3)**	**auswählen**
	aliquem ducem deligere	jemanden zum Führer wählen
	locum domicilio deligere	einen Ort zum Wohnsitz auswählen
*	deligere ex	auswählen aus
	delitiscere, o, tui (3)	**sich verbergen**
	dementia, ae fem.	**Torheit**
	demere, o, dempsi, demptum (3)	**herabnehmen**
	demergere, o, mersi, mersum (3)	**versenken** *z.B.: navem*
	demetere, o, messui, messum (3)	**abmähen** *z.B.: frumentum*
	demigrare, o, avi, atum (1)	**weggehen, auswandern**
*	**deminuere, o, ui, minutum (3)**	**vermindern, schmälern** *z.B.: copias/potentiam/studia*
	deminutio, onis fem.	**Verlust**
	demisse Adv.	**demütig**
	demissio, onis fem.	**Herablassen**
*	**demittere, o, misi, missum (3)**	**herabneigen, herabsenken** *z.B.: arma/caput/loca/ripas*
	se iniquum in locum demittere	in ungünstiges Gelände herabsteigen

* **demonstrare, o, avi, atum (1)**	**zeigen, darlegen**
* *mit Akkusativobjekt*	
quem supra demonstravimus	den ich oben (bereits) erwähnt habe
* *mit aci verbunden:*	darlegen, daß
mit Präposition verbunden:	
de quibus supra demonstratum est	die oben (bereits) erwähnt worden sind
demorari, or, atus sum (1)	**aufhalten, verzögern** *z.B.: agmen/eruptionem/iter*
demovere, eo, movi, motum (2)	**verdrängen**
demum Adv.	**nun, erst**
tum demum	dann erst
denarius, denarii m.	**Denar** *(Silbermünze)*
denegare, o, avi, atum (1)	**verneinen, verweigern**
deni, denae, dena	**je zehn**
* **denique Adv.**	**endlich, schließlich**
densus, a, um	**dicht, dicht gedrängt** *z.B.: castra/silva*
denuntiare, o, avi, atum (1)	**ankündigen, Meldung machen**
mit aci verbunden	melden, daß
mit ut-Satz verbunden	erklären, daß
denuntiatio, onis fem.	**Ankündigung, Androhung**
denuo Adv.	**von neuem**
* **depellere, depello, depuli, depulsum (3)**	**vertreiben, abwenden, abbringen**
aliquem vallo depellere	jemanden vom Wall vertreiben
loco depellere	aus der Stellung vertreiben
morbum depellere	eine Krankheit vertreiben
periculum depellere	eine Gefahr abwenden
deperdere, o, deperdidi, deperditum (3)	**verlieren, einbüßen**
deperire, depereo, deperii deperiturus *(Konjugation wie 'ire')*	**umkommen, zu Grunde gehen**
* **deponere, o, posui, positum (3)**	**niederlegen, niederstellen, ablegen**
consilium deponere	einen Plan aufgeben
imperium deponere	das Amt niederlegen
memoriam deponere, quod	vergessen, daß
* **depopulari, or, atus sum (1)**	**plündern, verwüsten**
deportare, o, avi, atum (1)	**fortschaffen, hinbringen**
* **deposcere, deposo, depoposci (3)**	**fordern**
depostulare, o, avi, atum (1)	**verlangen**

	depravare, o, avi, atum (1)	**verderben**
*	**deprecari, or, atus sum (1)**	**erflehen, um Gnade bitten, durch Bitten abwenden**
	deprecari, ut	flehen zu ...
	deprecatio, onis fem.	**Ablehnung**
	deprecator, oris m.	**Fürbitter, Vermittler**
	eo deprecatore	durch dessen Vermittlung/ Fürsprache
*	**deprehendere, o, deprehendi, deprehensum (3)**	**überraschen, ergreifen, antreffen**
*	**deprimere, o, pressi, pressum (3)**	**niederdrücken, in den Grund bohren, einsenken** *z.B.: fossam/naves*
	depugnare, o, avi, atum (1)	**kämpfen**
	derivare, o, avi, atum (1)	**ableiten** *z.B.: aquam/flumen*
	derogare, o, avi, atum (1)	**entziehen** *z.B.: fidem*
*	**descendere, o, descendi, descensum (3)**	**marschieren, herabsteigen, sich entschließen**
	ad dimicandum descendere	sich zum Kampf entschließen
	paratus ad omnia descendere	zu allem bereit/entschlossen
	ad eius sententiam descendere	sich dessen Meinung anschließen
	ad vim atque arma descendere	sich für Waffengewalt entscheiden
	ex loco superiore descendere	von einer Anhöhe herabsteigen
	descensus, us m.	**abwärts führender Weg**
	desciscere, o, scivi, (scii), scitum (3)	**abfallen**
	desciscere ab	abfallen von
	describere, o, scripsi, scriptum (3)	**auferlegen** *z.B.: pecunias/vecturas*
	desecare, o, secui, sectum (1)	**abschneiden**
*	**deserere, desero, deserui, desertum (3)**	**im Stich lassen, aufgeben**
	loca deserta	abgelegenes Gebiet
	desertor, oris m.	**Deserteur**
*	**desiderare, o, avi, atum (1)**	**ersehnen, begehren, verlieren**
	desidia, ae fem.	**Untätigkeit**
	designare, o, avi, atum (1)	**bezeichnen, angeben, verraten, ernennen**
	nimiam luxuriam designare	einen allzu großen Luxus verraten
	aliquem consulem designare	jemanden zum Konsul ernennen
*	**desilire, io, silui, sultum (4)**	**herabspringen**
	* ex (equis) desilire	von (den Pferden) springen
	desinere, desino, desii, desitum (3)	**aufhören**
	mit Infinitiv verbunden	aufhören zu ...

*	**desistere, o, destiti, destitum (3)**	**abstehen, ablassen**
	negotio desistere	von einem Unternehmen Abstand nehmen
	pertinacia desistere	den Starrsinn aufgeben
	sententia desistere	eine Meinung aufgeben/einen Plan aufgeben
	* *mit Infinitiv verbunden*	aufhören zu ...
*	**despectus, us m.**	**Ausblick, Fernsicht**
	despectus in mare	Ausblick auf das Meer
*	**desperare, o, avi, atum (1)**	**verzweifeln, aufgeben**
	* desperare de aliqua re	an etwas verzweifeln
	* prope iam desperata salute	als man schon fast die Hoffnung auf Rettung verloren hatte
	fortunis desperare	am Glück verzweifeln
	desperatis omnibus rebus	als man (schon) alles verloren gegeben hatte
*	**despicere, io, spexi, spectum (3)**	**verachten**
	despoliare, o, avi, atum (1)	**berauben**
	armis despoliare	der Waffen berauben/die Waffen wegnehmen
	destinare, o, avi, atum (1)	**befestigen, bestimmen, beschließen, erwarten**
	destituere, o, destitui, destitutum (3)	**im Stich lassen**
	destringere, o, destrinxi, destrictum (3)	**ziehen, zücken** *z.B.: gladios*
	desuper Adverb	**von oben**
	detegere, o, detexi, detectum (3)	**abdecken**
	detendere, detendo, detendi, detensum (3)	**abbrechen**
	detergere, eo, detersi, detersum (2)	**abbrechen** *z.B.: remos*
	deterior, deterior, deterius *Gen.:* deterioris	**geringer**
*	**deterrere, eo, ui, itum (2)**	**von etwas abschrecken**
	deterrere ab	abschrecken von
	mit Infinitiv verbunden	abbringen etwas zu tun
	deterrere, ne	abschrecken/abbringen etwas zu tun
	non deterrere, quin/quominus	nicht davon abschrecken zu ...
	detestari, or, atus sum (1)	**verwünschen**
*	**detinere, eo, tinui, tentum (2)**	**festhalten, aufhalten, beschäftigen**
	detractare, o, avi, atum (1)	**verweigern**
*	**detrahere, o, traxi, tractum (3)**	**wegziehen, absondern, wegnehmen**

detrimentosus, a, um	**sehr nachteilig**
* **detrimentum, i n.**	**Schade, Verlust, Niederlage**
* detrimentum accipere	Niederlage einstecken
detrimentum inferre alicui	jemandem Verluste beibringen
magno cum detrimento	unter großen Verlusten
detrudere, o, trusi, trusum (3)	**verdrängen, abnehmen**
	z.B.: hostes/tegimenta
deturbare, o, avi, atum (1)	**vertreiben**
deurere, o, ussi, ustum (3)	**verbrennen**
* **deus, dei m.**	**Gott**
Pl.: dei und di	
Dat. Pl.: deis und diis/dis	
Abl. Pl.: deis und diis/dis	
devehere, o, vexi, vectum (3)	**fortschaffen, hinschaffen**
devenire, io, veni, ventum (4)	**hinkommen**
devexus, a, um	**abschüssig**
devincere, o ,vici, victum (3)	**völlig besiegen**
devincire, io, vinxi, vinctum (4)	**verpflichten**
devocare, o, avi, atum (1)	**verleiten, bringen**
devocare, ut	verleiten zu ...
in dubium devocare	aufs Spiel setzen
devolvere, o, volvi, volutum (3)	**herabrollen**
devovere, eo, vovi, votum (2)	**weihen**
* **dexter, dextra, dextrum**	**rechts gelegen**
dextra, ae fem.	die rechte Hand
dextrā	auf der rechten Seite
dextrum cornu	der rechte Flügel des Heeres
dextrorsus Adverb	**nach rechts hin**
dicare, o, avi, atum (1)	**aufnehmen lassen**
se in servitutem dicare	sich in die Sklaverei begeben
* **dicere, dico, dixi, dictum (3)**	**sagen, nennen, reden, bestimmen, ernennen**
I. mit Akkusativ:	
causam dicere	sich vor Gericht verantworten
consultum de se dicere	das Orakel über sich sprechen
diem dicere	einen Termin festsetzen/anberaumen
* sententiam dicere	seine/ihre Meinung äußern
ad eas, quas diximus, munitiones	zu den bereits erwähnten Befestigungen
II. mit doppeltem Akkusativ:	
aliquem dictatorem dicere	jemanden zum Diktator ernennen
aliquem Caesaris militem dicere	jemanden als Caesars Soldaten anreden
III. * mit aci verbunden	sagen, daß

*IV. * mit NcI verbunden*	
hi centum pagos habere dicuntur	sollen / diese sollen hundert Gaue haben
V. mit Präposition verbunden:	
dicere de aliqua re	über etwas sprechen
in eam sententiam dicere	sich folgendermaßen äußern
VI. absolut gebraucht:	
* ut ante dictum est	wie zuvor erwähnt
dicio, dicionis fem.	**Macht, Botmäßigkeit**
sub dicione esse	unter der Herrschaft stehen/beherrscht werden/botmäßig sein
dicrota, ae fem.	**Zweiruderer**
dictator, oris m.	**unumschränkter Gewalthaber** *48 v. Chr. wurde Caes. für ein Jahr zum Diktator ernannt, 46 auf zehn Jahre, 44 auf Lebenszeit: dictator perpetuus*
dictatura, ae fem.	**Amt eines Diktators**
dictio, onis fem.	**Verhandlung, Verteidigung, Rede, Vortrag**
dictitare, o, avi (1)	**äußern, vorgeben**
mit aci verbunden	äußern; vorgeben, daß
dictum, dicti n.	**Wort, Befehl**
dicto audiens	Gehorsam leistend
diducere, o, duxi, ductum (3)	**teilen, ausdehnen, zersplittern**
* **dies, diei m.**	**Tag**
dies, diei fem.	**Termin**
dies instat	der Tag steht unmittelbar bevor
dies hibernorum	Tage im Winterlager
pabulum dierum triginta	Futter für 30 Tage
* postridie eius diei	am Tage darauf
diem dicere	einen Termin festsetzen
diem ex die ducere	von Tag zu Tag hinzögern
* diem intermittere	einen Tag verstreichen lassen
* paucos dies	wenige Tage lang
* in dies	von Tag zu Tag
in posterum diem differre	auf den nächsten Tag verschieben
in diem certam indicere	auf einen bestimmten Termin festsetzen
* die constituta	am festgesetzten Termin
multo die	spät am Tage
* die septimo	am siebenten Tag
* diebus XX	binnen 20 Tagen
his omnibus diebus	an all diesen Tagen
* paucis ante diebus	wenige Tage zuvor
* paucis diebus post	wenige Tage später

ex eo die quintus	fünf Tage darauf
ex eo die dies continuos quinque	von nun an fünf Tage ununterbrochen
* **differre, fero, distuli, dilatum**	**sich unterscheiden, aufschieben**
(Konjugation wie 'ferre')	
in posterum diem differre	auf den nächsten Tag verschieben
* legibus inter se differre	sich voneinander in den Gesetzen unterscheiden
differtus, a, um	**voll (gestopft)**
* **difficilis, difficilis, difficile**	**schwer, mit Schwierigkeiten verbunden, schwierig**
* **difficultas, atis fem.**	**Schwierigkeit**
* *mit Genitiv des Gerund. verb.*	Schwierigkeit zu ...
difficultas navigandi	Schwierigkeit zu segeln
difficulter Adverb	**schwer, kaum**
* **diffidere, o, diffisus sum (3)**	**mißtrauen**
* *mit Dativ verbunden*	kein Vertrauen haben zu einer Sache/Person
mit aci verbunden	nicht darauf vertrauen, daß
diffugere, io, fugi, fugitum (3)	**entfliehen, flüchten**
diffundere, o, fudi, fusum (3)	**ausbreiten**
digitus, digiti m.	**Finger, Zoll**
* **dignitas, atis fem.**	**Würde, Ansehen, Bedeutung**
dignus, a, um	**würdig, wert, angemessen**
mit Ablativ verbunden:	einer Sache würdig, wert, angemessen
memoria dignus	erinnerungswürdig
digredi, ior, gressus sum (3)	**sich entfernen, weggehen**
diiudicare, o, avi, atum (1)	**entscheiden**
* **dilectus, us m.**	**Aushebung**
(auch: delectus)	
* dilectum habere	Aushebung vornehmen
diligens, diligens, diligens	**sorgfältig, wachsam**
Gen.: diligentis	
* **diligenter Adverb**	**sorgfältig**
* **diligentia, ae fem.**	**Sorgfalt**
diligentiam adhibere	umsichtig vorgehen
diligere, o, lexi, lectum (3)	**lieben**
diluere, o, lui, lutum (3)	**aufweichen**
dimetiri, ior, mensus sum (4)	**abmessen**
* **dimicare, o, avi, atum (1)**	**kämpfen**
tuto dimicare	gefahrlos kämpfen
* **dimicatio, onis fem.**	**Kampf**
dimidiatus, a, um	**halb**

	dimidius, a, um	**halb**
*	**dimittere, o, misi, missum (3)**	**ausschicken, entlassen, verlieren**
	concilium dimittere	eine Versammlung entlassen
	ex manibus dimittere	verlieren, sich entgehen lassen
	directe Adverb	**gerade**
	directo Adverb	**in gerader Richtung**
*	**directus, a, um**	**in gerader Richtung verlaufend**
	direptio, onis fem.	**Plünderung**
*	**dirigere, o, rexi, rectum (3)**	**Richtung geben, sich erstrecken**
	* aciem dirigere	in Schlachtordnung aufmarschieren
	oculos ad mare dirigere	die Augen zum Meer richten
*	**dirimere, o, diremi, diremptum (3)**	**trennen, beendigen** *z.B.: colloquium/proelium/fines*
*	**diripere, io, ripui, reptum (3)**	**plündern, berauben**
	diruere, diruo, dirui, dirutum (3)	**zerstören, niederreißen**
*	**discedere, o, cessi, cessum (3)**	**abmarschieren, abziehen, weggehen**
	spes discedit	die Hoffnung schwindet
	ab officio discedere	seine Pflicht vergessen
	* ex ea parte vici discedere	aus dem Teil des Dorfes abziehen
	disceptare, o, avi, atum (1)	**verhandeln, entscheiden**
	disceptare de	verhandeln über/entscheiden über
	disceptator, oris m.	**Schiedsrichter**
	discere, o, didici (3)	**lernen, erfahren**
	discernere, o, crevi, cretum (3)	**sondern, unterscheiden**
	discessio, onis fem.	**Abstimmung**
*	**discessus, us m.**	**Entfernung, Abzug**
	discessus ex	Abzug aus ...
	discingere, o, cinxi, cinctum (3)	**entwaffnen**
*	**disciplina, ae fem.**	**Zucht, Disziplin, Unterricht, Lehre**
	discludere, o, clusi, clusum (3)	**trennen, abschließen**
	discludere ab	trennen von
	discordare, o, avi (1)	**uneinig sein**
	discrimen, discriminis n.	**Gefahr**
	res est in summo discrimine	die Lage ist äußerst kritisch
	discurrere, o, curri (cucurri), cursum (3)	**umherlaufen, sich zerstreuen**
	discursus, us m.	**Hin- und Herlaufen**
	discutere, io, cussi, cussum (3)	**zerschlagen, durchstechen, vereiteln** *lignum/nivem/rem*
*	**disicere, io, ieci, iectum (3)**	**auseinandertreiben, zerstreuen, zerstören**
	dispar, dispar, dispar *Gen.:* disparis	**ungleich**

	disparare, o, avi, atum (1)	**trennen**
*	**dispergere, o, dispersi, dispersum (3)**	**zerstreuen, verteilen**
	in opere dispersus	bei der Schanzarbeit breit verteilt
	dispertire, io, dispertivi (dispertii), dispertitum (4)	**verteilen** *z.B.: copias/tirones*
*	**disponere, o, posui, positum (3)**	**an verschiedenen Punkten aufstellen, verteilen**
	disputare, o, avi, atum (1)	**vortragen, erörtern**
	disputatio, onis fem.	**Unterredung**
	disputationem habere	sich unterreden
*	**dissensio, onis fem.**	**Uneinigkeit, Zwietracht**
	dissentire, io, sensi, sensum (4)	**verschiedener Meinung sein, widersprechen**
	disserere, o, sevi, situm (3)	**in Abständen in die Erde setzen**
	dissimilis, dissimilis, dissimile	**verschieden, andersartig**
	mit Genitiv verbunden	verschieden von
	dissimilis atque	anders als
	dissimiliter Adverb	**anders**
	dissimulare, o, avi, atum (1)	**verhehlen, verbergen** *z.B.: odia/rem*
*	**dissipare, o, avi, atum (1)**	**zerstreuen** *z.B.: calones/exercitum*
	dissolvere, o, solvi, solutum (3)	**auflösen, bezahlen** *z.B.: disciplinam/pecuniam*
	dissuadere, eo, suasi, suasum (2)	**widerraten**
*	**distare, disto (1)**	**entfernt sein**
	parvo spatio distare ab	wenig entfernt sein von
	distendere, o, tendi, tentum (3)	**ausdehnen** *z.B.: aciem*
*	**distinere, eo, tinui, tentum (2)**	**trennen, hindern, sichern, in Anspruch nehmen**
	distinere a	hindern/trennen von
	distrahere, o, traxi, tractum (3)	**zerreißen, vereiteln** *z.B.: aciem/materiam/rem*
*	**distribuere, o, ui, utum (3)**	**verteilen, zuteilen**
	disturbare, o, avi, atum (1)	**zerstören**
*	**diu Adverb**	**lange**
	diurnus, a, um	**einen Tag dauernd** *(aber jeden Tag wiederkehrend)*, **täglich, bei Tage**
	diutinus, a, um	**langwierig, lange**
*	**diuturnitas, atis fem.**	**lange Dauer, die Länge**

	diuturnus, a, um	**lange andauernd**
	divellere, o, velli, vulsum (3)	**aufreißen** *z.B.: vulnus*
	diverse Adverb	**zerstreut**
*	**diversus, a, um**	**verschieden, entgegengesetzt, entfernt**
	dives, dives, dives *Gen.:* divitis *Abl.:* divite	**reich**
*	**dividere, o, visi, visum (3)** * dividere ab * dividere in (partes tres)	**teilen, verteilen, trennen** trennen von (in drei Teile) teilen
	divinus, a, um	**göttlich**
	divulgare, o, avi, atum (1)	**bekannt machen, verbreiten**
*	**docere, doceo, docui, doctum (2)** docere de aliqua re * *mit aci verbunden*	**zeigen, darlegen** von einer Sache unterrichten darlegen, daß
	doctrina, ae fem.	*(theoretischer)* **Unterricht, Abrichtung**
	documentum, i n. documento esse	**Beweis, warnendes Beispiel** zum Beweis dienen
	dolere, doleo, dolui (2) dolere ex aliqua re *mit aci verbunden* dolere, quod	**Schmerz empfinden, bedauern** Schmerz über etwas empfinden Schmerz empfinden darüber, daß Schmerz empfinden darüber, daß
*	**dolor, doloris m.** hic dolor dolorem capere ex magno dolore affici magno dolere ferre *m. aci*	**Schmerz, Unwille, Ärger** der Schmerz darüber Schmerz empfinden über schmerzen sehr betrübt sein, daß
	dolus, doli m. per dolum	**List** auf hinterhältige Weise, mit List
	domesticus, a, um	**zur Familie gehörig, heimatlich, innere**
*	**domicilium, domicilii n.**	**Wohnsitz**
	dominari, or, atus sum (1)	**herrschen**
	dominatio, onis fem.	**Herrschaft**
	dominatus, us m.	**Herrschaft**
*	**dominus, domini m.**	**Herr**
*	**domus, domus fem.** * domo * domum * domi	**Haus, Familie, Heimat** von/aus dem Haus nach Hause zu Hause

Buchhandlung Fritz Steuber GmbH
Am Alten Tore 5
38300 Wolfenbuettel
Tel.: 05331-9208-0

asse 1   Bonnummer 137960

nge	Preis	Mwst.	Betrag
gr. 2/200	Sachbuch		
1	9,80	7,00%	9,80
gr. 2/200	Sachbuch		
1	19,80	7,00%	19,80
TOTAL		1,94	29,60
BAR			29,60
ZURÜCK			0,00

atum 13.10.1997 09:06

ir bedanken uns fuer Ihren Besuch und
reuen uns auf ein baldiges Wiedersehen.
!!! Ohne Buecher geht nichts !!!

* **donare, dono, donavi, donatum (1)**	**schenken, beschenken**
civitate donare	mit dem Bürgerrecht beschenken
duplici stipendio donare	mit doppelter Löhnung beschenken
donatio, onis fem.	**Schenkung**
donec (Konjunktion)	**bis**
donum, doni n.	**Geschenk**
dormire, io, ivi (ii), itum (4)	**schlafen**
dorsus, dorsi m.	**Rücken**
auch: dorsum, dorsi n.	
dos, dotis fem.	**Mitgift**
* **druides, druidum m.**	**Druiden** *eine sehr angesehene und politisch einflußreiche Priesterkaste, die auch richterliche Funktionen übernahm; ausgestattet mit den Privilegien der Steuerfreiheit und der Befreiung vom Wehrdienst. (Vgl. bell. Gall. 6, 13-14)*
dubitanter Adverb	**zögernd**
* **dubitare, o, avi, atum (1)**	**zweifeln, Bedenken tragen, zögern**
dubitare de aliqua re	an etwas zweifeln
* *mit Infinitiv verbunden*	zögern, etwas zu tun
mit aci verbunden	zweifeln, daß
* non dubitare, quin	nicht zweifeln, daß
dubitatio, onis fem.	**Zweifel, Ungewißheit, Bedenken**
dubitatio de aliqua re	Zweifel an etwas
dubitatio *mit Gen. verb.*	Zweifel an
* **dubius, a, um**	**ungewiß, zweifelhaft, unentschieden**
procul dubio	ganz ohne Zweifel
in dubium devocare	aufs Spiel setzen
sine dubio	zweifelsohne
non dubium esse, quin	nicht zweifelhaft sein, daß
duceni, ae, a	**je zweihundert**
* **ducenti, ae, a**	**zweihundert**
* **ducere, duco, duxi, ductum (3)**	**führen, meinen, hinhalten**
* bellum ducere	den Krieg in die Länge ziehen
diem ex die ducere	von Tag zu Tag hinziehen/vertrösten
* exercitum ducere	das Heer führen
fossam ducere	einen Graben ziehen
aliquem hostium numero ducere	jemanden zu den Feinden rechnen
ducere *mit aci verbunden:*	meinen/glauben, daß
biennium sibi satis esse duxerunt	sie glaubten, daß ein Zeitraum von zwei Jahren genug ist
ductus, us m.	**Führung**
dulcis, dulcis, dulce	**süß** *z.B.: aqua*

* **dum (Konjunktion:** ***mit Indikativ und Konjunktiv verbunden)***	**während, solange bis**
dum haec in Venetis geruntur	während dieser Ereignisse im Gebiet der Veneter
exspectare, dum	warten, bis
dumtaxat Adverb	**lediglich, nur**
* **duo, duae, duo**	**zwei**
* **duodecim** ***(indeklinabel)***	**zwölf**
* **duodecimus, a, um**	**zwölfte**
duodeni, ae, a	**je zwölf**
duodequadraginta ***(indeklinabel)***	**achtunddreißig**
duodetricesimus, a, um	**achtundzwanzigste**
duodetriginta ***(indeklinabel)***	**achtundzwanzig**
duodeviginti ***(indeklinabel)***	**achtzehn**
* **duplex, duplex, duplex** *Gen.:* duplicis	**doppelt**
duplicare, o, avi, atum (1)	**verdoppeln** *z.B.: iter/numerum*
durare, o, avi, atum (1)	**abhärten**
duritia, ae fem.	**Abhärtung**
durus, a, um	**hart, streng, rauh, schwierig**
duumvir, duumviri m.	*die beiden höchsten Magistraten d. römischen Munizipien u. Kolonien*
* **dux, ducis m. (fem.)**	**Führer**
dynastes, dynastae m.	**Machthaber**

E

e *vgl. ex*	
ea Adverb	**da**
eadem Adverb	**ebenda**
edera, ae fem.	**Efeu**
edere, edo, edidi, editum (3)	**herausgeben, verbreiten, veranstalten** *z.B.: exempla/opinionem*
edicere, o, dixi, dictum (3)	**verordnen**
edicere, ut	verfügen, daß
edictum, i n.	**Verordnung, Verfügung**
ediscere, edisco, edidici (3)	**auswendig lernen**
* **editus, a, um**	**hoch, hervorragend** *z.B.: collis*

edocere, eo, ui, doctum (2) — **belehren, mitteilen, abrichten**
elephantos edocere — Elefanten abrichten
quid fieri velit, edocet — er legt(e) seine Pläne dar

educare, o, avi, atum (1) — **erziehen**

* **educere, o, duxi, ductum (3)** — **herausführen**
compluribus portis educere — aus mehreren Toren herausführen
ex oppido educere — aus der Stadt herausführen

effarcire, effarcio, effersi effertum (4) — **ausfüllen** *z.B. intervallum*

effeminare, o, avi, atum (1) — **verweichlichen** *z.B. animos/homines*

* **efferre, effero, extuli, elatum** *(konjugiert wie 'ferre')* — **heraustragen, forttragen, fortschaffen, emporheben**
in vulgus (vulgum) efferre — bekannt machen/vor die Öffentlichkeit bringen *(was eigentlich geheim bleiben soll)*

* **efficere, io, feci, fectum (3)** — **bewirken, machen**
classem efficere — eine Flotte bauen
* *mit doppeltem Akkusativ:*
milites alacriores efficere — den Eifer der Soldaten anstacheln
hunc montem murus arcem efficit — die Mauer machte diesen Berg zu einer Burg
* efficere, ut — bewirken, daß

efflagitare, o, avi, atum (1) — **verlangen, auffordern** *z.B.: auxilium/locum*
efflagitare, ut — auffordern zu ...

effodere, io, fodi, fossum (3) — **ausstechen, durchwühlen** *z.B.: domos/oculos*

* **effugere, io, fugi (3)** — **entfliehen, entgehen**

effugium, effugii n. — **Flucht**

effundere, o, fudi, fusum (3) — **ergießen, herausströmen**

egere, egeo, egui (2) — **Mangel leiden, bedürfen**
auxilii egere — keine Hilfe haben
omnibus necessariis rebus egere — an allen notwendigen Dingen Mangel leiden

egerere, egero, egessi, egestum (3) — **herausschaffen**

egestas, atis fem. — **Armut**

* **ego, mei (Personalpronomen)** — **ich** *(nur zur Betonung verwendet)*
egomet — ich selbst, ich für meinen Teil

* **egredi, egredior, egressus sum (3)** — **herausgehen,** *(mit dem Heer)* **aus-, vorrücken**
* ex castris egredi — aus dem Lager ausrücken
(de) navi egredi — an Land gehen

egregie Adv. — **vortrefflich, vorzüglich**

egregius, a, um — **hervorragend, ungewöhnlich**

egressus, us m.	**Ausgang, Aufbruch, Landung**
* **eicere, eicio, eieci, eiectum (3)**	**vertreiben**
* se (ex oppido) eicere	(aus der Stadt) hervorbrechen
domo eiectus	aus der Heimat vertrieben
in litore eiectae (naves)	an den Strand geworfene (Schiffe)
* **eiusmodi**	**von der Art, so beschaffen**
eiusmodi, ut	so beschaffen, daß
elabi, elabor, elapsus sum (3)	**herabgleiten, entrinnen**
elaborare, o, avi, atum (1)	**sich bemühen**
elaborare, ut	sich bemühen zu ...
elegantia, ae fem.	**Eleganz** *(vom Stil gesagt)*
elephans, elephantis m.	**Elefant**
* **elephantus, i m.**	**Elefant**
elevare, o, avi, atum (1)	**emporheben**
* **elicere, io, elicui, elicitum (3)**	**herauslocken, hervorlocken** *z.B.: hostem/naves*
elidere, o, elisi, elisum (3)	**zerschlagen** *z.B.: naves*
* **eligere, o, legi, lectum (3)**	**auswählen**
* ex omnibus legionibus eligere	aus allen Legionen auswählen
eloqui, or, locutus sum (3)	**aussprechen**
eludere, o, elusi, elusum (3)	**verspotten, verhöhnen**
eluere, eluo, elui, elutum (3)	**abwaschen**
emendate Adverb	**richtig, mit aller Genauigkeit**
emere, emo, emi, emptum (3)	**kaufen**
emetiri, emetior, emensus sum (4)	**zurücklegen** *z.B.: spatium*
emigrare, o, avi, atum (1)	**auswandern**
* **eminere, eo, minui (2)**	**hervortreten, hervorragen** *z.B.: iugum/stipites*
eminus Adverb	**aus der Ferne**
* **emittere, o, misi, missum (3)**	**fortschicken, entsenden, ausschicken, werfen**
scutum manu emittere	den Schild aus der Hand werfen
in liberum cursum emittere	freie Hand lassen
mit Supinum verbunden: pabulatum emittere	zum Futterholen ausschicken
enasci, or, natus sum (3)	**hervorwachsen**
enatare, o, avi, atum (1)	**schwimmend entkommen**
enecare, o, enecui, enectum (1)	**töten**
* **enim** *(an 2. oder 3. Stelle des Satzes gestellt)*	**nämlich**
eniti, enitor, enisus sum (3)	**emporklimmen, sich bemühen, erreichen**

enixe Adverb	**eifrig**
enumerare, o, avi, atum (1)	**abzählen**
* **enuntiare, o, avi, atum (1)**	**verraten, mitteilen**
* **eo** *I. bei Verben der Bewegung*	**dorthin**
II. bei Komparativen und komparativischen Ausdr.	**bis zu dem Grad, um so**
* eo celerius	um so schneller
* eo magis, quod	um so mehr, weil
* usque eo, ut	bis zu dem Grad, daß
* **eodem Adverb**	**ebendorthin**
ephippiatus, a, um	**auf einem gesattelten Pferd reitend**
ephippium, ii n.	**Sattel**
epibata, ae m.	**Schiffssoldat**
epistula, ae fem. auch: epistola	**Brief**
epulae, arum fem.	**Gastmahl**
* **eques, equitis m.**	**Reiter**
* **equester, equestris, equestre**	**zum Pferd gehörig; Reiter-**
* proelium equestre	Reiterkampf
equidem Adverb	**allerdings, freilich**
* **equitatus, us m.**	**Reiterei**
* **equus, equi m.**	**Pferd**
equum admittere	das Pferd galoppieren lassen
ad equum rescribere	zu Rittern machen *(ironisch gemeint)*
ex equis	von den Pferden aus
erga Präposition mit Akk.	**gegen** *(im freundlichen Sinn)*
voluntas erga Caesarem	Stimmung Caesar gegenüber
ergastulum, i n.	**Arbeitshaus** *Sklaven, manchmal auch Schuldner, konnten zur Strafe in ein Gefängnis geworfen werden, wo sie außerordentlich schwere Arbeit verrichten mußten.*
ergo Adverb	**also**
quid ergo	wieso denn; wie denn?
ericius, ericii m.	*sog.* **'spanischer Reiter':** *ein mit eisernen Zacken beschlagener Holzbalken, mit dem man die Feinde abhielt.*
erigere, o, erexi, rectum (3)	**aufrichten, ermutigen**
* **eripere, io, ripui, reptum (3)**	**fortreißen, entreißen**
latebris se eripere	sich in Schlupfwinkel retten
erogare, o, avi, atum (1)	**eintreiben** *z.B.: vectigalia*

errabundus, a, um	**umherirrend**
errare, o, avi, atum (1)	**sich irren, umherirren**
error, erroris m.	**Irrfahrt, Irrtum**
erudire, erudio, erudivi (erudii), eruditum (4)	**unterrichten**
eruditus *mit Ablativ*	vertraut mit/unterrichtet in
* **erumpere, o, erupi, eruptum (3)**	**hervorstürmen, losbrechen, hervorbrechen lassen**
ex silvis erumpere	aus den Wäldern hervorbrechen
* **eruptio, onis fem.**	**Ausbruch**
eruptio in provinciam	Ausfall gegen die Provinz
* eruptionem facere	ausfallen/einen Ausfall unternehmen
eruptione pugnare	kämpfen, indem man ausfällt
* **esse, sum fui**	**sein**
I. *als Kopula:*	
qui princeps eius consilii erat	der der Urheber dieses Unternehmens war
II. *als Vollverb:* geben/existieren/vorhanden sein	
erant omnino itinera duo	es gab überhaupt nur zwei Wege
inopia frumenti est	es herrscht(e) Getreidemangel
sub dicione atque imperio esse	beherrscht werden
in fide esse	unter dem Schutz stehen
III. *mit Genitiv:*	
1. *besitzanzeigend:*	
Gallia Ariovisti est	Gallien gehört Ariovist
2. *zur Bezeichnung einer Eigenschaft:*	
summi laboris esse	sehr ausdauernd sein
magnae auctoritatis esse	großes Ansehen genießen
3. *Kennzeichen sein von etwas:*	
exspectare ... summae dementiae esse	zu warten ... sei heller Wahnsinn
4. *gehören zu/Aufgabe sein von:*	
liberae esse civitatis	Bürger einer freien Bürgerschaft sein
sui iudicii esse	in seine Entscheidung fallen
suarum partium esse	auf seiner Seite stehen
5. *zur Bezeichung einer Strecke:*	
fluminis erat altitudo pedum circiter trium	die Tiefe des Flusses betrug ungefähr drei Fuß
IV. *mit Dativ verbunden:*	
usui esse	von Nutzen sein/nützen
mit doppeltem Dativ verb.:	
Gallis magno erat impedimento, quod	für die Gallier war es sehr hinderlich, daß

V. mit Ablativ verbunden: (zur Bezeichnung einer Eigenschaft)	
civitas erat magna auctoritate	die Bürgerschaft genoß hohes Ansehen
essedarius, ii m.	**Wagenkämpfer** *(ein Soldat der Gallier und Britannier)*
essedum, i n.	**Streitwagen**
esurire, io, ivi (ii) (4)	**hungern**
* **et**	**und**
* **et ... et** *(bis zu 5-mal gesetzt)*	**sowohl ... als auch**
etenim (Konjunktion)	**nämlich**
etesiae, arum m.	**Passatwinde** *(sie wehen während der Hundstage 40 Tage unverändert aus einer Richtung)*
* **etiam**	**sogar, auch**
* non modo ... sed etiam	nicht nur ... sondern auch
* non solum ... sed etiam	nicht nur ... sondern auch
neque tantum ... sed etiam	und nicht nur ... sondern auch
quin etiam	ja sogar
sive etiam	oder auch
* tum etiam	dann sogar
* **etsi (Konjunktion)**	**obgleich, obwohl**
* etsi ... tamen	obwohl ... dennoch
eunuchus, i m.	**Eunuch**
eurus, euri m.	**Südostwind**
evadere, o, vasi, vasum (3)	**entkommen**
evellere, o, velli, vulsum (3)	**herausreißen**
evenire, io, veni, ventum (4)	**einen Ausgang nehmen**
* **eventus, us m.**	**Ausgang, Erfolg, Schicksal**
evertere, o, verti, versum (3)	**zu Grunde richten**
evidens, evidens, evidens *Gen.:* evidentis	**offenbar**
evitare, o, avi, atum (1)	**entgehen**
* **evocare, o, avi, atum (1)**	**berufen, vorladen, aufbieten**
ad pugnam evocare	zur Schlacht herausfordern
evocare ex	berufen aus
evocatio, onis fem.	**Vorladung**
* **evocatus, i m.**	**Freiwilliger**
evolare, o, avi, atum (1)	**hervorbrechen**

* **ex (e) Präposition mit Abl.**	**aus**
I. räumlich:	
ex equis	vom Pferd herab
e loco superiore	von der Anhöhe
una ex parte	auf der einen Seite
ex pugna evocare	abberufen von der Schlacht
e castris proficisci	aus dem Lager aufbrechen
II. zeitlich:	
ex eo die dies continuos quinque	von nun an fünf Tage lang ununterbrochen
ex itinere	unmittelbar vom Marsch aus
III. modal:	
ex consuetudine sua	nach seiner/ihrer Gewohnheit
ex improviso	unvorhergesehen
e vestigio	sofort
IV. vom Stoff, aus dem etwas besteht:	
testudo facta ex fortissimis lignis	ein Schutzdach, das aus sehr starken Balken besteht
V. als Ersatz für den Genitivus partitivus:	
aliqui ex nostris	manche von unseren Soldaten
complures ex iis	mehrere von diesen
aliquem e suis legatis	irgendeinen seiner Gesandten
exactor, oris m.	**Eintreiber (von Geld)**
exaedificare, o, avi, atum (1)	**erbauen**
exaequare, o, avi, atum (1)	**gleichmachen, gleichstellen**
exaggerare, o,avi, atum (1)	**aufhäufen**
exagitare, o, avi, atum (1)	**beunruhigen, tadeln**
examinare, o, avi, atum (1)	**abwägen**
* **exanimare, o, avi, atum (1)**	**erschöpfen, töten**
exardescere, o, arsi, arsum (3)	**entbrennen, erregt werden**
exarescere, o, arui (3)	**versiegen** *z.B.: fons*
exaudire, io, ivi, itum (4)	**hören, vernehmen**
* **excedere, o, cessi, cessum (3)**	**weichen, verlassen**
loco excedere	die Stellung räumen
proelio excedere	das Schlachtfeld verlassen
* (ex) pugna excedere	das Schlachtfeld verlassen
* **excellere, excello (3)**	**hervorragen**
dignitate excellere	sich durch Würde auszeichnen
ex reliquis excellere	sich vor anderen auszeichnen
excellens, excellens, excellens *Gen.:* excellentis	**vorzüglich, außerordentlich**
* **excelsus, a, um**	**emporragend, hoch** *z.B.: collis/cornu/locus*
exceptare, o (1)	**aufnehmen** *z.B.: ictus/manipulares*

	excīdere, o, cidi, cisum (3)	**abhauen, einschlagen** *z.B.: arbores/portas*
	exciere, excieo, excivi (excii), excitum (2)	**herbeirufen**
*	**excipere, io, cepi, ceptum (3)** impetum gladiorum excipere	**ausnehmen, aufnehmen** den Angriff der Schwerter auffangen
*	**excitare, o, avi, atum (1)** turres excitare aliquem ad bellum excitare	**errichten, antreiben** Türme aufrichten jemanden zum Krieg aufwiegeln
*	**excludere, o, clusi, clusum (3)** a re frumentaria excludere diei tempore exclusus	**ausschließen, fernhalten, abschneiden** von der Getreidezufuhr abschneiden durch die vorangeschrittene Tageszeit gehindert
	excogitare, o, avi, atum (1)	**ersinnen, ausdenken**
	excruciare, o, avi, atum (1)	**foltern, quälen**
	excubare, o, cubui, cubitum (1)	**Wache halten**
	excubiae, arum fem.	**Wache**
	excubitor, oris m.	**Wachposten**
	excubitus, us m.	**Wache**
	exculcare, o, avi, atum (1)	**festtreten**
	excurrere, o, cucurri, cursum (3)	**hervorbrechen**
	excursio, onis fem.	**Ausfall, Streifzug**
	excursus, us m.	**Auslaufen, Angriff**
	excusare, o, avi, atum (1) se excusare de aliqua re inopiam excusare	**entschuldigen, vorschützen** sich wegen etwas entschuldigen Mangel vorschützen
*	**excusatio, onis fem.** aetatis excusatio	**Entschuldigung** entschuldigender Hinweis auf das Alter
	exedere, o, edi, esum (3)	**aushöhlen**
*	**exemplum, i n.** exempla edere more et exemplo	**Beispiel** ein Exempel statuieren nach Herkommen und Brauch
	exercere, eo, exercui, exercitum (2)	**üben, beschäftigen** *z.B.: copias/remiges*
*	**exercitatio, onis fem.**	**Übung**
*	**exercitatus, a, um** cotidianis bellis exercitatus exercitatus in armis	**tüchtig, geübt, geschult, eingeübt** durch tägliche Schlachten im Kampf erprobt kampferprobt
*	**exercitus, us m.**	**Heer**

	exhaurire, io, hausi, haustum (4)	**herausschaffen** *z.B.: terram*
	exhilarare, o, avi, atum (1)	**aufheitern**
*	**exigere, o, egi, actum (3)**	**fordern, erheben, zurücklegen, vollenden**
	aestas exacta erat	der Sommer war zu Ende
	pecuniam exigere	Geld eintreiben
	exigue Adverb	**knapp**
	exiguitas, atis fem	**kleine Zahl, geringe Ausdehnung**
*	**exiguus, a, um**	**klein, unbedeutend**
	exilium *vgl. exsilium*	
	eximius, a, um	**ausgezeichnet** *z.B.: virtus/opinio*
	exinanire, io, ivi, itum (4)	**erschöpfen, berauben**
*	**exire, exeo, exii, exitum** *(konjugiert wie 'ire')*	**herausgehen, ausrücken**
	domo exire	auswandern
	* e navibus exire	die Schiffe verlassen
*	**existimare, o, avi, atum (1)**	**glauben, halten für**
	* *mit aci verbunden*	glauben, daß
	sibi existimare *(mit aci verb.)*	es stand für ihn fest, daß
	* *mit nci verbunden*	im Ruf stehen, sollen
	existimatio, onis fem.	**Meinung, Urteil, Ruf**
*	**exitus, us m.**	**Ausgang, Ende**
	exonerare, o, avi, atum (1)	**ausladen** *z.B.: naves*
	exoptare, o, avi, atum (1)	**ersehnen**
	exorare, o, avi, atum (1)	**durch Bitten bewegen**
	exorare, ut	durch Bitten bewegen, zu ...
	exoriri, exorior, exortus sum (4)	**eintreten, heraufziehen** *z.B.: mora/nimbus*
	expedire, io, ivi, (ii), itum (4)	**fördern, erledigen, bereit machen**
	expeditio, onis fem.	**Streifzug**
*	**expeditus, a, um**	**unbehindert, ohne Gepäck, leicht**
*	**expeditus, i m.**	**Soldat ohne Gepäck**
*	**expellere, o, puli, pulsum (3)**	**vertreiben**
	* agris expulsi	aus dem Land vertrieben
	expendere, o, pendi, pensum (3)	**auszahlen** *z.B.: pecunias*
*	**experiri, ior, pertus sum (4)**	**versuchen, erproben, in Erfahrung bringen**
	rei eventum experiri	den Ausgang einer Sache abwarten
	fidem experiri	Treue auf die Probe stellen
	fortunam experiri	das Glück versuchen
	multis proeliis expertus	in vielen Schlachten erprobt
	mit aci verbunden	erfahren, daß

	expetere, o, ivi, itum (3)	**verlangen**
	expiare, o, avi, atum (1)	**sühnen, ausgleichen** *z.B.: dolorem/exempla/incommodum*
*	**explere, eo, plevi, pletum (2)**	**ausfüllen, ergänzen, erreichen**
*	**explicare, o, avi, atum (1)**	**entwickeln, darlegen, ordnen**
	se explicare	sich ordnen/formieren
	consilium explicare	einen Plan entwickeln/darlegen
	rem frumentariam explicare	die Getreidezufuhr erledigen
	explicatus, a, um	leicht ausführbar
*	**explorare, o, avi, atum (1)**	**auskundschaften**
	explorare *mit aci verbunden*	auskundschaften, daß
	exploratus, a, um	sicher, gewiß
	pro explorato habere *mit aci verb.*	für gewiß halten, daß
	ut explorata victoria	wie wenn der Sieg gewiß wäre
*	**explorator, oris m.**	**Kundschafter**
*	**exponere, o, posui, positum (3)**	**aufstellen, darlegen, preisgeben, an Land setzen**
	* milites exponere	Soldaten aufstellen
	mit aci verbunden	darlegen, daß
	mulitudini exponere	der breiten Menge darlegen
	exporrigere, o, rexi, rectum (3)	**ausdehnen**
	exportare, o, avi, atum (1)	**fortschaffen**
	exposcere, o, poposci (3)	**verlangen, erflehen**
	exprimere, o, pressi, pressum (3)	**heraus-, ausdrücken, entlocken**
	neque ullam vocem exprimere posse	nicht zum Reden bringen können
*	**expugnare, o, avi, atum (1)**	**erobern, erstürmen**
	expugnatio, onis fem.	**Eroberung, Erstürmung**
	exquirere, exquiro, exquisivi, exquisitum (3)	**erforschen** *z.B.: iter/sententias*
	exsanguis, exsanguis, exsangue	**leichenblaß**
	exsecare, exseco, exsecui, exsectum (1)	**entmannen**
	exsequi, exsequor, executus sum (3)	**geltend machen**
	ius armis exsequi	sich mit Waffengewalt Recht verschaffen
	exserere. exsero, exserui, exsertum (3)	**entblößen**
	exsilium, ii n.	*(freiwillige oder erzwungene)* **Verbannung**
*	**exsistere, o, stiti (3)**	**entstehen, hervorbrechen**
	exsolvere, o, solvi, solutum (3)	**bezahlen**
*	**exspectare, o, avi, atum (1)**	**erwarten, warten, abwarten**
	exspectare, dum	warten, bis
	non exspectare, quin	nicht warten, bis
	exspectare, si	warten, ob
	exspectare, ut	abwarten, daß

*	**exspectatio, onis fem.**	**Erwartung, Spannung**
	exspirare, o, avi, atum (1)	**aushauchen** *z.B.: animam*
	exspoliare, o, avi, atum (1)	**berauben**
	auxilio exspoliare	Hilfe versagen
	exstare, exsto (1)	**hervorragen**
	exstinguere, o, stinxi, stinctum (3) (auch: extinguere)	**auslöschen, vernichten** *z.B.: gloriam/ignes/rumores*
*	**exstruere, o, struxi, structum (3)**	**errichten**
	materiam exstruere	Holz aufschichten
	aggerem exstruere	einen Wall errichten
	exsul, exsulis m./fem.	**Verbannter**
	exsultare, o, avi, atum (1)	**prahlen**
	exsultatio, onis fem.	**Prahlerei**
	extendere, o, tendi, tensum (3)	**ausdehnen**
	extenuare, o, avi, atum (1)	**ausdehnen**
	externus, a, um	**äußerer, auswärtig** *z.B.: auxilia/hostis/rex*
	exterrere, eo, terrui, territum (2)	**in Schrecken versetzen**
	exterus, a, um	**äußere, auswärtig**
	Komparativ: exterior, exterior, exterius	äußere
	extimescere, o, timui (3)	**sich fürchten, befürchten**
	extollere, extollo, extuli (3)	**emporheben**
	extorquere, eo, torsi, tortum (2)	**entreißen** *z.B.: beneficium/obsides*
*	**extra Präposition mit Akkusativ**	**außer, außerhalb, aus ... heraus**
	I. räumlich	
	1. wo?	
	extra oppidum manere	außerhalb der Stadt bleiben
	2. von wo?	
	egredi extra munitiones	aus dem Befestigungswerk herausgehen: das Befestigungswerk verlassen
	3. übertragen:	
	extra cotidianam consuetudinem	gegen die tägliche Gewohnheit
	extra Adverb	**außerhalb**
	extra et intus	außerhalb und innerhalb
	extrahere, o, traxi, tractum (3)	**herausziehen, verbringen**
	aquam extrahere	Wasser entnehmen
	triduum disputationibus extrahere	drei Tage mit Gesprächen verbringen/zubringen
	extraordinarius, a, um	**außergewöhnlich**
*	**extremus, a, um**	**der äußerste, letzte**
	* agmen extremum	die letzte Abteilung *(im Heer)*
	extrema fortuna	äußerster Notfall
	ad extremum	bis zu Ende/bis zuletzt

extrudere, o, trusi, trusum (3) — **zurückdrängen** *z.B.: mare*

exturbare, o, avi, atum (1) — **vertreiben**

exuere, exuo, exui, exutum (3) — **berauben, abnehmen**
mit Ablativ verbunden — einer Sache berauben

exurere, o, ussi, ustum (3) — **verbrennen** *(transitiv)*

F

faber, fabri m. — **Handwerker**

* **facere, facio, feci, factum (3)** — **tun, machen**

A. *I. mit Akkusativ:*

* castra facere	ein Lager anlegen
copiam frumenti alicui facere	jemanden ausreichend mit Getreide versorgen
* finem iniuriis facere	die Ungerechtigkeiten beenden
fossam facere	einen Graben ausheben
* imperata facere	den Befehlen Folge leisten
* impetum facere in aliquem	jemanden angreifen
iniuriam facere	ein Unrecht begehen
* iter facere (in)	marschieren (nach)
iudicium de aliquo facere	ein Urteil über jemanden fällen
pacem cum aliquo facere	mit jemandem Frieden schließen
periculum facere	einen Versuch unternehmen
pontem in Arari facere	eine Brücke über die A. schlagen
* potestatem pugnandi facere	die Schlacht anbieten
sui potestatem facere	sich fassen lassen
vim facere	Gewalt anwenden

II. mit doppeltem Akkusativ:

* aliquem certiorem facere	jemanden benachrichtigen/in Kenntnis setzen
* aliquem certiorem facere de	jemanden benachrichtigen von/in Kenntnis setzen von
* aliquem certiorem facere *mit aci verbunden*	jemanden benachrichtigen, daß
aliquem stipendiarium facere	jemanden tributpflichtig machen

III. mit Genitiv verbunden:

aliquid lucri facere	aus etwas Gewinn ziehen

IV. mit adverbialer Bestimmung verb.:

aliquid ea ratione facere, quod	etwas deshalb tun, weil
* satis facere alicui	jemandem Genüge tun/Genugtuung leisten

B. ***passivisch:***
bei Caesar und seinen Fortsetzern sind folgende Formen belegt:

* fieri
* fit/fiunt
fiat/fiant
* fiebat
fiebant
* fieret
fierent
* Perfekt/Plusquamperfektformen der 3. P. Sg/Pl.

* certior factus est	er ist benachrichtigt worden
* certior factus est de	er ist von etwas benachrichtigt worden
* certior factus est *mit aci verbunden*	er ist davon benachrichtigt worden, daß
consul fit	er wird Konsul
* fit, ut	es tritt der Fall ein, daß
* factum est, ut	es geschah, daß
* his rebus fit, ut	so kommt es, daß
* factus ex aliqua re	aus etwas hergestellt
* **facile Adv.**	**leicht, gern**
* **facilis, facilis, facile**	**leicht** *(dem Schwierigkeitsgrad nach)*
* **facinus, facinoris n.**	**Tat, Untat**
facinus admittere	ein Verbrechen begehen
facinus in se admittere	ein Verbrechen auf sich laden
* **factio, factionis fem.**	**Partei**
* **factum, facti n.**	**Tat**
* **facultas, facultatis fem.**	**Möglichkeit, Fähigkeit, Gelegenheit, Vorrat**
facultas fugae	Gelegenheit zur Flucht
* facultas *mit Gen. d. Gerund.*	Möglichkeit zu ...
facultas sui recipiendi	die Möglichkeit, sich zurückzuziehen
facultas *ad aliquam rem*	Möglichkeit/Fähigkeit zu etwas
* facultatem dare	Möglichkeit geben/bieten
data facultate	bei gegebener Gelegenheit
* facultatem habere	Möglichkeit haben
facultatem navium habere	Vorrat an Schiffen haben
facultatem nancisci	Gelegenheit bekommen
fagus, fagi fem.	**Buche**
falcatus, a, um	**mit Sicheln versehen, sichelförmig**
fallacia, ae fem.	**Verstellung, Betrug**
fallax, fallax, fallax *Gen:* fallacis	**betrügerisch**

*	**fallere, fallo, fefelli (3)** *(Partizip Perf. wird ersetzt: deceptus, a, um)*	**täuschen**
	* neque Caesarem fefellit, quin	und es entging Caesar nicht, daß
	falso Adv.	**fälschlich**
	falsus, a, um	**falsch**
*	**falx, falcis fem.**	**Sichel, Haken**
	falx muralis	Mauerhaken *(bei der Belagerung verwendet, um den Wall einzureißen oder ihn von Verteidigern zu entblößen)*
*	**fama, famae fem.**	**1. Gerücht** **2. Ruf, Ruhm**
	fama de (reditu)	das Gerücht von (der Rückkehr)
*	**fames, famis fem.**	**Hunger**
	aliqua re famem tolerare	den Hunger mit etwas stillen
*	**familia, ae fem.**	**Familie, Dienerschaft, Hausstand**
*	**familiaris, familiaris, familiare**	**zum Hause/zur Familie gehörig; vertraut, befreundet**
	res familiares	Vermögensverhältnisse
	familiaritas, atis fem.	**Freundschaft**
	fanum, fani n.	**Tempel**
	fas n. *(indeklinabel)*	**Recht** *(das Recht, das sich auf religiösen oder sittlichen Vorschriften gründet; göttliches/natürliches Recht)*
	fas est (mit Infinitiv verb.)	es ist recht zu ...
	fascis, fascis m.	**Rutenbündel** *(symbolisches Zeichen der Magistraten für ihre Herrschergewalt (vgl.: lictor)*
	fastigate Adverb	**giebelförmig**
	fastigatus, a, um	**abgedacht**
*	**fastigium, ii n.**	**Abdachung, Spitze, Höhe**
	fateri, fateor, fassus sum (2)	**bekennen, zugeben**
	mit aci verbunden	bekennen/zugeben, daß
	fatum, fati n.	**Weissagung, Lebensschicksal**
	fautor, fautoris m.	**Begünstiger, Förderer**
	faux, faucis fem.	**Eingang, Mündung, Engpaß**
	favere, faveo, favi, fautum (2)	**geneigt sein, begünstigen**
	mit Dativ verbunden	etwas/jemanden begünstigen
	fax, facis fem.	**Fackel**
	fecunditas, atis fem.	**Fruchtbarkeit**
*	**felicitas, atis fem.**	**Glück, der glückliche Zustand**

* **feliciter Adv.**	**glücklich**
felix, felix, felix *Gen.:* felicis	**glücklich, glückbringend**
femina, ae fem.	**Frau** ***(bei Menschen)*** **Weibchen** ***(bei Tieren)***
femur, feminis n.	**Oberschenkel**
fenestra, ae fem.	**Öffnung**
* **fera, ferae fem.**	**das wilde Tier**
ferax, ferax, ferax *Gen.:* feracis	**fruchtbar**
* **fere Adv.**	**fast** ***(bei Zeit- und Maßangaben)***
feriae, arum fem.	**Feiertage**
ferire, ferio (4)	**stechen, köpfen**
feritas, feritatis fem.	**Wildheit**
ferocitas, atis fem.	**Wildheit**
feroculus, a, um	**sich unbändig gebärdend**
ferramentum, i n.	**eisernes Werkzeug**
ferrarius, a, um	**zum Eisen gehörig**
* **ferre, fero, tuli, latum**	**tragen, führen, bringen, mit sich bringen, beantragen, ertragen**
I mit Akkusativ:	
* arma ferre posse	waffenfähig sein
* auxilium ferre alicui	jemandem Hilfe bringen
legem ferre	ein Gesetz einbringen
signa ferre	weitermarschieren, aufbrechen
* tempestatem/impetum ferre	dem Sturm/dem Angriff standhalten
II. mit doppeltem Akkusativ:	
Mercurium omnium inventorem artium ferre	Merkur für den Erfinder aller Künste halten
III. mit aci verbunden:	
* graviter/moleste ferre *mit aci verbunden*	schwer daran tragen, daß
IV. de aliqua re ad populum ferre	eine Angelegenheit vor's Volk bringen
V. ferre, ut	beantragen, daß
VI. consuetudo fert	gewöhnlich; die Gewohnheit bringt es mit sich
natura fert	die natürliche Gegebenheit bringt es mit sich
opinio fert:	
ut fert illorum opinio	wie jene meinen
celerius quam vestra opinio fert	schneller als ihr vermutet habt
ferreus, a, um	**eisern, aus Eisen**

	ferrum, ferri n.	**Eisen** *(als Rohstoff)* *jedes eiserne Werkzeug; häufig:* **Schwert**
	ferro interire	durch das Schwert umkommen
	fertilis, fertilis, fertile	**fruchtbar, reich**
	fertilitas, atis fem.	**Fruchtbarkeit**
*	**ferus, a, um**	**wild**
	fervefacere, io, feci, factum (3)	**heiß/glühend machen**
	fervere, ferveo, ferbui (2)	**glühen**
	festinare, o, avi, atum (1)	**eilen**
	mit Infinitiv verbunden	sich beeilen etwas zu tun
	festinatio, onis fem.	**Eile**
	fibula, ae fem.	**Klammer, Bolzen**
	ficus, fici fem.	**Feige**
	fidelis, fidelis, fidele	**treu, zuverlässig**
	fidelitas, atis fem.	**Treue**
	fideliter Adverb	**treu, zuverlässig**
	fidere, fido, fisus sum (3)	**vertrauen**
	mit Dativ verbunden	vertrauen auf etwas
	mit Ablativ verbunden	vertrauen auf etwas
*	**fides, fidei fem.**	**Vertrauen, Treue, Zusage, Schutz, Sicherheit** *('fides' war einer der wichtigsten Begriffe im (außen) politischen Denken und Handeln der Römer)*
	fidem et ius iurandum dare	den Treueid schwören
	alicui fidem habere	jemandem Vertrauen schenken
	fidem laedere	das Wort brechen (die fides verletzen)
	per fidem	in treuloser Weise
	in fidem recipere	in das Schutzverhältnis aufnehmen
	in fidem ac potestatem venire	sich auf Gnade und Ungnade ergeben
	in fide manere	die Treue halten
	fidius/mediusfidius	**so wahr mir die Götter helfen, wahrlich**
*	**fiducia, ae fem.**	**Zuversicht, Mut, Vertrauen**
	* *mit Genitiv verbunden*	Vertrauen/Zuversicht auf
	mit Genitiv des Gerund. verb.	Vertrauen/Zuversicht auf
	fiduciarius, a, um	**zeitweilig anvertraut** *z.B.: dominatio*
	fidus, a, um	**treu, ergeben**
	figere, figo, fixi, fixum (3)	**festhalten, durchbohren**
	figura, ae fem.	**Gestalt**
*	**filia, filiae fem.**	**Tochter**
*	**filius, filii m.**	**Sohn**

	fingere, fingo, finxi, fictum (3)	**bilden, ersinnen, verstellen**
	vultum fingere	die Gesichtszüge/die Miene verstellen
	finire, io, ivi, itum (4)	**begrenzen, abschließen, beendigen**
*	**finis, finis m.**	**Grenze, Ende, Ziel**
	Pl.: fines, finium m.	das Gebiet
	* finem (orandi) facere	aufhören zu (bitten)
	* fines Germanorum	das Gebiet der Germanen
*	**finitimi, orum m.**	**Nachbarn**
*	**finitimus, a, um**	**angrenzend, sehr nahe verwandt, benachbart**
	mit Dativ verbunden	jemandem benachbart
	bellum finitimum	Krieg in der Nachbarschaft
	firmamentum, i n.	**Stütze, Stärke**
*	**firmare, o, avi, atum (1)**	**befestigen, verstärken, ermutigen, versichern**
	obsidibus firmare	sich durch Geiseln absichern
	firmare *mit aci verbunden*	versichern, daß
	ex terrore firmatus esse	sich vom Schrecken erholt haben
	firmitas, atis fem.	**Festigkeit**
	firmiter Adv.	**fest**
	firmitudo, dinis fem.	**Dauerhaftigkeit, Standhaftigkeit**
*	**firmus, a, um**	**fest, stark**
	fistuca, ae fem.	**Ramme**
	flagitare, o, avi, atum (1)	**verlangen, fordern, mahnen**
	flagitare, ut	fordern, daß
	mit dopp. Akkusativ:	jemanden wegen etwas mahnen
	Haeduos frumentum flagitare	die H. wegen der Getreidelieferung mahnen
*	**flamma, ae fem.**	**Flamme, Feuer**
	flare, flo, flavi, flatum (1)	**wehen, aufwehen**
	flectere, o, flexi, flexum (3)	**wenden** *z.B.: equos/navem*
*	**flere, fleo, flevi, fletum (2)**	**weinen**
	fletus, us m.	**Weinen, Jammer**
	florens, florens, florens	**blühend, angesehen**
	Gen.: florentis	
	florentissimis rebus	bei/trotz blühender wirtschaftlicher Lage
	flos, floris m.	**Blume**
*	**fluctus, us m.**	**Woge, Flut**
	fluere, o, fluxi, fluxum (3)	**fließen, in Bewegung sein**
*	**flumen, fluminis n.**	**Fluß** *(häufig bei Eigennamen, dann nicht übersetzt)*

focus, foci m.	**Herd**
fodere, fodio, fodi, fossum (3)	**graben**
foedus, foederis n.	**Bündnis, Vertrag**
folium, folii n.	**Blatt (eines Baumes)**
* **fons, fontis m.**	**Quelle**
foramen, foraminis n.	**Öffnung, Loch**
foras Adv.	**hinaus**
se foras erumpere	nach draußen brechen
* **fore:** ***Infinitiv Futur von 'esse'***	**sein werden**
fore, ut	es werde sich ereignen, daß
foris, foris fem.	**Türflügel**
forīs Adverb	**draußen**
* **forma, ae fem.**	**Gestalt, Schönheit**
fornix, fornicis m.	**Bogen, Gewölbe**
* **fors fem.**	**Zufall**
Abl.: forte	zufällig, vielleicht, etwa
ne forte	damit nicht etwa
* si forte	wenn etwa
forsan Adv.	**vielleicht**
forsitan Adv.	**vielleicht**
fortasse Adv.	**vielleicht**
* **fortis, fortis, forte**	**tapfer, sehr stark** *(vom Holz gesagt)*
* **fortiter Adv.**	**tapfer**
* **fortitudo, dinis fem.**	**Tapferkeit**
fortuito Adv.	**zufällig**
fortuitus, a, um	**vom Zufall abhängig**
* **fortuna, ae fem.**	**Glück, das günstige oder ungünstige Los**
fortunae, arum fem.	**Glücksverhältnisse, Vorräte**
belli fortunam experiri	das Kriegsglück versuchen
belli fortunam temptare	das Kriegsglück versuchen
fortunas consumere	die Vorräte aufbrauchen
commutata fortuna	nachdem sich das Kriegsglück gewendet hatte
in extrema fortuna	im äußersten Notfall
fortunatus, a, um	**wohlhabend**
* **forum, fori n.**	**Markt, Forum**
* **fossa, fossae fem.**	**Graben**
transversa fossa	Quergraben
fovea, ae fem.	**Grube**

	fovere, foveo, fovi, fotum (2)	**begünstigen**
	frangere, o, fregi, fractum (3)	**brechen, schwächen, entmutigen**
*	**frater, fratris m.**	**Bruder**
	fraternus, a, um	**brüderlich**
	fraudare, o, avi, atum (1)	**unterschlagen** *z.B.: stipendium*
	fraus, fraudis fem.	**Betrug, Täuschung**
	fremitus, us m.	**Lärm**
	frenare, o, avi, atum (1)	**zäumen, mit Zaumzeug versehen**
	frenum, freni n.	**Zaumzeug**
*	**frequens, frequens, frequens** *Gen.:* frequentis	**zahlreich**
	frequentare, o, avi, atum (1)	**zahlreich machen**
	frequentia, ae fem.	**zahlreiche Versammlung, zahlreiche Anwesenheit**
	fretum, freti n.	**Meerenge**
*	**fretus, a, um** * superioribus victoriis fretus	**vertrauend, trotzend** im Vertrauen auf seine/ihre früheren Siege
	frigidus, a, um	**kalt**
	frigus, frigoris n.	**Kälte, Frost**
	frons, frondis fem.	**Laub**
*	**frons, frontis fem.**	**Stirn, Vorderseite**
	fructuosus, a, um	**fruchtbar**
	fructus, us m.	**Ertrag, Frucht, Gewinn, Zinsen**
	frui, fruor, fructus sum (3) *mit Ablativ verbunden*	**genießen** etwas genießen
*	**frumentari, or, atus sum (1)**	**Getreide/Proviant holen**
*	**frumentarius, a, um** * res frumentaria	**das Getreide/den Proviant betreffend; Getreide-** Verpflegung
	frumentatio, onis fem.	**Abteilung zur Getreidebeschaffung**
*	**frumentum, i n.**	**Getreide**
*	**frustra Adv.**	**vergebens, erfolglos**
	frustrare, o, avi, atum (1) (auch: frustrari, or, atus sum)	**hinhalten, täuschen**
*	**fuga, fugae fem.** sese fugae mandare * in fugam conicere * se ex fuga recipere	**Flucht** fliehen in die Flucht schlagen sich von der Flucht erholen

* **fugare, o, avi, atum (1)**	**in die Flucht schlagen**
* **fugere, io, fugi (3)**	**fliehen, entgehen**
Caesarem fugere	Caesar entgehen (d. i.: nicht auffallen)
laboris fugiens	arbeitsscheu
fugitivus, a, um	**flüchtig**
fugitivus, i m.	**Ausreißer, entlaufener Sklave**
fumare, o, avi (1)	**dampfen, rauchen**
fumus, i m.	**Rauch**
* **funda, ae fem.**	**Schleuder**
fundamentum, i n.	**Grundlage**
fundere, o, fudi, fusum (3)	**forttreiben, fortdrängen, gießen**
copias fundere	die Truppe zur Flucht zwingen
* **funditor, oris m.**	**Schleuderer** *(als leichtbewaffneter Soldat)*
funditus Adv.	**von Grund aus, gänzlich**
funestus, a, um	**trauervoll**
fungi, fungor, functus sum (3)	**verrichten, verwalten, leisten, bestehen**
mit Ablativ verbunden	etwas verrichten/verwalten...
funis, funis m.	**Seil, Strick, Tau**
funus, funeris n.	**Leichenbegängnis, Bestattung**
furca, ae fem.	**Gabel**
furor, oris m.	**Raserei, Kampfeswut**
furtum, furti n.	**Diebstahl**
fusilis, fusilis, fusile	**flüssig**
fustis, is m.	**Stock**
futurus, a, um	**künftig**

G

gaesum, gaesi n.	*(schwerer eiserner)* **Wurfspieß**
galea, galeae fem.	**Helm**
galeare, o, avi, atum (1)	**mit dem Helm bedecken**
gallina, ae fem.	**Huhn**
gaudere, eo, gavisus sum (2)	**sich freuen**
mit aci verbunden	sich freuen, daß

	gaudium, gaudii n.	**Freude**
	gaza, gazae fem.	**(Königs-)Schatz**
	gemellus, a, um	**doppelt**
	gemitus, us m.	**Seufzen**
	gener, generi m.	**Schwiegersohn**
	generatim Adv.	**nach Klassen/Völkerschaften**
*	**gens, gentis fem.**	**Geschlecht, Stamm, Völkerschaft**
	genu, genus n.	**Knie**
*	**genus, generis n.**	**Art/Weise; Geschlecht; Gattung**
	genus armorum	Waffengattung
*	genus pugnae	Kampfesart
	amplissimo genere natus	sehr vornehmer Abstammung
*	**gerere, gero, gessi, gestum (3)**	**tragen, führen;** *passivisch:* **sich ereignen**
*	bellum gerere	Krieg führen
	magistratum gerere	ein Amt bekleiden
	negotium gerere	einen Auftrag ausführen
*	rem (bene/filiciter) gerere	eine Sache (gut/glücklich) ausführen; eine Sache zu einem guten/glücklichen Ende bringen
*	his rebus gestis	danach
	res gestae	Taten, Erfolge, Leistungen
	se gerere	sich betragen, sich verhalten
	animum erectum prae se gerere	Mut zur Schau stellen/tragen
*	dum haec geruntur	während dieser Ereignisse/Vorgänge
*	dum haec in colloquio geruntur	während dies verhandelt wurde
	gladiator, oris m.	**Fechter**
	gladiatorius, a, um	**aus Fechtern bestehend**
*	**gladius, gladii m.**	**Schwert**
	gladium destringere	das Schwert ziehen/zücken
	glans, glandis fem.	**Schleuderkugel** ***(eine Kugel aus Ton oder Blei als Wurfgeschoß)***
	gleba, ae fem. (auch: glaeba)	**Klumpen Erde**
*	**gloria, gloriae fem.**	**Ruhm**
	gloria belli	Kriegsruhm
*	**gloriari, ior, atus sum (1)**	**sich rühmen**
	mit Ablativ verbunden	sich einer Sache rühmen
	mit aci verbunden	sich rühmen, daß
	gloriari, quod	sich rühmen, daß
	gradus, us m.	**Schritt, Stellung**
*	**grandis, grandis, grande**	**groß** ***(eindrucksvoll durch Größe)***
	grando, grandinis fem.	**Hagelwetter**

* **gratia, gratiae fem.**	**Gunst, Gefälligkeit, Dank**
* gratias agere	Dank sagen
gratiam habere	Ansehen genießen; Dank wissen
gratiam minuere	das Ansehen schmälern
gratiam referre	Dank abstatten *(sich durch die Tat dankbar erweisen)*
gratia (plurimum) posse	auf Grund seiner persönlichen Beliebtheit/seines Ansehens (großen) Einfluß haben
gratia valere	(großes) Ansehen genießen
gratia (Postposition mit Gen.)	**wegen, um ... willen**
pabulandi gratia	um Futter zu holen
hiemis gratia	wegen der Winterzeit
gratulari, or, atus sum (1)	**beglückwünschen, begrüßen**
gratulari alicui	jemanden beglückwünschen
gratulatio, onis fem.	**Glückwunsch, Freudenbezeigung**
gratus, a, um	**angenehm, erwünscht, dankbar**
mit Dativ verbunden	jemandem angenehm/erwünscht/dankbar
gravare, o, avi, atum (1)	*(mit einer Last)* **beschweren** *passivisch:* abgeneigt sein
* **gravis, gravis, grave**	**schwer, gewichtig, ernst, schwer an Gewicht**
omnes gravioris aetatis	alle auf Grund ihres Alters gewichtigeren Männer
gravitas, atis fem.	**Schwere, Bedeutung**
* **graviter Adv.**	**schwer, hart, heftig, nachdrücklich**
graviter ferre *mit aci verbunden*	darunter leiden, daß schwer daran tragen, daß
graviter irasci	heftig zürnen
graviter premere	hart bedrängen
graviter *in aliquem* vindicare	nachdrücklich gegen jemanden vorgehen
graviter vulnerare	schwer verwunden
grex, gregis m.	**Schar**
grumus, grumi m.	**Hügel**
* **gubernator, oris m.**	**Steuermann**
gustare, o, avi, atum (1)	**genießen**
gymnasium, gymnasii n.	**Turnanstalt**

H

* **habere, habeo, habui, habitum (2)**	**haben, halten für, erfordern**
I. mit Akkusativ verbunden:	
liberum accessum habere	freien Zugang bieten
* aditum habere	Zugang bieten
* auctoritatem habere	Ansehen genießen
castra contra aliquem habere	gegen jemanden im Feld stehen
censum habere	eine Zählung vornehmen
comitia habere	Wahlen abhalten
* contionem habere	Ansprache halten
* delectum habere	eine Aushebung vornehmen
exitum habere	Ausgang bieten
* facultatem habere	Möglichkeit haben
fidem alicui habere	jemandem Vertrauen schenken
gratiam habere	Ansehen genießen
gratiam habere alicui	jemandem Dank wissen
immunitatem habere	Abgabenfreiheit genießen
imperium/magistratum habere	einen Oberbefehl/eine Verwaltung haben
magnum momentum habere	großen Einfluß haben
(longam) oppugnationem habere	eine lange Belagerung erfordern
opinionem habere	im Ruf stehen
* rationem habere	berücksichtigen, sorgen für, denken an
ad Caesaris gratiam atque amicitiam r e c e p t u m habere	eine Möglichkeit haben, sich wieder in Caesars Gunst zu setzen
senatum habere	eine Senatssitzung abhalten
usum habere in re militari	kriegserfahren sein
usum habere in castris	kriegserfahren sein
*II. * mit doppeltem Akkusativ:*	
aliquem stipendiarium habere	jemanden zu Zins verpflichtet haben
aliquem testem habere	jemanden zum Zeugen haben
aliquem vectigalem habere	von jemandem Tribut beziehen
III. mit Partizip verbunden:*	
compertum habere	erfahren haben
aciem instructam habere	das Herr in Schlachtordnung aufgestellt haben
IV. mit Adverb verbunden:	
aliter se habere	sich anders verhalten *(von Zuständen gesagt)*
necesse habere	für notwendig halten

V. mit Präpositionalem Ausdr. verbunden:	
in animo habere *mit Infinit.*	vorhaben zu ...
in hostium loco/numero habere	zu den Feinden zählen
pro explorato habere	für sicher/ausgemacht halten
aliquem pro hoste habere	jemanden als Feind ansehen
*VI. * mit doppeltem Nominativ:*	gehalten werden für/gelten als
is civis habebatur	dieser galt als Patriot
VII. besondere Verbindungen:	
magnae auctoritatis haberi	großes Ansehen genießen
magni haberi	viel gelten
equitatum sibi praesidio habere	in der Reiterei einen Schutz für sich sehen
habitare, o, avi, atum (1)	**wohnen**
habitatio, onis fem.	**Wohnung**
habitus, us m.	**äußere Erscheinung**
hac Adv.	**hier**
haeres *vgl. heres*	
haesitare, o, avi, atum (1)	**stecken bleiben**
hamus, hami m.	**Haken**
harena, ae fem. (auch: arena)	**Sand**
harpago, harpagonis m.	**Haken** *(zum Einreißen von Mauern)* **Enterhaken** *(zum Heranziehen feindlicher Schiffe)*
harundo *vgl. arundo*	
hastatus, a, um	**mit einem Wurfspieß bewaffnet**
primus hastatus	erste Abteilung der Speerträger
haud Adv.	**nicht**
hedera *vgl. edera*	
herba, ae fem.	**Halm, Gras**
hercule	**wirklich** *(eigentlich: beim Herkules: umgangsspr. im Sinne einer Beteuerung)*
hereditas, atis fem. (auch: haereditas)	**Erbschaft**
heres, heredis m./fem. (auch:haeres)	**Erbe**
* **hiberna, hibernorum n.**	**Winterlager** *(die Römer führten im Winter keinen Krieg)*
hibernaculum, i n.	**Winterquartier**
hibernare, o, avi, atum (1)	**überwintern**

* **hibernus, a, um**	**winterlich**
hibrida, ae m./fem.	**Halbbürger** *wenn der Vater ein Römer oder Freigeborener, die Mutter aber eine Ausländerin oder Sklavin ist)*
* **hic, haec, hoc**	**dieser**
hic dolor	der Schmerz darüber
haec spes	die Hoffnung darauf
* haec *(Pl. neutr.)*	dies
* **hic Adverb**	**hier, bei dieser Gelegenheit**
* **hiemare, o, avi, atum (1)**	**überwintern**
* **hiems, hiemis fem.**	**Winter, Regenzeit, Sturm**
hilarare, o, avi, atum (1)	**aufheitern**
hilaritas, atis fem.	**Heiterkeit, Frohsinn**
* **hinc Adverb**	**von hier**
hippotoxota, ae m.	**berittener Bogenschütze**
hodie Adverb	**heute**
* **homo, hominis m.**	**Mensch, Mann** *Pl.:* **Leute**
homo perditus	Verbrecher
honeste Adverb	**ehrenvoll, mit Ehren**
honestus, a, um	**ehrenhaft, ansehnlich, ehrenvoll**
honorifice Adverb	**ehrenvoll**
honorificus, a, um	**ehrenvoll**
* **honor, honoris m.** (auch: honos, honoris)	**Ehre**
* **hora, ae fem.**	**Stunde** *der Tag wurde nach Stunden gezählt, wobei die erste Stunde von 6-7 Uhr dauerte; die Nacht wurde in Nachtwachen eingeteilt; vgl. vigilia*
* hora circiter tertia	ungefähr um die 3. Stunde *(8-9 Uhr morgens)*
hordeum, hordei n. (auch: ordeum)	**Gerste**
horrere, eo, ui (2)	**vor Furcht zittern**
mit Akkusativ verbunden	sich entsetzen vor
horreum, horrei n.	**Scheune, Magazin**
horribilis, horribilis, horribile	**furchtbar**
horridus, a, um	**furchtbar**
* **hortari, hortor, hortatus sum (1)**	**ermuntern, auffordern, ermahnen**
ad hoc consilium hortari	zu diesem Beschluß bringen

hortari *de aliqua re*	anfeuern zu etwas
* hortari, ut	ermahnen zu ...
hortari *mit Konjunktiv verb.*	ermahnen zu ...
hortatio, onis fem.	**Ermunterung**
hortatus, us m.	**Antrieb**
hortatu	auf Betreiben
* **hospes, hospitis m.**	**Gastfreund, Fremder**
* **hospitium, hospitii n.**	**Gastfreundschaft**
hospitio uti	Gastfreundschaft genießen
pro hospitio (orare)	bei seiner Gastfreundschaft (bitten)
hostia, ae fem.	**Opfertier**
hostilis, hostilis, hostile	**feindlich**
* **hostis, hostis m.**	**Feind** *(vgl.: adversarius)*
hūc Adv.	**hierher, dahin**
huiusmodi	**von der Art; so beschaffen**
humanitas, atis fem.	**Menschlichkeit, feinere Bildung** *(der Begriff ist bei Caesar meist in der flacheren Bedeutung von 'clementia' zu verstehen)*
humanus, a, um	**menschlich, kultiviert**
humerus, humeri m. (auch: umerus)	**Schulter**
humidus, a, um (auch: umidus)	**naß**
* **humilis, humilis, humile**	**niedrig, unbedeutend**
humilitas, atis fem.	**geringe Höhe, geringe Macht, Erniedrigung**

I

I	**Zahlzeichen für 1**
* **iacere, iacio, ieci, iactum (3)**	**werfen, schleudern**
aggerem iacere	einen Damm errichten
ancoras iacere	Anker werfen
moles iacere	einen Damm errichten
telum iacere	ein Wurfgeschoß schleudern
iacēre, iaceo, iacui (2)	**liegen, gefallen sein**
* **iactare, o, avi, atum (1)**	**werfen, umherwerfen, schütteln, erörtern**
* **iactura, ae fem.**	**Einbuße, Verlust, Opfer, Geschenk**
iactus, us m.	**Werfen, Wurf**

* **iaculum, i n.**	**Wurfspieß**
* **iam Adverb**	**schon**
bei Negationen: mehr	
iam sustinere non posse	nicht mehr standhalten können
* **ibi Adverb**	**dort, da**
icere, ico, ici, ictum (3)	**treffen**
* **ictus, us m.**	**Stoß, Schlag, Angriff**
* **idcirco Adverb**	**deswegen, deshalb**
* **idem, eadem, idem**	**derselbe**
idem atque	derselbe wie *(vgl. atque)*
idem temporis	zur nämlichen Zeit
identidem Adverb	**wiederholt, mehrmals**
ideo Adverb	**deshalb, darum**
* **idoneus, a, um**	**geeignet** *(von Natur aus)*
* *mit Dativ verbunden:*	
locus castris idoneus	ein für das Lager geeigneter Ort
* *mit ad und nd-Form:*	
ad explorandum idoneus locus	ein Ort, der zum Erkunden geeignet ist
Idus, Iduum fem.	**Idus, Iden** *der 15. Tag in den Monaten: März/Mai/Juli/Oktober; der 13. Tag in allen anderen Monaten*
ieiunus, a, um	**mit leerem Magen**
igitur Adverb	**also**
ignavia, ae fem.	**Feigheit**
ignaviter Adverb	**feige, träge**
* **ignis, ignis m.**	**Feuer, Wachfeuer**
Abl.Sg.: igni/igne	
igni cremari	den Feuertod sterben
ignobilis, ignobilis, ignobile	**unbedeutend**
* **ignominia, ae fem.**	**Schande**
ignorantia, ae fem.	**Unkenntnis**
ignorantia loci	Ortsunkenntnis
* **ignorare, o, avi, atum (1)**	**nicht wissen, nicht kennen**
* **ignoscere, ignosco, ignovi, ignotum (3)**	**verzeihen**
mit Dativ der Sache verb.	etwas verzeihen
ignotus, a, um	**unbekannt**
illa Adverb	**dort, auf jener Seite**
* **ille, illa, illud**	jener
Gen.: illius	
Dat.: illi	

	illic Adv.	**dort**
	illigare, o, avi, atum (1)	**anbinden, befestigen**
*	**illo Adv.**	**dorthin**
	illuc Adv.	**dorthin**
	illustris, illustris, illustre	**angesehen, vornehm**
	imbecillitas, atis fem.	**Schwäche**
	imbecillus, a, um	**schwach**
	imber, imbris m. *Abl.:* imbre	**Regen** *Pl.:* Regen/Regengüsse
	imitari, or, atus sum (1)	**nachahmen**
	immanis, immanis, immane	**ungeheuer** *z.B.: magnitudo*
	immemor, immemor, immemor *Gen.:* immemoris *mit Gen. verbunden*	**uneingedenk** einer Sache/Person uneingedenk
	imminere, immineo (2)	**angrenzen, drohen, bedrängen**
*	**immittere, o, misi, missum (3)**	**abschicken, einlassen**
	immoderate Adv.	**regellos, zügellos**
	immolare, o, avi, atum (1)	**opfern**
*	**immortalis, immortalis, immortale**	**unsterblich**
	immunis, immunis, immune	**abgabenfrei**
	immunitas, atis fem.	**Abgabenfreiheit**
	impar, impar, impar *Gen.:* imparis	**ungleich, geringer**
	imparatus, a, um	**unvorbereitet, ungerüstet**
*	**impedimentum, i n.** *Pl.:* impedimenta, orum n. * impedimento esse	**Hindernis** Troß, Gepäck hinderlich sein
*	**impedire, io, ivi, itum (4)** * iter impedire in suo iure impediri	**hindern, behindern** den Weg/Marsch behindern in seinem Recht/Ausübung seiner Rechte behindert werden
*	**impeditus, a, um** loca impedita	**unwegsam, unzugänglich, schwierig** unwegsames Gelände
*	**impellere, o, impuli, pulsum (3)** impellere ad aliquam rem impellere, ut * impulsus, a, um his rebus impulsus	**antreiben, bewegen, verleiten** antreiben zu etwas verleiten zu ... verleitet, bewogen dadurch veranlaßt
	impendere, impendeo (2)	**herüberhangen, bevorstehen**
	impensa, ae fem.	**Kosten, Aufwand**
	impensus, a, um	**unbedeutend** *z.B.: pretium*

* **imperare, o, avi, atum (1)**	**befehlen, herrschen**
I. absolut verwendet:	
* ut erat imperatum	befehlsgemäß
* imperata facere	die Befehle ausführen
II. mit Akkusativ:	
frumentum imperare	die Lieferung von Getreide anordnen
naves imperare alicui	jemandem befehlen, Schiffe zu liefern/bereitzustellen
* obsides imperare	die Stellung von Geiseln befehlen
* pecuniam imperare	Zahlung von Geld auferlegen
vectigal imperare	Steuern fordern
*III. * mit aci verbunden:*	befehlen, daß/anordnen, daß
*IV. * imperare, ut*	befehlen zu ...
V. imperare mit Konjunktiv verb.	befehlen zu ...
* **imperator, oris m.**	**Feldherr**
imperatorius, a, um	**des Feldherrn**
partes imperatoriae	Rolle/Aufgaben des Feldherrn
imperfectus, a, um	**unvollendet**
* **imperitus, a, um**	**unerfahren**
mit Genitiv verbunden:	
* usus militaris imperitus	unerfahren im Krieg *(d.h.: in der praktischen Kriegsführung)*
* **imperium, imperii n.**	**Herrschaft, Befehl, Oberbefehl**
* summa imperrii	oberste Befehlsgewalt
Dativ:	
novis imperiis studere	auf Umsturz bedacht sein
Akkusativ:	
imperium obtinere	die Herrschaft innehaben
imperia perferre	die Herrschaft ertragen
Ablativ:	
* imperio populi Romani	unter der Herrschaft der Römer
* sub imperio esse	beherrscht werden
* **impetrare, o, avi, atum (1)**	*(durch Bitten)* erlangen
* impetrare *ab aliquo*	von jemandem durch Bitten erlangen
impetrare *de aliqua re*	in Bezug auf etwas Erfolg haben
* impetrare, ut	erlangen, daß/erreichen, daß
* **impetus, impetus m.**	**Angriff**
impetus gladiorum excipere	die Schwerthiebe auffangen
* impetum facere in aliquem	jemanden angreifen
* impetum sustinere	dem Angriff standhalten
impetus maris	Ansturm des Meeres
impius, a, um	**gottlos**

implicare, implico, implicui, implicitum (1)	**verschlingen** *pass.:* **verfallen** *(i.S. von: hinfällig werden)*
implorare, o, avi, atum (1)	**anflehen**
auxilium implorare ab aliquo	jemanden um Hilfe anflehen
implorare, ne	flehen, daß nicht
* **imponere, impono, imposui, impositum (3)**	**hineinlegen, legen, auferlegen, zufügen**
legiones in naves imponere	Legionen einschiffen
stipendium alicui imponere	jemandem Tribut auferlegen
vulnera imponere	Verwundung beibringen
eo imponere aliquem	jemanden dorthin setzen/bringen
importare, o, avi, atum (1)	**einführen**
importunitas, atis fem.	**Unverschämtheit**
impotenter Adverb	**zügellos, despotisch**
impressio, onis fem.	**Angriff**
* **imprimis Adverb**	**vor allem, besonders**
improbare, o, avi, atum (1)	**verwerfen, mißbilligen**
improbus, a, um	**moralisch schlecht, böse, schamlos**
improviso Adverb	**unversehens, unvermutet**
* **improvisus, a, um**	**unerwartet, unvermutet**
* **imprudens, imprudens, imprudens** *Gen.:* imprudentis	**nichtsahnend**
imprudenter Adverb	**unvorsichtig**
* **imprudentia, ae fem.**	**Unkenntnis, Unvorsichtigkeit**
impubes, impubes, impubes *Gen.:* impuberis	**keusch, unerwachsen**
impudentia, ae fem.	**Schamlosigkeit**
impugnare, o, avi, atum (1)	**angreifen, bekämpfen**
impulsus, us m.	**Antrieb**
impune Adverb	**ungestraft**
impunitas, atis fem.	**Straflosigkeit**
impunitus, a, um	**ungerächt**
imus, ima, imum	**der unterste**
ab imo	von unten (an)
* **in (Präposition)**	**zu, gegen, auf, nach, bei, in**
A *mit Akkusativ:*	zu, gegen, auf, nach
I. räumlich:	
in unum locum cogere	an einem Ort konzentrieren
in oppida convenire	in den Städten zusammenkommen
in proximum collem deducere	zu einem nahegelegenen Hügel führen
in frontem	zur Stirnseite hin

II. zeitlich:	
in tertium a n n u m confirmare	auf/für das dritte Jahr festlegen
in d i e s horasque paratus	täglich und stündlich bereit
in reliquum t e m p u s	in/für die Zukunft
III. übertragen:	
1. von der Gesinnung: gegen	
potestas in aliquem	Gewalt gegen jemanden
merita in aliquem	Verdienste gegen jemanden
studium in populum Romanum	Eifer für das römische Volk
voluntas in aliquem	Gesinnung gegen jemanden
2. konsekutiv (Angabe einer tatsächlichen Wirkung)	
in orbem consistere	sich in einem Viereck aufstellen ***(sich so aufstellen, daß ein Viereck entsteht)***
aciem in duas p a r t e s constituere	die Schlachtreihe nach zwei Seiten ausrichten
3. modal:	
mirum in modum	in/auf wunderbare Weise
in servilem modum	wie bei Sklaven
in vicem	abwechselnd
IV. bei Substantiven:	
aditus in Suebos	Zugang zu den Sueben
reditus in Italiam	Rückkehr nach Italien
traiectus in Britanniam	Überfahrt nach Britannien
voluntas in aliquem	Gesinnung gegen jemanden
B *mit Ablativ:*	
I. räumlich:	
in locis superioribus constituere	auf Anhöhen aufstellen
in muro disponere	auf der Mauer verteilen
II. übertragen:	
in angustiis esse	sich in der Klemme befinden
res est in angusto	die Lage ist kritisch
in animo esse	vorhaben
in armis esse	in Waffen stehen
in conspectu esse	in Sichtweite sein
in fide atque amicitia alicuius esse	mit jemandem ein festes Freundschaftsbündnis haben
in fuga	auf der Flucht
aliquem in hostium n u m e r o habere	jemanden zu den Feinden zählen
complures dies in o p p u g n a t i o n e consumere	mehrere Tage mit der Belagerung hinbringen
in officio tenere	in Botmäßigkeit halten
in servitute tenere	in Knechtschaft halten
multum sunt in v e n a t i o n i b u s	sie befinden sich viel auf der Jagd
III. bei nd-Formen:	
in metendo occupatus	mit dem Abmähen beschäftigt
in agris vastandis	bei der Verwüstung der Äcker

	inaedificare, o, avi, atum (1)	**anbauen, verbauen**
	inaequare, inaequo (1)	**gleichmachen**
	inanis, inanis, inane	**leer, eitel**
	inauditus, a, um	**unerhört, unbekannt**
	incaute Adv.	**unvorsichtig**
	incautus, a, um	**sorglos**
	incedere, o, cessi, cessum (3)	**eintreten, überkommen**
	dolor incessit alicui	Schmerz überkommt jemanden
*	**incendere, o, cendi, censum (3)**	**anzünden, in Brand setzen**
	alacritatem incendere	die Kampfesbegeisterung anfachen
	* naves incendere	Schiffe in Brand setzen
*	**incendium, incendii n.**	**Feuer, Brand**
*	**incertus, a, um**	**unsicher, unkundig**
	incīdere, incido, incidi, incisum (3)	**einschneiden** *z.B.: arbores*
*	**incidere, o, cidi (3)**	**hineinfallen, hineinstürzen, fallen, geraten, sich ereignen**
	incidere in aliquem	auf jemanden stoßen
	incidit, ut	es ereignet sich, daß
*	**incipere, incipio, coepi, inceptum (3)**	**beginnen**
	* *mit Infinitiv verbunden*	beginnen zu ...
*	**incitare, o, avi, atum (1)**	**antreiben, in rasche Bewegung versetzen**
	* crebris nuntiis incitatus	durch häufige/zahlreich einlaufende Nachrichten erregt
	ad bellum incitare	zum Krieg antreiben
	incitatio, onis fem.	**Trieb**
	inclinare, o, avi, atum (1)	**neigen, wenden**
	fortuna se inclinat	das Glück wendet sich
	includere, o, clusi, clusum (3)	**einschließen**
	incognitus, a, um	**unbekannt**
*	**incola, ae m./fem.**	**Bewohner, Einwohner**
*	**incolere, o, ui, cultum (3)**	**bewohnen, wohnen**
	trans Rhenum incolere	jenseits des Rheins wohnen
	ea loca incolere	diese Gegend bewohnen
*	**incolumis, incolumis, incolume**	**unversehrt, wohlbehalten**
	incolumitas, atis fem.	**Schonung, Sicherheit, Amnestie**
	incommode Adv.	**nachteilig**
*	**incommodum, i n.**	**Nachteil**
	* incommodum accipere *ex aliqua re*	Nachteil/Schaden haben von etwas
	incommodus, a, um	**ungünstig**
	inconstanter Adv.	**unregelmäßig**
	inconsulte Adv.	**unüberlegt**

	increbescere, o, crebui (3)	**zunehmen**
*	**incredibilis, incredibilis, incredibile**	**unglaublich**
	incredibiliter Adverb	**unglaublich**
	increpitare, o, avi, atum (1)	**schmähen, höhnen**
	incumbere, o, cubui, cubitum (3)	**sich befleißigen, obliegen**
	incursio, onis fem.	**Einfall, Überfall, Streifzug**
*	**incursus, us m.**	**Hervorbrechen, Angriff**
	incusare, o, avi, atum (1) incusare aliquem, qui *(mit folgendem Konj.)*	**tadeln, Vorwürfe machen** jemanden tadeln, weil er ...
	incutere, io, cussi, cussum (3)	**einjagen** *z.B.: terrorem*
	indago, indaginis fem.	**Umstellung, Einschließung**
*	**inde Adverb**	**darauf, dann**
	index, indicis m./fem.	**Entdecker, Verräter, Spion**
	indicare, o, avi, atum (1)	**verraten**
	indicere, o, dixi, dictum (3) concilium in diem certum indicere	**ansagen** eine Versammlung auf einen bestimmten Termin anberaumen
*	**indicium, ii n.**	**Angabe, Entdeckung, Aussage**
	indictus, a, um indicta causa	**nicht gesagt** ohne Verhör
	indigere, eo, ui (2) *mit Gen./Abl. verbunden*	**bedürfen, ermangeln** etwas bedürfen
	indignari, or, atus sum (1) indignari, quod indignari *mit aci verbunden*	**unwillig/entrüstet sein** darüber entrüstet sein, daß darüber entrüstet sein, daß
	indignatio, onis fem.	**Unwille**
	indigne Adverb	**schmachvoll**
	indignitas, atis fem.	**Schmach, Unwille**
	indignus, a, um *mit Ablativ verbunden*	**unwürdig** einer Sache unwürdig sein
	indiligens, indiligens, indiligens *Gen.:* indiligentis	**nachlässig**
	indiligenter Adverb	**nachlässig**
	indiligentia, ae fem.	**Nachlässigkeit**
	indomitus, a, um	**wild**
*	**inducere, o, duxi, ductum (3)** regni cupiditate inductus legationes in senatum inducere scuta inducere	**verleiten, überziehen** durch Herrschsucht verleitet; aus Herrschsucht Gesandtschaften in den Senat führen Schilde überziehen

induere, induo, indui, indutum (3)	**anlegen, hineingeraten**
se induere acutissimis vallis	auf sehr spitze Pfähle geraten
galeas induere	Helme aufsetzen
indulgentia, ae fem.	**Nachsicht**
indulgentia in aliquem	Nachsicht mit/gegen jemanden
indulgere, eo, dulsi, dultum (2)	**begünstigen**
alicui indulgere	jemanden begünstigen
industria, ae fem.	**Tätigkeit, Fleiß**
industrie Adv.	**eifrig**
* **indutiae, arum fem.**	**Waffenstillstand**
* **inermis, inermis, inerme**	**unbewaffnet, wehrlos**
prädikativ verwendet: hic inermis prodit	dieser kam unbewaffnet *(Adv.)* heraus
inermus, a, um	**unbewaffnet**
iners, iners, iners *Gen.:* inertis	**feige, träge**
inertia, ae fem.	**Trägheit, Schlaffheit**
infamia, ae fem.	**Schande, schlechter Ruf**
infamis, infamis, infame	**schmachvoll**
infans, infantis m./fem.	**Kind**
infatuare, o, avi, atum (1)	**betören**
infectus, a, um	**ungetan, unverrichtet**
infecta re	unverrichteter Dinge
infelicitas, atis fem.	**Unglück**
* **inferre, infero, intuli, illatum** *konj. wie 'ferre'*	**bringen, hinbringen, zufügen**
* bellum inferre alicui	jemanden mit Krieg überziehen
calamitatem inferre alicui	jemandem eine Niederlage beibringen
causam inferre	einen Grund/Vorwand vorbringen
controversiam inferre	eine Streitfrage aufwerfen
ignem inferre	anzünden
iniurias inferre alicui	Gewalttätigkeiten an jemandem verüben/jemandem Ungerechtigkeiten zufügen
periculum inferre alicui	jemanden gefährden
* signa inferre	angreifen
conversa signa (in hostes) inferre	(die Feinde) angreifen
spem inferre alicui	jemandem Hoffnung machen
suspicionem inferre	Verdacht erregen
terrorem inferre alicui	jemandem Schrecken einjagen
vulnus inferre alicui	jemanden verwunden
* **inferior, inferior, inferius** *Gen.:* inferioris	**untere, niedere, schwächere, geringere**

	infestare, o, avi, atum (1)	**angreifen**
*	**infestus, a, um**	**feindlich, unsicher, drohend**
	inficere, io, feci, fectum (3)	**färben**
	infidelis, infedelis, infidele	**untreu, unzuverlässig**
	infidelitas, atis fem.	**Untreue**
	infigere, o, fixi, fixum (3)	**einschlagen**
*	**infimus, a, um**	**unterste, niedrigste, schwächste**
	infinite Adv.	**allgemein**
*	**infinitus, a, um**	**sehr groß, zahllos**
	infirmitas, atis fem.	**Schwäche, Wankelmut**
*	**infirmus, a, um**	**schwach, mutlos, zaghaft**
	inflammatus, a, um spe atque audacia inflammatus	**entbrannt** durch Hoffnung und Kühnheit entbrannt
	inflare, o, avi, atum (1)	**aufblähen, übermütig machen**
	inflate Adv.	**prahlerisch**
	inflectere, o, flexi, flexum (3)	**beugen, krümmen**
	influere, o, fluxi, fluxum (3) in Oceanum influere	**münden** in den Ozean münden
	infodere, io, fodi, fossum (3)	**eingraben**
	infra (Präposition mit Akkus.) infra castra hi sunt magnitudine paulo infra elephantos	**unter, unterhalb, unten** unterhalb des Lagers diese sind etwas kleiner als Elefanten
	infra Adv. supra atque infra	**unterhalb** unterhalb und oberhalb
	infrequens, infrequens, infrequens *Gen.:* infrequentis	**in geringer Anzahl**
	infringere, o, fregi, fractum (3)	**brechen, hemmen** *z.B.: conatum/vim*
	infula, infulae fem.	**Kopfbinde** *(eine scharlachrote Binde als Kopfschmuck von Friedensgesandten und Leuten, die um Schutz flehen)*
	infundere, o, fudi, fusum (3)	**übergießen**
	ingeniosus, a, um	**geschickt**
	ingens, ingens, ingens *Gen.:* ingentis	**sehr groß, stark, gewaltig**
	ingratus, a, um ingratus in aliquem	**unangenehm, undankbar** undankbar gegen jemanden
	ingravescere, ingravesco (3)	**zunehmen**

* **ingredi, ingredior, ingressus sum (3)** — **einherschreiten, eintreten, eindringen**
in orationem ingredi — eine Rede beginnen
intra fines ingredi — in ein Gebiet eindringen

ingressus, us m. — **Einherschreiten**
ingressu prohiberi — keinen freien Schritt tun können/ sich nicht frei bewegen können

inibi Adv. — **darunter** *(von der Zahl gesagt)*

* **inicere, io, ieci, iectum (3)** — **hineinwerfen, einflößen, sich bemächtigen**
exercitui alacritas iniecta est — eine mutige Stimmung bemächtigte sich des Heeres
metum inicere alicui — Furcht jemandem einflößen
telum inicere (in) — ein Wurfgeschoß schleudern (gegen)

inimicitiae, arum fem. — **Feindschaft**

* **inimicus, a, um** — **feindselig, feindlich**
mit Dativ verbunden — jemandem feindlich

* **inimicus, i m.** — **Feind** *(persönlicher Feind)*

* **iniquitas, atis fem.** — **Schwierigkeit, Unebenheit, Unbilligkeit**

* **iniquus, a, um** — **uneben, ungleich, ungünstig**
iniqua condicio — ungleiche Bedingung
* iniquus locus — ungünstiger Ort

* **inire, ineo, inii, initum** *(konjugiert wie ire)* — **beginnen, eingehen**
* consilium inire — einen Beschluß fassen
numerum inire — eine Zählung vornehmen
rationem inire — eine Überlegung anstellen
societatem inire cum aliquo — sich mit jemandem verbünden

* **initium, initii n.** — **Anfang**
* initio (orationis) — zu Beginn (seiner Rede)
* ab initio — von Anfang an
initium transeundi — der Beginn der Überquerung

iniungere, o, iunxi, iunctum (3) — **auflegen, aufbürden** *z.B.: moram/ onus/partem/servitutem)*

* **iniuria, iniuriae fem.** — **Unrecht, Rechtsverletzung, Beleidigung**
iniuriam condonare — Unrecht vergeben
iniuriam facere — Unrecht begehen
iniurias defendere — Unrecht abwehren
iniurias alicui inferre — jemandem Unrecht zufügen
ab iniuria defendere — vor Unrecht schützen
Helvetiorum iniuriae populi Romani — die Ungerechtigkeiten der Helvetier gegen das römische Volk

iniussu *(Abl.)* — **ohne Befehl**

inl vgl. ill
inm vgl. imm

	innasci, or natus sum (3)	**entstehen**
	innatus, a, um	**angeboren**
	inniti, or, nixus sum (3) *mit Ablativ verbunden*	**sich stützen, stemmen** sich auf etwas stützen
	innocens, innocens, innocens *Gen.:* innocentis	**unschuldig**
	innocentia, ae fem.	**Uneigennützigkeit**
	innumerabilis, innumerabilis, innumerabile	**unzählig**
*	**inopia, inopiae fem.** * inopia frumenti	**Mangel** Mangel an Getreide
*	**inopinans, inopinans, inopinans** *Gen.:* inopinantis	**unvermutet, nichtsahnend**
	inops, inops, inops *Gen.:* inopis	**dürftig**
	inp *vgl. imp*	
*	**inquit** *(meist an zweiter, manchmal auch an dritter oder vierter Stelle des Satzes)* inquiunt	**er sagt/sagte** sie sagen/sagten
	inr *vgl. irr*	
	insciens, insciens, insciens *Gen.:* inscientis insciente Caesare	**ohne Wissen** ohne Caesars Wissen
	inscientia, ae fem. inscentia locorum	**Unkenntnis, Unverstand** Ortsunkenntnis
	inscius, a, um inscius *mit Genitiv verb.*	**unwissend, unkundig** einer Sache unkundig
	inscribere, o, scripsi, scriptum (3)	**aufschreiben, beschreiben**
	insectari, or, atus sum (1)	**verfolgen**
*	**insequi, insequor, insecutus sum (3)** * nostros insequi	**folgen, nachfolgen, verfolgen** unseren Soldaten folgen; unsere Soldaten verfolgen
	inserere, insero, inserui, insertum (3)	**einfügen**
	inservire, io, ivi, itum (4)	**fördern, betreiben**
*	**insidae, arum fem.**	**Hinterhalt, Hinterlist**
	insidiari, or, atus sum (1)	**auflauern, nachstellen**
	insidiator, oris m.	**Soldat, der im Hinterhalt liegt**
	insidiosus, a, um	**hinterlistig, arglistig**
*	**insigne, insignis n.** insignia detrahere	**Zeichen, militärisches Abzeichen** die Abzeichen herunterreißen

	insignis, insignis, insigne	**auffallend, ausgezeichnet**
	insilire, io, silui, sultum (4)	**heranspringen**
	insimulare, o, avi, atum (1)	**beschuldigen**
	proditionis insimulare	des Verrats beschuldigen
	insinuare, o, avi, atum (1)	**eindrängen**
	insistere, insisto, institi (3)	**sich stellen, auftreten, anwenden**
	eam rationem pugnae insistere	diese Art der Kriegsführung anwenden
	in iugo insistere	sich auf dem Bergrücken aufstellen
	insolens, insolens, insolens	**ungewöhnlich, unverschämt**
	Gen.: insolentis	
	insolenter Adverb	**übermütig, dreist**
	insolentia, ae fem.	**Überhebung, Unverschämtheit**
	insolitus, a, um	**ungewohnt**
	insolitus ad aliquam rem	einer Sache ungewohnt
	inspectare, o, avi, atum (1)	**zusehen**
	inspicere, io, spexi, spectum (3)	**besichtigen**
	instabilis, instabilis, instabile	**unstet**
	instar n. ***(indeklinabel)***	**wie, soviel wie, ungefähr**
	mit Genitiv verbunden:	
	cohortium trium instar	ungefähr drei Kohorten
*	**instare, insto, institi (1)**	**bevorstehen, eindringen, bedrängen**
	dies instat	der Tag steht unmittelbar bevor
	rursus instare	sogleich wieder vorgehen
	instaurare, o, avi, atum (1)	**erneuern** *z.B.: bellum*
	insternere, o, stravi, stratum (3)	**bedecken**
	instigare, o, avi, atum (1)	**aufreizen, aufwiegeln**
	contra rem publicam instigare	gegen den Staat aufwiegeln
*	**instituere, o, ui, stitutum (3)**	**beginnen, errichten, anordnen**
	aciem instituere	eine Schlachtreihe aufbauen
	consilium instituere	einen Beschluß fassen
	delectum instituere	eine Aushebung vornehmen
	exemplum instituere	ein Beispiel geben
	munitionem instituere	eine Befestigung anlegen
	pontem instituere	eine Brücke schlagen
	rationem instituere	eine Überlegung anstellen
	similem rationem operis instituere	eine ähnliche Art von Befestigung anlegen
	remiges ex provincia instituere	Ruderknechte aus der Provinz einstellen
	sermonem instituere	eine Rede beginnen
*	instituere *mit Infinitiv*	beginnen zu ...
	mit aci verbunden	anordnen, daß
	institutum est, ut	es ist üblich, daß

*	**institutum, i n.**	**Einrichtung**
	suo instituto	nach seiner bisherigen Gewohnheit; wie bisher
*	**instruere, instruo, instruxi, instructum (3)**	**errichten, aufstellen**
	* aciem instruere	das Heer zur Schlacht ordnen
	* naves instruere	Schiffe ausrüsten
	instrumentum, i n.	**Gerät**
	insuefactus, a, um	**abgerichtet** *z.B.: equi*
	insuetus, a, um	**ungewohnt**
	mit Genitiv verbunden:	
	insuetus navigandi	nicht gewohnt sein, zur See zu fahren
*	**insula, ae fem.**	**Insel**
	insuper (Präposition mit Akk.)	**oben darauf**
	insuper Adv.	**darüber, überdies**
*	**integer, integra, integrum**	**ungeschwächt, frisch, unentschieden**
	integere, o, texi, tectum (3)	**bedecken, überziehen**
	integritas, atis fem.	**Unbescholtenheit**
*	**intellegere, o, lexi, lectum (3)**	**einsehen, begreifen**
	* *mit aci verbunden*	einsehen, daß
	intellegere utrum ... an	wissen, ob ... oder
	intempestus, a, um	**dunkel**
	intendere, o, tendi, tentum (3)	**anspannen, trachten, richten**
	mentes intendere ad pugnam	sich auf den Kampf konzentrieren
	iter intendere in Hispaniam	nach Spanien marschieren
	intendere *mit Infinitiv*	trachten zu ...
	animis in ea re intentis	während man damit beschäftigt war/sich darauf konzentrierte
	intentare, o, avi, atum (1)	**ausstrecken, erheben**
*	**inter (Präposition mit Akk.)**	**zwischen, unter während**
	I. räumlich:	
	inter duas acies	zwischen zwei Schlachtreihen
	II. zeitlich:	
	inter annos XIV	während 14 Jahren
	III. übertragen:	
	inter se contendere	untereinander kämpfen
	coniuncti inter se	untereinander verbunden
*	**intercedere, o, cessi, cessum (3)**	**dazwischengehen, dazwischentreten, dazwischenliegen, Einspruch erheben**
	flumen intercedit	ein Fluß liegt dazwischen
	hospitium intercedit cum aliquo	ein gastfreundschaftliches Verhältnis besteht zwischen/mit/zu
	tempus intercedit	Zeit vergeht
	intercedit M. Antonius	M. Antonius erhebt Einspruch

intercessio, onis fem.	**Einspruch, Widerspruch**
tribunicia intercessio	der Einspruch der/des Tribunen
intercidere, intercido, intercidi, intercisum (3)	**durchschneiden, trennen**
intercidere a	trennen von
intercidere, intercido, intercidi (3)	**verloren gehen**
* **intercipere, io, cepi, ceptum (3)**	**auffangen, gefangen nehmen**
epistulam intercipere	einen Brief ab/auffangen
milites intercipere	Soldaten abfangen/gefangen nehmen
* **intercludere, o, clusi, clusum (3)**	**absperren, abschneiden, trennen, verhindern**
commeatum intercludere	die Versorgung abschneiden
fugam intercludere	die Flucht abschneiden
itinera intercludere	die Wege absperren
* re frumentaria intercludere	von der Verpflegung abschneiden
intercludere ab	abschneiden von
* **interdicere, o, dixi, dictum (3)**	**untersagen, verbieten**
mit Ablativ verbunden:	
aqua atque igni interdicere alicui	jemanden ächten
omni Gallia Romanis interdicere	den Römern ganz Gallien absprechen
quibus ita est interdictum	denen ein solches Verbot auferlegt worden ist
interdicere, ne	verbieten zu ...
interdicere *mit Konjunktiv*	verbieten zu ...
interdictum, i n.	**Verbot**
interdiu Adv.	**bei Tage, den Tag über**
interdum Adv.	**bisweilen**
* **interea Adv.**	**inzwischen, unterdessen**
* **interesse, intersum, interfui** *konjugiert wie 'esse'*	**dazwischen sein, dazwischen liegen, teilnehmen**
I. absolut verwendet:	
magni interesse	von großer Bedeutung sein
magni interesse *mit aci*	von großer Bedeutung sein, daß
non amplius quinis aut senis milibus passuum interesse	nicht mehr als fünf oder sechs Meilen liegen dazwischen
mit Genitiv verbunden:	
communis salutis interesse	für das allgemeine Wohlergehen von Bedeutung sein
mit Dativ verbunden:	
proelio interesse	am Kampf teilnehmen; dem Kampf beiwohnen
* **interficere, io, feci, fectum (3)**	**niedermachen, töten, ermorden**

* **intericere, io, ieci, iectum (3)**	**dazwischenlegen, dazwischenstellen**
palus interiecta	ein dazwischenliegender Sumpf
spatium intericere	Zeit verstreichen lassen
non plus passuum CCC interiecto spatio	in einem Abstand von nicht mehr als 300 Doppelschritten
* **interim Adverb**	**inzwischen**
interimere, o, emi, emptum (3)	**töten**
* **interior, interior, interius** *Gen.:* interioris	**innere**
* **interire, intereo, interii, interitum** *(konjugiert wie 'ire')*	**untergehen, umkommen, vernichtet werden**
interitio, onis fem.	**Untergang**
interitus, us m.	**Untergang, Tod**
intermiscere, eo, miscui, mixtum (2)	**vermischen**
* **intermittere, o, misi, missum (3)**	**dazwischen kommen lassen, dazwischen legen, unterbrechen, unterlassen**
* diem intermittere	einen Tag verstreichen lassen
iter intermittere	den Marsch unterbrechen
laborem intermittere	die Arbeit unterbrechen
magistratum intermittere	ein Amt zeitweilig unbesetzt lassen
nullam partem noctis iter intermittere	die ganze Nacht ununterbrochen marschieren
proelium intermittere	den Kampf unterbrechen
rationem atque usum belli non intermittere	die Vorbereitung auf Krieg und kriegerische Aktionen nicht zu kurz kommen lassen
triduo intermisso	nach einer Unterbrechung von drei Tagen
nocte intermissa	nachdem die Nacht hereingebrochen war
* intermittere *mit Infinitiv*	aufhören zu ...
internecio, onis fem.	**Vernichtung, Untergang**
internuntius, ii m.	**Bote, Unterhändler**
* **interpellare, o, avi, atum (1)**	**unterbrechen, hindern**
in suo iure interpellare	in der Ausübung seiner Rechte hindern
praesentem victoriam interpellare	den in Reichweite liegenden Sieg verhindern
* **interponere, o, posui, positum (3)**	**dazwischen stellen, verstreichen lassen, einsetzen**
auctoritatem interponere	seine Autorität einsetzen/seinen Einfluß geltend machen

	causam interponere	Vorwände machen
	fidem interponere	sein Wort geben
	spatium interponere	eine Wegstrecke zurücklegen; eine Zeit verstreichen lassen
	suspicionem interponere	Argwohn/Verdacht erregen
	interpres, interpretis m.	**Dolmetscher**
	interpretari, or, atus sum (1)	**auslegen, deuten**
	interrogare, o, avi, atum (1)	**befragen**
*	**interrumpere, o, rupi, ruptum (3)**	**unterbrechen, abbrechen**
	intersaepire, io, saepsi, saeptum (4) (auch: intersepire)	**verstopfen**
	interscindere, o, scidi, scissum (3)	**einreißen** *z.B.: aggerem*
*	**intervallum, i n.**	**Zwischenraum** *(räumlicher und zeitlicher)* **Entfernung**
	magno intervallo	in großem Abstand/in großer Entfernung
	intervenire, io, veni, ventum (4)	**dazukommen, erscheinen**
	interventus, us m.	**Dazwischenkunft**
	intexere, o, , texui, textum (3)	**flechten**
	intolerandus, a, um	**unerträglich**
	intoleranter Adv.	**unmäßig, heftig**
	intorquere, eo, torsi, tortum (2)	**verrenken** *z.B.: talum*
*	**intra (Präposition mit Akkusativ)**	**innerhalb, in ... hinein**
	I. räumlich:	
	intra fines ingredi	in das Gebiet eindringen
	intra castra continere	innerhalb des Lagers halten
	II. zeitlich:	
	intra annum vicesimum	vor dem zwanzigsten Lebensjahr
	intra Adverb	**innerhalb**
*	**intrare, o, avi, atum (1)**	**eintreten, betreten, eindringen**
	intrinsecus Adverb	**inwendig**
	intritus, a, um	**ungeschwächt**
	intritus *ab aliqua re*	ungeschwächt von etwas/ nicht geschwächt durch
	intro Adverb	**hinein**
	introducere, o, duxi, ductum (3)	**hineinführen, einrücken lassen**
	cohortes/copias/naves introducere	Kohorten/Truppen/Schiffe hineinführen, einrücken lassen
	exemplum introducere	ein Beispiel geben
	introire, introeo, introii, introitum *(konjugiert wie 'ire')*	**hineingehen, einrücken**

introitus, us m.	**Eingang, Zugang, Einmarsch**
introitus in (portum)	Zugang zum (Hafen)
intromittere, o, misi, missum (3)	**hineinschicken, einlassen**
introrsus Adverb	**hinein, nach innen**
introrumpere, o, rupi, ruptum (3)	**eindringen**
intueri, eor, intuitus sum (2)	**anschauen, betrachten**
terram intueri	zu Boden blicken
intus Adverb	**drinnen**
inusitatus, a, um	**ungewöhnlich**
* **inutilis, inutilis, inutile**	**unbrauchbar, untauglich, schädlich**
inutilis ad	unbrauchbar für/zu
bello inutilis	kriegsuntauglich
inutiliter Adverb	**verderblich**
invadere, o, vasi, vasum (3)	**hereinbrechen, angreifen**
* **invenire, io, veni, ventum (4)**	**auf etwas kommen, auf etwas stoßen; etwas finden**
naves instructas invenire	Schiffe ausgerüstet vorfinden
certum inveniri posse	sicher in Erfahrung gebracht werden können
invenire *mit aci verbunden*	erfahren, daß
inventor, oris m.	**Erfinder**
inveterascere, inveterasco, inveteravi (3)	**sich einbürgern, sich einnisten**
invicem Adverb (auch: in vicem)	**abwechselnd**
invictus, a, um	**unbesiegt**
invidere, eo, vidi, visum (2)	**beneiden**
mit Dativ der Sache verb.	wegen etwas beneiden
invidia, ae fem.	**Neid, Haß**
inviolatus, a, um	**unverletzlich**
invisus, a, um	**ungesehen**
* **invitare, o, avi, atum (1)**	**höflich auffordern, einladen**
quibus omnibus rebus hostes invitati	als die Feinde sich durch all diese Umstände eingeladen sahen
invitare *mit Infinitiv verb.*	auffordern zu ...
invitare, ut	auffordern zu ...
* **invitus, a, um**	**wider Willen**
se invito	gegen seinen Willen
invocare, o, avi, atum (1)	**anrufen**
involare, o, avi, atum (1)	**losstürmen**
involvere, o, volvi, volutum (3)	**wälzen, einwickeln**

* **ipse, ipsa, ipsum**	**selbst**
Gen.: ipsius *Dat.:* ipsi	
Caesar ipse	Caesar selbst/in eigener Person
ira, irae fem.	**Zorn, Erbitterung**
iracundia, ae fem.	**Zorn, Jähzorn, Heftigkeit**
iracundus, a, um	**hitzig, jähzornig**
irasci, irascor (3)	**zürnen**
mit Dativ der Person verb.	jemandem zürnen
iratus, a, um	**zornig, erzürnt**
* **ire, eo, ii, itum**	**gehen**
eodem itinere ire	auf demselben Weg marschieren
zur Bildung des Inf. Fut. Pass.: datum iri (indeklinabel)	in Zukunft gegeben werden
irridere, eo, risi, risum (2)	**spotten, verspotten**
irridicule Adverb	**unwitzig**
irrisus, us m.	**Spott**
* **irrumpere, irrumpo, irrupi, irruptum (3)**	**einbrechen, eindringen**
* (in) oppidum irrumpere	in die Stadt einbrechen/ -dringen
irruptio, onis fem.	**Einfall**
* **is, ea, id**	**dieser**
(zurückweisend auf etwas bereits genanntes oder durch einen folgenden Relativsatz ergänzt)	
* is ipse	er/dieser selbst er/dieser in eigener Person
* is, qui ...	der, der ...
neque is sum, qui ...	und ich gehöre nicht zu den Leuten, die ...
* *neutrum Pl. allein verwendet:*	dies *(singularisch)*
ea omnia	all dies
* **iste, ista, istud**	**der da**
Gen.: istius *Dat.:* isti *Nom./Akk.Sg. n.:* istud/istuc *'iste' wird häufig auch aus Haß oder Verachtung gesagt*	
istuc aetatis	in dem Alter
* **ita**	so
(fast ausschließlich bei Verben)	
* ita ..., ut	so ..., daß
ita ut	so daß
itaque: bell.civ. 2, 5, 8	und so *(demonstrativ)*
* **itaque**	**und so, daher, also**
itaque ad Ariovistum contendit	und so eilte er zu Ariovist

*	**item Adverb**	**ebenso**
*	**iter, itineris n.**	**Marsch, Weg**
*	**iter iustum**	**normale Marschlänge** *(30 km täglich)*
	iter ab Arari avertere	von der A. abbiegen
	iter convertere	kehrt machen
	iter facere	marschieren
	iter intercludere	den Weg versperren/abschneiden
	iter intermittere	den Marsch unterbrechen
	iter patefacere	den Weg bahnen/öffnen
*	maximis itineribus contendere	in sehr großen Eilmärschen ziehen
*	quam maximis (potest) itineribus	in möglichst großen Eilmärschen
	ex itinere	unmittelbar vom Marsch aus
*	in itinere	auf dem Marsch, unterwegs
*	iter per Alpes	der Weg über die Alpen
	iterum Adv.	**wiederum, zum zweiten Mal**
	iuba, iubae fem.	**Mähne**
*	**iubere, iubeo, iussi, iussum (2)**	**befehlen**
	I. mit Infinitiv verbunden:	
*	castra munire iubet	er befiehlt, das Lager zu befestigen
	II. mit aci verbunden:	
*	castra moveri iubet	er befiehlt, das Lager abzubrechen
	III. mit nci verbunden:	
	arma tradere iussi faciunt	sie gehorchten dem Befehl, die Waffen abzuliefern
	IV. mit ut verbunden:	befehlen zu ...
	V. besondere Verbindungen:	
	quod iussi sunt faciunt	sie führen/führten die Befehle aus; sie kamen den Befehlen nach/leisteten den Befehlen Folge
	iucundus, a, um	**angenehm**
	iudex, iudicis m.	**Richter**
	iudicare, o, avi, atum (1)	**der Meinung sein, entscheiden, bestimmen**
	I. mit doppeltem Akk. verb.	halten für
	locum opportunissimum iudicare	einen Ort für den günstigsten halten
	II. iudicare de aliqua re	über etwas entscheiden
	*III. * mit aci verbunden*	der Meinung sein, daß
*	**iudicium, iudicii n.**	**Gerichtsstätte, Urteil, Entscheidung**
	iudicium facere *de aliquo*	über jemanden ein Urteil fällen
	iugerum, iugeri n.	**ein Morgen Land**
	iugulatio, onis fem.	**Ermordung**
(*)	**iugulare, o, avi, atum (1)** *(das Wort wird ausschließlich im bell. Hisp. und im bell. Alex. gebraucht)*	**erwürgen, abschlachten**

* **iugum, iugi n.**	**Joch, Bergrücken**
sub iugum mittere	unter das Joch schicken *(das Joch unter das der besiegte Feind geschickt wurde; eine Art der schwersten Demütigung)*
iugum ascendere	einen Bergrücken besteigen
* **iumentum, iumenti n.**	**Zugtier** *(Zugochse/Maultier/Pferd/Kamel)*
* iumenta, orum n.	Zugvieh
iunctura, ae fem.	**Verbindung, Riegel**
* **iungere, iungo, iunxi, iunctum (3)**	**verbinden, zusammenfügen**
iunior, iunior, iunius *Gen.:* iunioris	**jünger**
* **iurare, o, avi, atum (1)**	**schwören, Eid leisten**
in haec verba iurare	auf diese (vorgesprochene) Eidesformel schwören
iurare *mit aci verbunden*	schwören, daß
* **ius, iuris n.**	**Recht, Gericht**
ius belli	Kriegsrecht *(ein auf Verträgen beruhendes oder anders gesetzlich geregeltes Kriegsrecht hat die Antike nicht gekannt; vgl. captivus)*
ius iurandum, iuris iurandi	Eid, Schwur
fidem et ius iurandum dare	den Treueid schwören
iure iurando obstringere	durch Eid verpflichten
ius legatorum	Recht der Gesandten *(auf Integrität; eine Verletzung dieses Rechtes war ein hinreichender Grund für ein sog. bellum iustum; vgl. b. Gall. 3,9,3/3,16,4)*
ius in aliquem	Rechtsgewalt gegen jemanden
iussus m.	**Befehl, Geheiß**
Abl.Sg.: iussu	auf Befehl
iuste Adv.	**gerecht, mit Recht**
* **iustitia, ae fem.**	**Gerechtigkeit**
* **iustus, a, um**	**gerecht, hinlänglich, gesetzmäßig**
iter iustum	normale Marschlänge/normale Marschgeschwindigkeit *(ca. 30 km täglich)*
bellum iustum	ein (durch bestimmte Gründe) gerechtfertigter Krieg: *wenn z.B. Gesandte festgehalten werden; die Pflicht zur Hilfeleistung Verbündeter verletzt, Verbündete angegriffen werden oder selbst angreifen; dieser Begriff steht oft im*

Hintergrund der Erläuterungen Caesars zur Vorgeschichte einer militärischen Auseinandersetzung.

altitudo iusta — hinlängliche Höhe
imperium iustum — gesetzmäßige Befehlsgewalt/Herrschaft

* **iuvare, iuvo, iuvi, iutum (1)** — **helfen, unterstützen**
* aliquem iuvare — jemanden unterstützen
* frumento iuvare — mit Getreidelieferungen unterstützen

iuventus, iuventutis fem. — **Jugend, junge Mannschaft**

iuxta (Präposition mit Akk.) — **neben**
iuxta murum — neben der Mauer

iuxta Adv. — **daneben**
iuxta consistere — daneben haltmachen

K

* **Kalendae, Kalendarum fem.** *(abgek.: Cal./Kal.)* — **Kalenden** (jeweils der erste Tag eines Monats)

L

L — **Zahlzeichen für 50**

labefacere, facio, feci, factum (3) — **erschüttern, ins Wanken bringen**

labi, labor, lapsus sum (3) — **herabgleiten, entkommen, sich vergehen**
hac spe lapsus — in der Hoffnung darauf getäuscht

* **labor, laboris m.** — **Arbeit, Anstrengung**
laborem ferre — Anstrengung ertragen

* **laborare, o, avi, atum (1)** — **arbeiten, sich mühen, in Gefahr/Not sein**
* laborantibus nostris subsidio mittere — unseren bedrängten Soldaten zu Hilfe schicken
laborare, ut — sich dafür anstrengen, daß; sich darum bemühen, daß

labrum, labri n. — **Lippe, Rand**

lac, lactis n. — **Milch**

* **lacessere, o, lacessivi, lacessitum (3)** — **reizen**
* proelio lacessere — zum Kampf reizen

	lacrima, lacrimae fem. lacrimas tenere multis cum lacrimis	**Träne** die Tränen zurückhalten unter vielen Tränen
	lacrimare, o, avi, atum (1)	**weinen**
	lacus, lacus m.	**See**
	laedere, o, laesi, laesum (3) fidem laedere	**verletzen, beunruhigen** sein Wort brechen
	laetari, or, atus sum (1) *mit aci verbunden*	**sich freuen** sich freuen, daß
	laetatio, onis fem.	**Jubel**
*	**laetitia, ae fem.**	**Freude**
	laetus, a, um *prädikativ verwendet:* Scipio in castra laetus copias reduxit	**froh, freudig** Scipio führte die Truppen froh *(Adv.)* ins Lager zurück
	lamina, laminae fem.	**Platte, Schiene**
	lancea, lanceae fem.	**Lanze** *(ursprünglich die hispanische)*
	languere, langueo, langui (2)	**lässig sein, matt sein**
	languide Adverb	**matt, lässig**
	languidus, a, um	**matt, lässig**
	languor, languoris m.	**Ermattung**
	lanista, lanistae m.	**Fechtmeister** *(Lehrmeister der Gladiatoren)*
	lapidare, o, avi, atum (1)	**mit Steinen bewerfen**
	lapillus, i m.	**Steinchen**
*	**lapis, lapidis m.**	**Stein** *(als Wurfgeschoß verwendet)*
	laqueus, laquei m.	**Schlinge**
	large Adverb	**reichlich**
	largiri, ior, largitus sum (4)	**reichlich spenden/gewähren**
	largiter Adverb	**viel, bedeutend**
*	**largitio, onis fem.**	**Freigebigkeit, Bestechung**
	largitor, oris m.	**Spender**
	lassitudo, dinis fem.	**Müdigkeit, Ermattung**
	lassus, a, um itinere lassus	**ermattet** durch den Marsch erschöpft
*	**late Adverb** longe lateque	**weit, breit, ausführlich** weit und breit
	latebra, ae fem.	**Schlupfwinkel**
(*)	**later, lateris m.** *(nur in bell. civ. II 8-10 belegt)*	**Ziegel**

laterculus *vgl. latericulus*	
latere, lateo, latui (2) in insidiis latere	**verborgen sein, sich versteckt halten** im Hinterhalt verborgen sein/ sich im Hinterhalt versteckt halten
latericius, a, um	**aus Ziegeln gemacht**
latericulus, i m. (auch: laterculus)	**Ziegel**
latitare, o, avi (1)	**sich versteckt halten**
* **latitudo, latitudinis fem.**	**Breite, Ausdehnung**
in latitudinem milia passuum tria patere	sich in einer Breite von 3000 Doppelschritten erstrecken
aditus in latitudinem milia passuum CLXXX	ein Zugang in einer Breite von 180 000 Doppelschritten
lator, oris m.	**Antragsteller**
latro, latronis m.	**Straßenräuber, Freibeuter**
* **latrocinium, ii n.**	**Raubzug**
* **latus, lateris n.** * ab latere impetum facere * ab latere aperto	**Seite, Flanke** seitlich angreifen auf der offenen (ungedeckten) Flanke
* **latus, a, um**	**weit, breit**
laudare, o, avi, atum (1)	**loben, anerkennen**
laurea, laureae fem.	**Lorbeer** *(als Siegerehrung)*
* **laus, laudis fem.** magnam laudem ferre laudem mereri summa cum laude	**Anerkennung, Ruhm, Verdienst** große Anerkennung genießen sich Verdienste erwerben ruhmvoll
lavare, lavo, lavi, lautum (1) lavari	**baden** sich baden
laxare, o, avi, atum (1)	**ausdehnen**
lectica, ae fem.	**Sänfte**
* **legatio, onis fem.**	**Gesandtschaft, Legatenstelle**
* **legatus, i m.**	**Gesandter, Offizier, Unterfeldherr**
legatus pro praetore	ein Gesandter in der Stellung eines Prätors
legatus de deditione	ein Gesandter, der über die Übergabe verhandeln soll: Unterhändler
* legatus de pace	Friedensgesandter
legere, lego, legi, lectum (3)	**lesen, aussuchen, wählen** *z.B.: litteras/pedites*
* **legio, legionis fem.**	**Legion** *ca. 3 600 Soldaten: 2 Zenturien entsprechen 1 Manipel; 3 Manipel entsprechen 1 Kohorte; 10 Kohorten entsprechen 1 Legion.*

*	**legionarius, a, um**	**zur Legion gehörig**
	legionarius, ii m.	**Legionssoldat**
	legitimus, a, um	**gesetzlich**
	legumen, leguminis n.	**Hülsenfrucht**
*	**lenis, lenis, lene**	**sanft, gemäßigt**
	lenitas, atis fem.	**1. langsame Strömung eines Flusses 2. Milde (von Personen), Langsamkeit**
*	**leniter Adverb**	**sanft, milde, langsam, ruhig**
	lente Adverb	**langsam, bedächtig**
	lenunculus, i m.	**Barke**
	lepus, leporis m./fem.	**Hase**
	levare, o, avi, atum (1)	**erleichtern, abhelfen, befreien, entlasten**
*	**levis, levis, leve**	**leicht, leichtsinnig, unbedeutend**
	* levis armatura	leichtbewaffnete Truppe
	levi momento aestimare	für unbedeutend halten
	levitas, atis fem.	**Leichtigkeit, Leichtsinn, Unbeständigkeit**
	levitas animi	Unbeständigkeit
	leviter Adverb	**leicht, gering**
*	**lex, legis fem.**	**Gesetz**
	lege confirmare	gesetzlich festsetzen
	legibus sanctum habere	gesetzlich festgelegt haben
	per leges	den Gesetzen nach
	libellus, libelli m.	**Bittschrift**
	libens, libens, libens *Gen.:* libentis	**gern, willig, freudig**
	libentissimo animo	sehr freudig
*	**libenter Adverb**	**gern, bereitwillig**
*	**liber, libera, liberum**	**frei, unbehindert**
	liberi, orum m.	**Kinder** *(die meist als Geiseln gefordert werden)*
	liberalitas, atis fem.	**Freigebigkeit, Wohlwollen**
	liberaliter Adverb	**anständig, reichlich, freundlich, gütig**
*	**liberare, o, avi, atum (1)**	**befreien, freisprechen**
	* *mit Ablativ verbunden:*	befreien von
	timore liberare	von Furcht befreien
*	**libere Adverb**	**frei, unbehindert, dreist**
*	**liberi, orum vgl. liber**	
*	**libertas, atis fem.**	**Freiheit**
	in libertatem vindicare	in die Freiheit entlassen
	libertinus, i m.	**Freigelassener**

libertus, i m. — **Freigelassener**

libra, ae fem. — **Waage**
turres ad libram facere — Türme in gleicher Höhe errichten

librilis, librilis, librile — **ein Pfund schwer**

* **licentia, ae fem.** — **Freiheit, Zügellosigkeit**

* **licere, licet, licuit (2)** — **erlaubt sein, dürfen**
* *mit Infinitiv verbunden:*
consilium indicere licet — es ist erlaubt/man darf eine Versammlung anberaumen
mit aci verbunden — es ist erlaubt, daß
licet *mit Konjunktiv verb.* — obgleich

liceri, liceor, licitus sum (2) — **auf etwas bieten**
contra liceri — überbieten

lictor, lictoris m. — **Liktor**

Die Liktoren waren öffentliche Diener eines Diktators, Konsuls oder Prätors. Als Symbol der peinlichen Gerichtsbarkeit trugen die Liktoren Rutenbündel (fasces), aus deren Mitte ein Beil hervorragte. Die Liktoren vollstreckten die von den genannten Magistraten verhängten Urteile, bahnten den Magistraten den Weg durch die Stadt und achteten darauf, daß ihnen die gebührende Achtung gezollt wurde.

lignari, or, atus sum (1) — **Holz holen**

lignatio, onis fem. — **das Holzholen**

lignator, oris m. — **Holzfäller**

ligneus, a, um — **hölzern, aus Holz**

* **lignum, ligni n.** *(meist pluralisch)* — **Holz, Brennholz**

lilium, lilii n. — **Lilie**

limen, liminis n. — **Schwelle**

limososus, a, um — **schlammig**

linea, lineae fem. — **Linie**

lingua, ae fem. — **Sprache, Zunge**

lingula, ae fem. — **Landzunge**
(auch: ligula)

linter, lintris fem. — **Kahn**

linum, lini n. — **Flachs**

liquescere, o, licui (3) — **klar werden** *z.B.: aqua*

lis, litis fem. — **Streitigkeit, Schaden**
litem aestimare — den Schaden schätzen

litare, o, avi, atum (1) — **rächen**

* **littera, ae fem.** — **Buchstabe**
Pl.: litterae, arum fem. — Brief
Graecis litteris uti — griechische Buchstaben benutzen
* litteras mittere (ad) — (jemandem) Brief(e) schicken

* **litus, litoris n.** — **Ufer, Strand**

	lixa, lixae m.	**Marketender**
	locellus, i m.	**Kästchen**
	locare, o, avi, atum (1)	**legen, stellen, errichten** *z.B.: castellum/castra/crates*
	locuples, lucuples, locuples *Gen.:* locupletis	**wohlhabend, begütert**
*	**locus, loci m.**	**Ort, Rang, Stellung, Stand, Posten**
	loci, orum m.	Stellen (in Büchern)
	loca, orum n.	Gegend, Örtlichkeit
*	loca aperta	offenes Gelände
*	loca superiora	Anhöhen
	rationi locus est	ein Vorgehen ist am Platz
*	locum capere	1. einen Ort besetzen/einnehmen 2. sich aufstellen 3. einen Ort erreichen
	locum munitionibus claudere	einen Ort durch Befestigungsanlagen abriegeln
*	locum munire	einen Ort befestigen
*	principem locum obtinere	an der Spitze stehen *z.B.: einer Gesandtschaft*
*	locum occupare	einen Ort einnehmen/besetzen
*	locum petere	einen Ort zu erreichen suchen
*	locum relinquere	einen Ort verlassen/die Stellung räumen
	iniquum locum subire	ungünstiges Gelände betreten
*	locum tenere	einen Ort/eine Stellung halten
	locum amicitiae tenere apud aliquem	ein freundschaftliches Verhältnis zu jemandem haben
	ad hunc locum pervenire	1. zu diesem Ort gelangen 2. an diese Stelle der Ausführung gelangen
*	in unum locum cogere	konzentrieren *z.B.: Truppen*
	in unum locum conducere	an einem Ort konzentrieren
	in unum locum conferre	an einem Ort zusammenbringen
	in antiquum locum gratiae restitutum esse	die frühere Gunst wiedergewonnen haben
*	loco (ex) cedere	die Stellung räumen/abziehen
	loco deicere/depellere	aus der Stellung drängen
	(se) loco movere	(sich) bewegen/abziehen
	loco pellere	von einem Ort vertreiben
*	aliquem (in) loco hostium habere	jemanden zu den Feinden zählen
*	(custodis) loco	als (Bewachung)
*	**longe Adverb**	**weit**
	longe alia navigatio	eine ganz andere (Technik der) Seefahrt
	longe a mari	weit entfernt vom Meer
	longe lateque	weit und breit; in der ganzen Umgebung
*	*mit Superlativ:*	bei weitem
	longe nobilissimus	der bei weitem vornehmste

Komparativ: longius:	
* longius abesse	weiter (zu weit) entfernt sein
non longius abesse, quin	nicht viel fehlen, daß
longinquitas, atis fem.	**lange Dauer**
* **longinquus, a, um**	**fern, weit** *z.B.: loca/civitas* **langdauernd** *z.B.: consuetudo* **langwierig** *z.B.: oppugnatio*
* **longitudo, dinis fem.**	**Länge**
in longitudinem milia passuum CCXL	in einer Länge von 240 000 Doppelschritten
* in longitudinem ... patere	sich in einer Länge von ... erstrecken
longurius, ii m.	**lange Stange**
* **longus, a, um**	**lang, entfernt, ausgedehnt, langwierig**
* navis longa	Kriegsschiff
longum est *mit Infinitiv*	es würde zu lange dauern zu ...; es wäre zu weitläufig zu ...
in longiorem diem conferre	auf einen späteren Termin verschieben
* **loqui, loquor, locutus sum (3)**	**sprechen**
multa/pauca loqui	viel/wenig Worte machen
* loqui *de aliqua re*	über etwas sprechen
* *mit aci verbunden*	sprechen/sagen, daß
lorica, ae fem.	**Panzer, Brustwehr**
loricatus, a, um	**gepanzert**
loricula, ae fem.	**eine kleine Brustwehr, Geländer**
lucescere, o, luxi (3)	**Tag werden**
lucrum, lucri n.	**Gewinn, Vorteil**
aliquid lucri facere	aus etwas Gewinn ziehen
luctuosus, a, um	**traurig, jammervoll**
luctus, us m.	**Trauer**
ludus, ludi m.	**Schule,** *in der nur dem Spiel ähnliche Übungen vorgenommen wurden*
lumen, luminis n.	**Licht**
luna, lunae fem.	**Mond**
luna nova	Neumond
luna plena	Vollmond
lunatus, a, um	**sichelförmig**
lustrare, o, avi, atum (1)	**mustern** *z.B.: exercitum*
lutum, luti n.	**Lehm**
* **lux, lucis fem.**	**Licht**
lux appetit	der Tag bricht an
sub lucem	gegen Tagesanbruch
* prima luce	bei Morgengrauen
a prima luce	vom Morgengrauen an

luxuria, ae fem. — **Luxus, Üppigkeit**
nimiam luxuriam designare — zu großen Luxus verraten

luxuries, luxuriei fem. — **Luxus, Üppigkeit**
vgl. luxuria

M

M — **Zahlzeichen für 1000**

macerare, o, avi, atum (1) — **quälen**

maceria, ae fem. — **Umfriedung**

machinatio, onis fem. — **maschinenartige Vorrichtung**

macies, maciei fem. — **Magerkeit**

maestus, a, um — **traurig, niedergeschlagen**
prädikativ verwendet:
maestus se in oppidum recipere — sich niederschlagen *(Adv.)* in die Stadt zurückziehen

* **magis Adverb** — **mehr**
* magis ... quam — mehr ... als
* eo magis, quod — um so mehr, weil

magister, magistri m. — **Anführer**
magister equitum — Reiteroberst
magister navis — Kapitän

* **magistratus, us m.** — **Behörde, Amt, Magistrat**

magnificentia, ae fem. — **Aufwand**

magnificus, a, um — **prächtig**

* **magnitudo, dinis fem.** — **Größe**

* **magnopere Adverb** — **sehr dringend, bedeutend**

* **magnus, a, um** — **groß** *z.B.: castra*
Komparativ: maior, maior, maius
Superlativ: maximus, a, um
bedeutend, angesehen, mächtig *z.B.: auctoritas*
zahlreich *z.B.: copiae*
laut *z.B.: vox*

I. Genitiv:
magni haberi — sehr angesehen sein
magni interesse — wichtig sein

II. Akkusativ:
magna sperare — sich große Hoffnungen machen

III. Ablativ:
magno animo — mutig
* magnis itineribus — in Eilmärschen

maiestas, atis fem. — **Hoheit, Würde**

maiores, maiorum m.	**Vorfahren**
maiores natu	die älteren Männer (Frauen)
malacia, ae fem.	**Windstille**
* **male Adverb**	**schlecht, übel, unglücklich**
* **maleficium, maleficii n.**	**Übergriff, Gewalttat, Schaden**
* **malle, malo, malui**	**lieber wollen**
bei Caesar und seinen sog. Fortsetzern sind folgende Formen belegt:	
* malle	
malo	
malit	
malint	
malebat	
mallet	
mallent	
mit Infinitiv verbunden	lieber ... wollen
* *mit aci verbunden*	lieber wollen, daß
malle quam	lieber wollen als
malleolus, i m.	**Brandpfeil**
* **malum, mali n.**	**Übel, Unfall, Not**
malus, a, um	**schlecht**
Komparativ: peior, peior, peius	
Superlativ: pessimus, a, um	
malus, mali m.	**Balken, Mastbaum**
mancipium, ii n.	**Sklave** *(ein Sklave, der durch Anlegen der Hand erworben wurde)*
* **mandare, o, avi, atum (1)**	**anvertrauen, übergeben, befehlen**
fugae se mandare	fliehen
mandare, ut	Befehl geben zu ...
mandare *mit Konjunktiv verb.*	Auftrag/Befehl geben zu ...
* **mandatum, mandati n.**	**Auftrag**
mandata referre	Bescheid geben
aliquid legatis in mandatis dare	Gesandte mit etwas beauftragen
* **mane Adverb**	**morgens, in der Frühe**
* **manere, maneo, mansi, mansum (2)**	**bleiben**
in eo manere	dabei bleiben
manipularis, manipularis, manipulare	**zu einem Manipel gehörig; gemeiner Soldat**
manipulus, i m.	**Manipel** *(vgl. legio)*
mansuefacere, io, feci, factum (3)	**zähmen**
mansuetudo, dinis fem.	**Milde**
manumittere, o, misi, missum (3)	*(einen Sklaven)* **freilassen**

*	**manus, manus fem.**	**Hand, Schar**
	manus cogere	Truppen konzentrieren
	manus pandere	Arme ausbreiten
	manus (ad caelum) tendere	die Hände (zum Himmel) ausstrecken *(wer zu den oberen Göttern betet, hebt Blick und Arme nach oben, mit den Handflächen nach außen gekehrt)*
*	**mare, maris n.**	**Meer**
	mare apertum	das hohe/offene Meer
	mare conclusum	Binnenmeer
	mare nostrum	Mittelmeer
*	**maritimus, a, um**	**zum Meer gehörig; Meer-**
	* ora maritima	Meeresküste
	mas, maris m.	**Männchen** *(von Tieren)*
	matara, ae fem.	**Wurfspieß** *(eine Lanze der Gallier)*
*	**mater, matris fem.**	**Mutter**
	mater familiae (familias)	Familienmutter
	materia, ae fem.	**Holz** *(gemeint ist meist Bauholz im Unterschied zu 'ligna', das meist 'Brennholz' bedeutet)*
	materiari, materior (1)	**Holz fällen/holen**
	materies, materiei fem.	**Holz, Bauholz**
	maternus, a, um	**mütterlich**
	matrimonium, ii n.	**Ehe**
	alicui filiam in matrimonium dare	jemandem die Tochter zur Frau geben
	in matrimonium ducere	heiraten *(vom Mann gesagt)*
	maturare, o, avi, atum (1)	**eilen, beschleunigen**
	iter maturare	den Marsch beschleunigen
	maturare *mit Infinitiv verb.*	sich beeilen zu ...
*	**mature Adverb**	**früh, schnell, zeitig**
	maturescere, o, maturui (3)	**reifen** *z.B.: frumentum*
	maturitas, atis fem.	**Reife**
	maturus, a, um	**reif** *z.B.: frumentum* **frühzeitig** *z.B.: hiems*
	matutinus, a, um	**morgendlich**
*	**maxime Adverb**	**am meisten, sehr, besonders**
	quam maxime (confidere)	in außerordentlichem Maß/besonderes (Vertrauen schenken)
*	**maximus, a, um**	**größte, sehr groß**
	* quam maximis (potest) itineribus	in möglichst großen Eilmärschen; so schnell als irgend möglich

	mederi, medeor (2)	**abhelfen, heilen**
	mit Dativ verbunden:	
	inopiae frumentariae mederi	dem Getreidemangel abhelfen
	medicus, medici m.	**Arzt**

Die Wundärzte, die Caesar in seinem Heer mitführte, sorgten ausschließlich für die Verwundeten des eigenen Heeres; eine medizinische Versorgung gegnerischer Soldaten war nicht vorgesehen; vgl. dazu unter 'captivus' und 'ius belli'. Das Lazarett lag für gewöhnlich geschützt hinter dem praetorium auf der Seite zur porta decumana (vgl. castra)

*	**mediocris, mediocris, mediocre**	**mittelmäßig, unbedeutend, gering erträglich**
	mediocriter Adverb	**unbedeutend**
	mediterraneus, a, um	**binnenländisch** *(das Mittelmeer hieß zu Caesars Zeiten 'mare nostrum')*
*	**medius, a, um**	**mittlere**
	* acies media	mittlere Schlachtreihe
	* media nox	Mitternacht
	de medio tollere	umbringen
	in hoc fere medio spatio	fast genau in der Mitte der Strecke
	* *prädikativ verwendet:*	
	in medio colle	auf halber Höhe des Hügels
	per medium campum	mitten durch das Feld
	per medios fines	mitten durch das Gebiet
	per medios hostes	mitten durch die Schar der Feinde
	mediusfidius *vgl. fidius*	
	mehercule Adverb	**wahrlich**
	membrum, i n.	**Glied**
	meminisse, memini	**sich erinnern**
	alicuius meminisse	jemanden erwähnen
	mit aci verbunden	sich erinnern/erwähnen, daß
	memor, memor, memor	**eingedenk, sich erinnernd**
	Gen.: memoris	
	mit Genitiv verbunden	einer Sache/Person eingedenk
*	**memoria, memoriae fem.**	**Erinnerung, Gedächtnis**
	* memoria alicuius rei	Erinnerung an etwas
	Dativ:	
	memoriae prodere	der Nachwelt überliefern
	Akkusativ:	
	memoriam deponere	vergessen
	memoriam prodere	die Erinnerung bei der Nachwelt wachhalten
	memoriam retinere	sich erinnern
	Ablativ:	
	(adhuc) hominum memoria	(bis jetzt) seit Menschengedenken
	nostra memoria	zu unserer Zeit *(gemeint ist für gewöhnlich die Zeit, seit der Caesar sich in Gallien aufhält)*

* patrum nostrorum memoria (auch: patrum memoria)	zur Zeit unserer Väter
memoria tenere *mit aci verb.*	in Erinnerung bewahren, daß (genau wissen, daß)
mendacium, mendacii n.	**Unwahrheit, Lüge**
* **mens, mentis fem.**	**Verstand, Gemüt, Überlegung, Absicht**
mentes sanare	zu Verstand bringen
ea mente, ut	in der Absicht zu ...
* **mensis, mensis m.**	**Monat**
multos menses	viele Monate lang
mensura, ae fem.	**Messung**
mensura ex aqua	Messung nach der Wasseruhr
* **mentio, onis fem.**	**Erwähnung**
mentionem alicuius facere	jemanden erwähnen
mercari, or, atus sum (1)	**kaufen**
* **mercator, oris m.**	**Kaufmann, Händler** *(für Caesar auch Informationsträger)*
mercatura, ae fem.	**Handel**
mercennarius, a, um	**für Sold gedungen**
merces, mercedis fem.	**Sold, Zins**
mercedes donare	den Zins schenken
merere, mereo, merui, meritum *vgl. mereri*	
* **mereri, eor, meritus sum (2)** (auch: merere)	**sich verdient machen. verdienen, Kriegsdienst leisten**
laudem mereri	sich Ruhm verdienen
* de (populo Romano) mereri	sich um (das römische Volk) verdient machen
mergere, mergo, mersi, mersum (3)	**versenken** *z.B.: naves*
meridianus, a, um	**mittäglich**
tempus meridianum	Mittagszeit
* **meridies, meridiei m.**	**Mittag, Süden**
* **meritum, meriti n.**	**Verschulden, Verdienst**
meritum in aliquem	Verdienst gegen jemanden
merx, mercis fem.	**Ware**
messis, messis fem.	**Ernte**
met *(angehängt)*	**Partikel zur Verstärkung;** *vgl. ego (egomet)*
metari, or, atus sum (1)	**abmessen** *z.B.: castra*
metere, o, messui, messum (3)	**mähen**
metiri, ior, mensus sum (4)	**messen, zumessen**
frumentum metiri	Getreide zumessen

*	**metus, metus m.**	**Furcht, Besorgnis**
	mit Genitiv verbunden:	die Furcht vor ..., Besorgnis um ...
	metus externorum hostium	die Furcht vor den auswärtigen Feinden
*	**meus, mea, meum**	**mein**
*	**miles, militis m.**	**Soldat**
	miliarium, miliarii n.	**Meilenstein** *(Augustus errichtete später die 'goldene Meilensäule' auf dem römischen Forum, auf die alle Heerstraßen von Italien zusammenliefen.)*
	milies Adv.	**tausendmal** **hundert Millionen**
*	**militaris, militaris, militare**	**militärisch**
	* res militaris	Kriegswesen, -kunst
	* signa militaria	militärische Zeichen
	militia, ae fem.	**Kriegsdienst**
	transmarina militia	Kriegsdienst in Übersee
*	**mille** ***(indeklinabel) abgekürzt: M***	**tausend**
	minae, arum fem.	**Drohungen**
	minari, ar, atus sum (1)	**drohnen**
	minime Adverb	**am wenigsten, keineswegs**
*	**minimeque Adverb**	**keineswegs**
*	**minuere, o, ui, utum (3)**	**vermindern**
	auctoritatem minuere	das Ansehen schmälern
	controversias minuere	Streitigkeiten schlichten
	diligentiam minuere	in der Sorgfalt nachlassen
	minus ***(Komparativ zu: parum)***	**weniger**
	minutatim Adverb	**nach und nach; allmählich**
	minutus, a, um	**klein, unbedeutend**
	mirabilis, mirabilis, mirabile	**wunderbar, bewundernswert**
	mirari, or, atus sum (1)	**sich wundern**
	mirandum esse	verwunderlich sein/zur Verwunderung Anlaß geben
	mirifice Adverb	**erstaunlich, außerordentlich**
	mirificus, a, um	**erstaunlich, bewundernswürdig, zahlreich**
	mirus, a, um	**wunderbar, erstaunlich** **seltsam**
	mirum in modum	auf seltsame Weise
	miscere, eo, ui, mixtum (2)	**mischen**
*	**miser, misera, miserum**	**elend, unglücklich, kläglich**
	miserari, or, atus sum (1)	**beklagen, bejammern**
	mit aci verbunden	beklagen, daß

	miseratio, onis fem.	**Jammer**
	misereri, eor, miseritus sum (2) alicuius misereri	**bedauern** jemanden bedauern
	miseria, ae fem.	**Unglück**
*	**misericordia, ae fem.**	**Teilnahme, Barmherzigkeit**
	missio, onis fem.	**Entlassung** *(des Soldaten aus dem Dienst)*
	missus, us m.	**Schicken, Absenden, Wurf**
	mite Adverb	**freundlich**
	mitis, mitis, mite	**freundlich**
*	**mittere, mitto, misi, missum (3)**	**schicken**
	mit Dativ verbunden: alicui auxilio mittere	jemandem zu Hilfe schicken
*	alicui subsidio mittere	jemandem zu Hilfe schicken
*	*mit Supinum verbunden:* pabulatum mittere	zum Futterholen schicken
	mit ut-Satz verbunden:	mit dem Auftrag/Bitte/Forderung schicken zu...
*	*mit konjunktivischem Relativ-Satz:*	*(der Relativsatz hat dann finalen Sinn)*
	misit, qui cognoscerent	er schickte Leute aus, die sehen/ erkennen sollten
	qui sustineret hostium impetum misit exercitum	er schickte ein Heer, das dem Angriff der Feinde standhalten sollte
	mobilis, mobilis, mobile	**wankelmütig, unbeständig**
	mobilitas, atis fem.	**Beweglichkeit, Unbeständigkeit**
	mobiliter Adverb	**leicht, geschickt**
	moderari, or, atus sum (1)	**lenken, regieren, ordnen**
	moderate Adverb	**gemäßigt, mit Mäßigung**
	modeste Adverb	**besonnen**
	modestia, ae fem.	**Mäßigung, Milde, Gehorsam**
	modius, modii m. *Gen. Pl.:* modium	**Scheffel**
*	**modo Adverb** modo pedem referre modo visus Ambiorix	**nur, eben, bald** sich nur wenig zurückziehen der eben gesehene Ambiorix
	modo ... modo modo insequi, modo rursus in oppidum repelli	bald ... bald bald vordringen, bald wieder in die Stadt zurückgeschlagen werden
*	non modo ... sed etiam non modo ... sed ne quidem	nicht nur ... sondern auch nicht nur ... sondern nicht einmal
	si modo	wenn wenigstens

* **modus, modi m.**	**Art, Weise, Maß**
ad hunc modum	auf diese Weise; so
* quem ad modum	wie
mirum in modum	auf wunderbare Weise
nullo modo	auf keine Weise
tali modo	auf diese Weise; so
* eius modi vgl. eiusmodi	
* huius modi sententiae dicebantur, ut ...	Meinungen wurden geäußert dahingehend, daß ...
* **moenia, moenium n.**	**Mauern**
molere, molo, molui, molitum (3)	**mahlen**
molita cibaria	Mehl
* **moles, molis fem.**	**Damm, Steindamm**
moleste Adverb	**ungern, unwillig**
molimentum, i n.	**Anstrengung, Mühe, Umständlichkeit**
moliri, ior, molitus sum (4)	**betreiben**
mollire, io, ivi (ii), itum (4)	**mildern**
mollis, mollis, molle	**weichlich** *z.B.: mens* **sanft ansteigend** *z.B.: litus*
mollitia, ae fem.	**Weichlichkeit**
mollities, mollitiei fem.	**Weichlichkeit**
momentum, i n.	**Bedeutung, Einfluß, Wert**
levi momento aestimare	gering einschätzen
* **monere, eo, ui, itum (2)**	**ermahnen, auffordern,warnen**
mit aci verbunden	darauf aufmerksam machen, daß
monere, ut	ermahnen/auffordern zu ...
* **mons, montis m.**	**Berg**
summus mons	Gipfel des Berges
montanus,a, um	**auf Bergen wohnend**
montuosus, a, um	**bergig, gebirgig**
monumentum, i n.	**Denkmal**
* **mora, ae fem.**	**Aufschub, Verzögerung, Aufenthalt, Hindernis**
* **morari, or, atus sum (1)**	**verweilen, hemmen, zögern**
non morari, quin	nicht hemmen zu ...
morari *mit Infinitiv*	zögern zu ...
triduum morari	drei Tage lang verweilen
morbus, i m.	**Krankheit**
mori, ior, mortuus sum (3)	**sterben**
* **mors, mortis fem.**	**Tod** *(natürlicher und gewaltsamer)*
sibi mortem consciscere	Selbstmord begehen
mortifer, mortifera, mortiferum	**tödlich**

* **mos, moris m.**	**Sitte, Charakter**
more et exemplo	nach Herkommen und Brauch
suo more	nach seiner/ihrer Gewohnheit
* more (Gallorum)	nach der Sitte (der Gallier)
* **motus, motus m.**	**Bewegung, Wendung, Aufstand, (kriegerische) Erhebung**
* **movere, eo, movi, motum (2)**	**bewegen, beunruhigen**
Caesar movit	Caesar brach auf
amicitiae memoria moveri	sich durch die Erinnerung an die Freundschaft bestimmen lassen
castra movere	das Lager abbrechen/aufbrechen
ex eo loco movere	von dort abziehen
mucro, mucronis m.	**Spitze**
* **mulier, mulieris fem.**	**Frau**
mulio, mulionis m.	**Maultiertreiber**
multa, multae fem.	**Strafe am Eigentum**
multare, o, avi, atum (1)	**strafen, bestrafen**
pecunia multare	mit einer Geldstrafe belegen
* **multi, multae, multa** *Komparativ:* plures, plures, plura *Superlativ:* plurimi, ae, a	**viele**
multiplex, multiplex, multiplex *Gen.:* multiplicis	**vielfach**
multiplicare, o, avi, atum (1)	**vervielfältigen**
* **multitudo, dinis fem.** *(Vereinzelt mit pluralischem Prädikat verbunden: bell. Gall. 2,6,3)*	**Menge**
* **multum** Komparativ: plus Superlativ: plurimum	**viel**
multum temporis	viel Zeit
non multum afuit, quin	es hätte nicht viel gefehlt, daß
* multa (Pl. neutr.)	viel, vielerlei
* multo acrius	um vieles heftiger
* multo antecedere	weit übertreffen
multus, a, um	**spät, stark**
agger multus	starker Damm
multo die	spät am Tage
ad multam noctem	bis spät in die Nacht
mulus, i m.	**Maultier**
mundus, mundi m.	**Welt**
municeps, municipis m./fem.	**Munizipalbürger, Landsmann**
* **municipium, ii n.**	**Freistadt** *(Stadt mit eigenen Gesetzen und eigener Verwaltung und mit röm. Bürgerrecht ausgestattet)*

munimentum, i n.	**Befestigung**
* **munire, io, ivi, itum (4)**	**befestigen, schützen**
* castra vallo fossaque munire	das Lager mit Wall und Graben befestigen
iter munire	Weg bahnen
* oppidum natura munitum	eine natürlich geschützte Stadt
provincias a barbaris munire	die Provinzen vor den Barbaren schützen
se munire	sich schützen
* **munitio, onis fem.**	**Befestigung, Befestigungswerk, Arbeit an dem Befestigungswerk**
munitio operis	feste Verteidigungsanlage
munus, muneris n.	**Leistung, Amt, Geschenk, Schauspiel**
munera dare	Schauspiele geben
munera mittere	Geschenke schicken
munus militiae sustinere	eine militärische Aufgabe übernehmen
muralis, muralis, murale	**für die Mauer bestimmt**
falx muralis	Mauerhaken *(vgl. falx)*
* **murus, muri m.**	**Mauer**
* **musculus, i m.**	**Minierhütte** *(eine Art Schutzdach, unter dem die Belagerer arbeiten konnten)*
* **mutare, o, avi, atum (1)**	**ändern**
fortuna mutatur	das Schicksal wendet sich
mutatio, onis fem.	**Veränderung, Wechsel**
mutatio castrorum	Verlegung des Lagers
mutatio locorum	Ortsveränderung
mutilus, a, um	**abgestumpft** *(von Dingen gesagt)*
mutuari, or, atus sum (1)	**leihen, entlehnen** *z.B.: auxilia/pecunias*
mutuo Adverb	**wechselseitig, ebenso**
mutuus, a, um	**geliehen** *z.B.: pecunia*
myoparo, myoparonis m.	**Kaperschiff**

N

* **nam (Konjunktion)**	**denn, nämlich**
I. in Hauptsätzen:	
nam tantum ab auxiliis aberant, ut	sie waren nämlich so weit von den Hilfstruppen entfernt, daß
II. vor Nebensätzen:	
nam cum tela conicerent	da sie nämlich Wurfgeschosse schleuderten

* **namque** *(in Hauptsätzen und selten vor Nebensätzen)*	**denn, nämlich**
* **nancisci, naciscor, nanctus (nactus) sum (3)**	**erlangen, antreffen, erreichen gewinnen**
aliquem nancisci	jemanden erreichen/antreffen
locum nancisci	einen Ort erreichen
occasionem nancisci	Gelegenheit bekommen
spatium nancisci	Zeit gewinnen
* idoneam tempestatem/ventum nancisci	günstiges Wetter/Wind bekommen
nardus, nardi fem.	**Nardenöl**
nardum sibi infundere	sich mit Nardenöl parfümieren
nare, no, navi (1)	**schwimmen**
* **nasci, nascor, natus sum (3)**	**geboren werden, entspringen, beginnen**
collis nascitur	ein Hügel erhebt sich
dissensiones nascuntur ex	Streitigkeiten entstehen/ergeben sich aus
* amplissimo genere (summo loco) natus	aus einer angesehenen Familie
natalis, natalis, natale	**zur Geburt gehörig, Geburts-**
dies natalis	Geburtstag
* **natio, nationis fem.**	**Nation, Volksstamm** *(häufig synonym zu 'gens'; wenn aber 'gens' und 'natio' unterschieden werden sollen, dann bedeutet 'gens' den Oberbegriff zu 'natio')*
nativus, a, um	**natürlich**
* **natura, ae fem.**	**Natur, Eigenschaft, Lage, Beschaffenheit**
* loci natura	natürliche Gegebenheit des Ortes
Ablativ: natura	von Natur aus
naturalis, naturalis, naturale	**natürlich, von Natur, angeboren**
naturaliter Adverb	**von Natur**
natus m.	**Geburt, Alter**
Abl.: natu	
maiores natu	die älteren Leute
naufragium, ii n.	**Schiffbruch**
nausea, ae fem.	**Seekrankheit**
nauta, ae m.	**Seemann, Matrose**
nauticus, a, um	**seemännisch**
* **navalis, navalis, navale**	**zu den Schiffen gehörig; Schiffs-; See-**
proelium navale	Seekrieg
navalia, navalium n.	Schiffswerft

	navare, o, avi, atum (1)	**betätigen**
	operam navare	mit Eifer Dienst leisten/tun
	navicula, ae fem.	**Boot, Kahn**
*	**navigare, o, avi, atum (1)**	**schiffen, segeln**
*	**navigatio, onis fem.**	**Schiffahrt**
	navigiolum, i n.	**Boot**
*	**navigium, navigii n.**	**Wasserfahrzeug, Schiff**
*	**navis, navis fem.**	**Schiff**
	* navis longa	Kriegsschiff
	* navis oneraria	Lastschiff
	* naves solvere	Anker lichten, lossegeln
*	**ne** *(angehängt)* *'ne' wird verwendet, wenn eine bejahende oder verneinende Antwort möglich ist)*	*Fragepartikel*
	I. zur Einleitung einer einfachen direkten Frage: dann bleibt 'ne' unübersetzt.	
	"videtisne", inquit, "milites, captivorum orationem cum perfugis convenire?"	"Seht ihr, Soldaten," rief er, "daß die Aussagen der Gefangenen mit dem Bericht der Überläufer übereinstimmen?"
	II. zur Einleitung einer indirekten Frage: ob	
	fuit controversia, oporteretne Lucili Hirri absentis rationem haberi	es entbrannte ein Streit, ob man auf den abwesenden L. Hirrus Rücksicht nehmen dürfe
	III. zur Einleitung einer Doppelfrage:	
	1. ne ... an *(in Nebensätzen)*	ob ... oder
	2. ne ... an *(in Hauptsätzen)*	... oder
	(1) neque certum inveniri poterat, ne ... an ...	und es konnte nicht festgestellt werden, ob ... oder ...
	(2) vosne vero L. Domitium, an vos Domitius deseruit?	habt ihr wirklich L. Domitius im Stich gelassen, oder Domitius euch?
	3. ne ... ne *(in Nebensätzen)*	ob ... oder
*	**ne** *vgl. ut*	
	nebula, ae fem.	**Nebel**
	nec vgl. neque	
*	**necare, neco, necavi, necatum (1)**	**töten**
*	**necessario Adverb**	**notwendigerweise, notgedrungen**
*	**necessarius, a, um**	**1. unvermeidlich, dringend, nötig** **2. verwandt, befreundet**
	res necessaria	notwendige Sache/Angelegenheit
	tempus necessarium	eine dringende Zeit
	victus necessarius	nötige Lebensunterhalt

	necessarius, ii m.	**Freund, Verwandter**
*	**necesse**	**nötig, unvermeidlich**
	necesse est *mit Infinitiv*	es ist nötig/unvermeidlich zu ...
	* necesse est *mit aci verb.*	es ist nötig/unvermeidlich, daß
*	**necessitas, atis fem.**	**1. Notwendigkeit, Drang der Umstände, Bedürfnis** **2. Verbindung, Freundschaft**
	necessitas temporis postulat	die drängende Zeit erfordert
	necessitate adductus	durch sein freundschaftliches Verhältnis bestimmt/veranlaßt
	necessitudo, dinis fem.	**Verwandtschaft, enges Verhältnis**
	necne Adverb	**oder nicht**
	necubi	damit nicht irgendwo
	nefandus, a, um	**ruchlos**
	nefarie Adverb	**ruchlos, frevelhaft**
	nefarius, a, um	**ruchlos, frevelhaft**
	nefas *(indeklinabel)* **n.**	**Frevel**
	nefas est *mit Infinitiv*	es ist ein Frevel zu ...
*	**negare, o, avi, atum (1)**	**verneinen; sagen, daß nicht; verweigern; abschlagen**
	* *mit aci verbunden*	sagen, daß nicht
	neglegens, neglegens, neglegens *Gen.:* neglegentis	**nachlässig, unachtsam**
	neglegenter Adverb	**nachlässig**
	neglegentia, ae fem.	**Nachlässigkeit, Unachtsamkeit**
*	**neglegere, o, lexi, lectum (3)**	**vernachlässigen, unbeachtet lassen**
	mit Infinitiv verbunden	nicht für nötig halten zu ...
	negotiari, or, atus sum (1)	**Handelsgeschäfte treiben**
	negotiator, oris m.	**Bankier, Großhändler**
*	**negotium, negotii n.**	**Beschäftigung, Aufgabe**
	nihil negotii esse	keine Schwierigkeit sein
	negotium dare	Auftrag erteilen
	negotium gerere	Auftrag erledigen/eine Sache erledigen
	negotio desistere	von einem Tun Abstand nehmen
*	**nemo, neminis m./fem.** *Dat.:* nemini *Akk.:* neminem	**niemand, kein**
	nemo non *(vgl. aber nonnemo)*	jedermann, keiner ohne Ausnahme
	adjektivisch verwendet: nemo civis	kein Bürger
	nequaquam Adverb	**keineswegs**

*	**neque (nec)**	**und nicht**
	* neque ... neque	weder ... noch
*	**ne ... quidem**	**nicht ... einmal**
	nequiquam Adverb	**vergebens**
	nervus, i m.	**Kraft, Macht**
	neuter, neutra, neutrum *Gen.:* neutrius *Dat.:* neutri	**keiner von beiden**
*	**neve (neu)**	**1. und daß nicht** **2. oder daß nicht** **3. noch**
	neve ... neve	weder ... noch
	nex, necis fem.	**Tod** *(gewaltsamer, grausamer)*
*	**nihil (neutrum)**	**nichts; Adverb: keineswegs**
	* *mit Genitiv verbunden*:	nichts an ...
	nihil earum rerum	nichts von diesen Dingen
	nihil non *(vgl. aber:* nonnihil)	alles mögliche, alles ohne Ausnahme
*	**nihilo**	**um nichts**
	* nihilo minus	um nichts weniger
	nimbus, nimbi m.	**Platzregen**
	nimirum Adverb	**freilich, allerdings**
	nimis Adverb	**zu sehr**
	nimius, a, um	**zu groß, übermäßig, maßlos**
*	**nisi** *(Konjunktion)*	**wenn nicht, außer**
	I. mit Indikativ: "desilite", inquit, "milites, nisi vultis aquilam hostibus prodere	„Soldaten", rief er, "springt herab, wenn ihr den Adler nicht den Feinden preisgeben wollt!"
	II. mit Konjunktiv: nisi celeriter ad Caesarem accucurisset, interfectus esset	wenn er nicht eilig zu Caesar gelaufen wäre, wäre er getötet worden
	III. im verkürzten Satz: inter se coniurant nihil nisi communi consilio acturos	sie schworen untereinander, nichts zu tun außer auf gemeinsamen Beschluß
*	**niti, nitor, nisus (nixus) sum (3)**	**sich stützen auf, sich bemühen, sich verlassen auf**
	eadem alacritate niti	sich mit demselben Mut anstrengen/bemühen
	magis virtute quam dolo niti	sich mehr auf ihre Tüchtigkeit als auf List verlassen
	mit Infinitiv verbunden	sich bemühen zu ...
	nix, nivis fem.	**Schnee**
	nives	Schneemassen

* **nobilis, nobilis, nobile**	**berühmt, adlig, vornehm**
* **nobilis, nobilis m.**	**der Adlige**
* **nobilitas, atis fem.**	**Adel**
nocens, nocens, nocens *Gen.:* nocentis	**schuldig**
* **nocere, eo, ui, nocitum (2)** rostro nocere	**schaden** mit dem Schiffsschnabel beschädigen/rammen
* **noctu** clam et noctu	**bei Nacht** bei Nacht und Nebel
* **nocturnus, a, um**	**nächtlich**
nodus, nodi m.	**Knoten, Knöchel**
* **nolle, nolo, nolui**	**nicht wollen**
Für Caesar und seine sog. Fortsetzer sind folgende Formen belegt: * nolle noli nolite nolint nolebat nollet nollent	
* *mit Infinitiv verbunden* * *mit aci verbunden*	etwas nicht tun wollen nicht wollen, daß
* **nomen, nominis n.** nomen capere ex eo nomine damnare * nomine (dotis/obsidum)	**Name, Ruf, Veranlassung** seinen Namen erhalten nach deswegen verurteilen als (Mitgift/Geiseln)
nominare, o, avi, atum (1) *mit doppeltem Akkusativ*	**nennen, benennen, erwähnen** etwas ... nennen
nominatim Adverb	**namentlich, mit Namen, ausdrücklich, einzeln**
non	**nicht, keineswegs**
Nonae, Nonarum fem.	**Nonen** *(der jeweils 5. eines Monats in den Monaten März, Mai, Juli, Oktober; in den übrigen Monaten der 7.)*
nonaginta *(indeklinabel)*	**neunzig**
* **nondum Adverb**	**noch nicht**
nongenti, ae, a	**neunhundert**
nonne *('nonne' wird verwendet, wenn man eine bejahende Antwort erwartet)*	**nicht?**
nonne proditi per illum Caesaris beneficio estis conservati?	seid ihr nicht, von dem verraten, durch Caesars Güte gerettet worden?

* **nonnemo**	**mancher, der eine oder andere**
* **nonnihil**	**etwas, einiges**
* **nonnulli, ae , a**	**einige**
nonnulli ex	einige der ...
nonnulla *(allein gebraucht)*	einiges, manches
* **nonnumquam Adverb**	**bisweilen**
* **nonus, a, um**	**neunte**
* **nos** *(Personalpronomen der 1. Person Plural; oft auch im Sinn der 1. Person Singular verwendet)*	**wir**
nosmet	wir selbst; wir für unseren Teil
noscere, nosco, novi, notum (3)	**kennen lernen** *Perfekt:* kennen, wissen
* **noster, nostra, nostrum**	**unser**
* nostri *(allein verwendet)*	unsere Leute/unsere Soldaten
mare nostrum	Mittelmeer
memoria nostra *vgl. memoria*	
notare, o, avi, atum (1)	**kenntlich machen, beschimpfen, belegen**
notitia, ae fem.	**Bekanntschaft, Kenntnis**
notitiam feminae habere	Geschlechtsverkehr haben *(vom Mann gesagt)*
* **notus, a, um**	**bekannt, kundig**
* **novem** *(indeklinabel)*	**neun**
* **novisse, novi** *vgl. noscere*	**kennen, wissen**
novissime Adverb	**endlich**
novitas, atis fem.	**Neuheit, Überraschung**
* **novus, a, um**	**neu, ungewöhnlich, unerwartet**
Superlativ: novissimus, a, um	letzte, hinterste
* agmen novissimum	Nachhut
proelium novissimum	die letzte Schlacht
* novissimi, orum m.	Soldaten der Nachhut
homo novus	Emporkömmling
nova res	die veränderte Situation
novis rebus studere	auf Umsturz bedacht sein
* **nox, noctis fem.**	**Nacht**
ad multam noctem	bis spät in die Nacht hinein
multa nocte	spät in der Nacht
prima nocte	nach Einbruch der Nacht/früh in der Nacht
noxia, noxiae fem.	**Schuld, Vergehen**
nubere, nubo, nupsi, nuptum (3)	**heiraten** *(von der Frau gesagt)*

* **nudare, o, avi, atum (1)**	**entblößen**
* defensoribus nudare	von Verteidigern entblößen
nudus, a, um	**nackt, entblößt, ungeschützt**
capite nudo	barhäuptig
corpore nudo	ungepanzert
pectore nudo	mit entblößter Brust *(von Frauen gesagt: ein Zeichen der Unterwerfung)*
* **nullus, a, um**	**keiner**
Gen.: nullius	
Dat.: nulli	
nullus alius	kein anderer
nulla re	durch nichts
num	**etwa, ob**
('num' wird verwendet, wenn man eine verneinende Antwort erwartet)	
I. direkt:	
quod si veteris contumeliae oblivisci vellet, num etiam recentium iniuriarum memoriam deponere posse?	wenn er also die alte Schmach vergessen wollte, könnte er etwa auch die neuerlichen Ungerechtigkeiten aus dem Gedächtnis streichen?
II. indirekt:	
perspicere, num	erkennen, ob ...
numen, numinis n.	**Macht, Hoheit**
numerare, o, avi, atum (1)	**zählen**
* **numerus, numeri m.**	**Zahl, Anzahl, Menge, Rang, Platz, Geltung**
ad eundem numerum	in gleicher Anzahl
* ad numerum quattuor milium	ungefähr 4000
* numero circiter CC	ungefähr 200
pari numero	in gleicher Anzahl
* saepe numero	häufig, oft
* totidem numero pedites	ebensoviele Fußsoldaten
quo in numero erat	darunter befand sich
* aliquem in hostium numero habere	jemanden zu den Feinden zählen
legatorum numero centuriones mittere	Zenturionen als Gesandte schicken
numero hominum valere	zahlenmäßig überlegen sein/sehr zahlreich sein
nummus, nummi m.	**Münze, Geld, Sesterz**
* **numquam Adverb**	**niemals**
non numquam	bisweilen
* **nunc Adverb**	**nun, jetzt**
nuncupare, o, avi, atum (1)	**aussprechen** *z.B.: votum*
* **nuntiare, o, avi, atum (1)**	**melden**
nuntiare de adventu	(etwas) über die Ankunft melden
* *mit aci verbunden*	melden, daß

* **nuntius, nuntii m.**	**Bote, Botschaft**
* nuntios mittere ad	Boten entsenden zu
his nuntiis acceptis	nach Empfang dieser Botschaften
victoriae nuntius	Siegesbotschaft
* **nuper Adverb**	**neulich**
nusquam Adverb	**nirgends**
nutricius, ii m.	**Erzieher**
nutus, nutus m.	**Nicken mit dem Kopf**
ad nutum	genau, pünktlich, aufs Wort

O

o	**O!** *(Ausruf der Freude, Betrübnis, Verwunderung; ferner bei Wünschen)*
* **ob (Präposition mit Akkusativ)**	**wegen**
ob eam causam	deswegen
ob eam rem	deswegen
quam ob rem	weswegen/deswegen
obaeratus, i m.	**Schuldner**
obducere, o, duxi, ductum (3)	**vorziehen, vorbauen** *z.B.: fossam/vallum*
obedire *vgl. oboedire*	
* **obicere, obicio, obieci, obiectum (3)**	**entgegenwerfen, vorhalten, vorwerfen, entgegenstellen, preisgeben, erregen, vorlegen**
silva obiecta	ein Wald, der im Weg liegt/den Weg versperrt
obiectare, o, avi, atum (1)	**vorwerfen**
obiectatio, onis fem.	**Vorwurf**
obiectus, us m.	**Entgegenstellen**
obire, obeo, obii, obitum *(konjugiert wie 'ire')*	**verrichten, übernehmen**
obitus, obitus m.	**Untergang**
obiurgare, o, avi, atum (1)	**tadeln, Vorwürfe machen**
obligare, o, avi, atum (1)	**verbinden** *z.B.: vulnus*
oblique Adverb	**schräg**
obliquus, a, um	**schräg, von der Seite**
oblivisci, or, oblitus sum (3)	**vergessen**
mit Genitiv der Sache	etwas vergessen

	oboedire, io, ivi, itum (4)	**gehorchen**
	oboediens	gehorsam/Folge leistend
	obscurare, o, avi, atum (1)	**verfinstern**
	obscuratio, onis fem.	**Dunkelheit**
	obscure Adverb	**heimlich**
	obscurus, a, um	**unbekannt**
*	**obsecrare, o, avi, atum (1)**	**anflehen, beschwören**
	* obsecrare, ut	flehen zu...
	obsequentia, ae fem.	**Nachgiebigkeit**
	obsequi, or, secutus sum (3)	**nachgeben**
	obsequium, ii n.	**Willfährigkeit**
	observare, o, avi, atum (1)	**beachten, befolgen, beobachten**
*	**obses, obsidis m./fem.**	**Geisel**
	obsessio, onis fem.	**Einschließung, Belagerung**
*	**obsidēre, eo, sedi, sessum (2)**	**besetzt halten, einschließen, belagern**
*	**obsidio, onis fem.**	**Einschließung, Belagerung, Gefahr**
	obsignare, o, avi, atum (1)	**untersiegeln** *z.B.: tabulas/testamenta*
	obsistere, o, obstiti (3)	**sich widersetzen, widerstehen**
	obstare, o, obstiti (1)	**hinderlich sein**
	obstinate Adverb	**hartnäckig**
	obstringere, o, strinxi, strictum (3)	**fesseln, verpflichten**
	iure iurando obstringere	eidlich verpflichten
	obstruere, o, struxi, structum (3)	**versperren, verrammeln** *z.B.: exitum/flumina/portas*
	obtegere, o, texi, tectum (3)	**decken, schützen**
*	**obtemperare, o, avi, atum (1)**	**gehorchen, Folge leisten, nachkommen**
	obtestari, or, atus sum (1)	**beschwören, anflehen**
	mit doppeltem Akkusativ:	jemanden um etwas anflehen
	eadem amicum, contubernalem obtestari	seinen Freund und seinen Zeltgenossen um dasselbe anflehen
	obtestari, ut	anflehen, daß; anflehen zu ...
*	**obtinere, eo, ui, tentum (2)**	**innehaben**
	principatum obtinere	die erste Stelle im Staat innehaben
	Galliam provinciam obtinere	Statthalter Galliens sein
	obtrectatio, onis fem.	**Verkleinerung, Schmälerung**
	obtrectatio laudis	Schmälerung (seines) Ruhms
	obvenire, io, veni, ventum (4)	**zufallen, zuteilwerden**
	Scipioni obvenit Syria	Scipio fiel Syrien zu (als Provinz)
	obversari, or, atus sum (1)	**sich herumtreiben/zeigen**
	obvertere, o, verti, versum (3)	**hinwenden**

obviam Adverb	**entgegen**
alicui obviam venire	jemandem (auf dem Weg) entgegenkommen
obvius, a, um	**entgegen befindlich, begegnend**
occaecare, o, avi, atum (1)	**betäuben**
metu occaecatus	durch Furcht betäubt
* **occasio, onis fem.**	**Gelegenheit**
occasio negotii bene gerendi	eine Gelegenheit, die Sache zu einem guten Ende zu bringen
occasionis esse rem	es handele sich um einen Handstreich
* **occasus, us m.**	**Untergang (der Sonne), Westen**
ad solis occasum	gegen Sonnenuntergang
sub occasum solis	gegen Abend
solis occasu	bei Sonnenuntergang
Aquitania spectat inter occasum solis et septentriones	Aquitanien liegt zwischen Westen und Norden
* **occīdere, o, occidi, occisum (3)**	**niederhauen, töten**
occidere, o, occidi, occasum (3)	**untergehen, zugrundegehen, umkommen**
* **occultare, o, avi, atum (1)**	**verbergen, verheimlichen**
consilium occultare	einen Plan verheimlichen
locis impeditis se occultare	sich an unzugänglichen Orten versteckt halten
occultatio, onis fem.	**Verheimlichung**
occulte Adverb	**heimlich, unbemerkt**
* **occultus, a, um**	**verborgen**
* in occulto	im Verborgenen
in occultis	in den verborgenen Räumen (eines Tempels)
* **occupare, o, avi, atum (1)**	**einnehmen, besetzen, sich bemächtigen**
timor exercitum occupat	Furcht befällt das Heer
regnum occupare	den Thron usurpieren
in metendo occupatus	mit dem Abmähen beschäftigt
in opere occupatus	mit der Schanzarbeit beschäftigt
occupatio, onis fem.	**Beschäftigung**
* **occurrere, o, occurri, occursum (3)**	**entgegenlaufen, entgegengehen, begegnen, antreffen, vorfinden**
graviori bello occurrere	sich in einen gefährlicheren Krieg verwickeln
aliis rebus occurrere	andere Verhältnisse vorfinden
iis rebus occurrere	diesen Dingen zuvorkommen/vorbeugen
ad animum occurrere *mit aci verb.*	klar werden, daß
occursare, o, avi, atum (1)	**entgegenstürzen**
ocius Adverb	**schneller**

*	**octavus, a, um**	**achte**
*	**octingenti, ae, a**	**achthundert**
*	**octo** *(indeklinabel)*	**acht**
	octogeni, ae, a	**je achtzig**
	octogiens Adverb	**achtzigmal** **acht Millionen**
*	**octoginta** *(indeklinabel)*	**achtzig**
	octoni, ae, a	**je acht**
*	**oculus, oculi m.** ante oculos ponere sub oculis	**Auge** vor Augen stellen vor den Augen
	odisse, odi	**hassen**
*	**odium, odii n.** odio esse in odio esse	**Haß** Haßgefühle erwecken verhaßt sein
	odor, odoris m.	**Geruch**
	offendere, o, fendi, fensum (3) animum alicuius offendere in me offendere	**anstoßen, kränken, beleidigen** jemanden kränken an mir Anstoß nehmen
	offensio, onis fem.	**Anstoßen an etwas; Kränkung**
*	**offerre, offero, obtuli, oblatum** *(konjugiert wie 'ferre')* se hostibus offerre se ad dimicandum offerre facultatem offerre spem offerre spes offertur	**anbieten, zeigen, erweisen** sich den Feinden entgegenwerfen sich zum Kampf anbieten Möglichkeit/Gelegenheit anbieten Hoffnung machen eine Gelegenheit winkt
	officere, io, feci, fectum (3) *mit Ablativ der Sache*	**hindern** hindern an etwas
	officina, ae fem.	**Werkstätte**
	officiosus, a, um	**dienstfertig**
*	**officium, ii n.** officia inter se partiri in officio continere in officio manere	**Pflicht, Pflichttreue, Gehorsam, Obliegenheit** die Aufgaben unter sich teilen in Botmäßigkeit halten pflichttreu bleiben
	oleum, olei n.	**Öl**
	olivetum, oliveti n.	**Ölbaumpflanzung**
	omittere, o, misi, missum (3) consilium omittere omnes res omittere	**loslassen, aufgeben, hintansetzen** einen Plan aufgeben alles hintansetzen
*	**omnino Adverb**	**überhaupt, im Ganzen, durchaus**
*	**omnis, omnis, omne**	*Singular:* **ganz, jeder** *Plural:* **alle**

ad unum omnes	alle bis auf den letzten Mann
* omnia *(allein verwendet)*	alles
onerare, o, avi, atum (1)	**beladen**
* **onerarius, a, um**	**Fracht führend**
* navis oneraria	Lastschiff
* **onus, oneris n.**	**Last, Beschwerde, Abgabe**
onera ferre	Lasten tragen
oneri esse	zur Last fallen
onus imponere	Abgaben auferlegen
onustus, a, um	**beladen**
* **opera, operae fem.**	**Arbeit, Mühe, Dienstleistung, tätige Hilfe**
* operam dare, (ut)	sich bemühen zu...; sich Mühe geben zu ...
opera uti	Dienst in Anspruch nehmen
operose Adverb	**mit großer Mühe**
operosus, a, um	**mühevoll**
* **opes, opum fem.**	**Macht, Mittel, Schätze, Streitkräfte**
opinari, or, atus sum (1)	**meinen, vermuten, ahnen**
nec opinans	nichtsahnend
* **opinio, opinionis fem.**	**Meinung, Ruf, Vermutung, Vorstellung**
* opinio (virtutis)	Ruf (seiner/ihrer Tüchtigkeit)
opinionem bellicae laudis habere	im Ruf kriegerischer Tüchtigkeit stehen
opinionem timoris praebere	den Eindruck von Furcht erwecken
contra opinionem	wider Erwarten
praeter opinionem	wider Erwarten
* celerius opinione eorum	schneller als sie erwartet hatten
* **oportere, oportet (2)**	**es gehört sich**
mit Infinitiv verbunden	es gehört sich zu ...
* *mit aci verbunden*	es gehört sich, daß
* **oppidanus, a, um**	**aus der Stadt (kommend/stammend)**
oppidanus, i m.	Stadtbewohner
oppido Adverb	**sehr**
* **oppidum, oppidi n.**	**Stadt** *(fester Ort im Gegensatz zu offenen Dörfern; Kleinstadt, Landstadt)*
opplere, eo, plevi, pletum (2)	**anfüllen, besetzen** *z.B.: litora/pontem*
* **opponere, o, posui, positum (3)**	**entgegenstellen, geltend machen**
oppositus, a, um	gegenüberliegend
oppositus *mit Dativ verbunden*	einer Sache *(Stadt/Berg etc.)* gegenüberliegend
se opponere	sich entgegenstellen
opportune Adverb	**gelegen, günstig**

* **opportunitas, atis fem.**	**Gelegenheit, günstige Lage** ***oder*** **Zeit**
* opportunitas loci	günstige Lage des Ortes
* **opportunus, a, um**	**bequem, günstig, vorteilhaft, gelegen**
	z.B.: locus/res/tempus/vadum
* **opprimere, o, pressi, pressum (3)**	**überfallen, unterdrücken, überwältigen, ergreifen**
* **oppugnare, o, avi, atum (1)**	**angreifen, bestürmen, belagern**
	z.B.: castra/oppidum
* **oppugnatio, onis fem.**	**Bestürmung, Belagerung**
difficilem oppugnationem habere	eine schwierige Belagerung erfordern
ops, opis fem.	**Hilfe**
alicui opem ferre	jemandem Hilfe bringen
vgl. opes	
* **optare, o, avi, atum (1)**	**wünschen**
mit Infinitiv verbunden	wünschen zu ...
mit aci verbunden	wünschen, daß
optatus, a, um	erwünscht
opulentus, a, um	**reich**
* **opus, operis n.**	**Werk, Arbeit,** ***(Schanzarbeit)*****, Beschäftigung, Mühe**
magnopere	sehr dringend, bedeutend
* **opus est**	**es ist vonnöten, erforderlich**
mit Ablativ verbunden:	
civitate mihi opus est	mir liegt am Staat
nostrā curā opus est	unsere Sorge ist erforderlich
aliquid opus est	irgendetwas ist erforderlich
aliquid opus facto est	irgendetwas ist erforderlich
mit aci verbunden	es ist erforderlich, daß
* **ora, orae fem.**	**Küste**
* **orare, oro, oravi, oratum (1)**	**bitten, ersuchen**
orant atque obsecrant (petunt)	sie bitten inständig
mit aci verbunden	bitten, daß
* orare, ut	bitten zu ...
orare *mit Konjunktiv verb.*	bitten zu ...
* **oratio, orationis fem.**	**Rede**
* orationem habere	eine Rede halten
orator, oratoris m.	**Gesandter**
* **orbis, orbis m.**	**Kreis, Viereck**
orbis terrarum	Erdkreis
orbem facere	ein Viereck bilden
in orbem consistere	sich in einem Viereck aufstellen
ordeum *vgl. hordeum*	
ordinare, o, avi, atum (1)	**ordnen**
ordinatim Adverb	**reihenweise**

ordiri, ior, orsus sum (4)	**anfangen**
* **ordo, ordinis m.**	**Reihe, Ordnung, Rang, Beförderung**
primi ordines	die ersten Reihen
ordinem ducere	eine Zenturie führen/Hauptmann sein
ordines servare	die Reihen in fester Ordnung halten
in priores ordines restituere	in die alten Ränge wiedereinsetzen
spes ordinum	Hoffnung auf Beförderung
* **oriri, orior, ortus sum (4)**	**aufgehen** *z.B.: lux/sol* **entstehen** *z.B.: controversia* **anstimmen, erheben** *z.B.: clamorem*
ortus, a, um	abstammen, geboren
ortus ab	abstammen von
ornamentum, i n.	**Schmuck, Zierde, Ausrüstung, Auszeichnung**
alicui ornamento esse	für jemanden eine Auszeichnung bedeuten
ornare, o, avi, atum (1)	**ausrüsten, schmücken, ehren, auszeichnen**
ornatus, ornatus m.	**Ausschmückung**
ortus, us m.	**Aufgang (der Sonne)**
os, oris n.	**Gesicht, Mund**
ostendere, o, tendi, tentum (3)	**zeigen, darlegen, erklären**
copias/legiones ostendere	Truppen/Legionen vorbrechen lassen
quid fieri velit, ostendit	er legte seine Pläne dar
ostendere *mit aci verbunden*	darlegen, daß
ostentare, o, avi, atum (1)	**zeigen, zur Schau tragen, sich berufen**
aetatis honorem ostentare	sich auf sein ehrwürdiges Alter berufen
ostentatio, onis fem.	**Prahlerei, Schein, Kundgebung**
ostiarium, ii n.	**Türsteuer**
ostium, ostii n.	**Mündung**
otiosus, a, um	**ungestört**
ab hoste otiosus	von feindlichen Aktivitäten ungestört
otium, otii n.	**Untätigkeit,** *(politische Ruhe, Frieden)*
ovum, ovi n.	**Ei**

P

*	**pabulari, or, atus sum (1)**	**Futter holen**
*	**pabulatio, onis fem.**	**Futterholen**
	pabulator, oris m.	**Furagierer** *(der das Futter holt)*
*	**pabulum, pabuli n.**	**Futter**
*	**pacare, o, avi, atum (1)** pacatus, a, um	**befrieden** *(gewaltsam)* befriedet
	pacisci, or, pactus sum (3)	**übereinkommen**
	pactio, onis fem.	**Vergleich, Vertrag**
	pactum, pacti n. aliquo pacto	**Art und Weise** auf irgendeine Weise
*	**paene Adverb**	**fast, beinahe, so gut wie**
	paeninsula, ae fem.	**Halbinsel**
	paenitere, paenitet (2) *mit Gen.d.Sache u. Akk.d.Pers.:* consiliorum eos paenitet	**bereuen, unzufrieden sein** es reut sie die Beschlüsse; sie bereuen die Beschlüsse
	paganus, i m.	**Dorfbewohner**
*	**pagus, pagi m.**	**Gau** *(ein Bezirk, der mehrere Gemeinden und auch Städte einschließt)*
*	**palam Adverb**	**öffentlich**
	palma, ae fem.	**Hand, Palme**
	paludatus, a, um	**im Feldherrnmantel**
*	**palus, paludis fem.**	**Sumpf, See**
	paluster, palustris, palustre	**sumpfig**
	pandere, o, pandi, passum (3) manus pandere	**ausbreiten, ausspannen** die Hände ausbreiten *(besonders eine Geste bei flehentlichen Bitten)*
	panicum, panici n.	**Fench, Hirse**
	panis, panis m.	**Brot**
*	**par, par, par** *Gen.:* paris par alicui/alicui rei par atque	**gleich, ebenbürtig, gleichstark** jemandem/einer Sache gleich gleich ... wie
*	**parare, o, avi, atum (1)** * bellum parare * *mit Infinitiv verbunden*	**bereiten, rüsten, ausrüsten, vorbereiten, verschaffen** zum Krieg rüsten Anstalten treffen zu ...

* **paratus, a, um**	**bereit**
animo paratus	bereit
* paratus ad (dimicandum)	bereit zu (kämpfen)
* paratus, ut	bereit zu ...
* paratus *mit Infinitiv verb.*	bereit zu ...
parce Adverb	**sparsam**
* **parcere, o, peperci, parsum (3)**	**schonen**
* *mit Dativ verbunden:*	
hosti parcere	den Feind verschonen
* **parens, parentis m./fem.**	**Vater, Elternteil**
Gen.Pl.: parentum	
parentare, o, avi atum (1)	**Totenopfer bringen;** ***(durch eine Bluttat)*** **rächen**
* **parēre, eo, ui (2)**	**gehorchen**
* **parere, pario, peperi, partum (3)**	**erwerben, verschaffen, gewinnen**
sicuti parta iam victoria	als ob der Sieg schon errungen wäre
* **paries, parietis m.**	**Wand**
pariter Adverb	**auf gleiche Weise, ebenso, zugleich**
* **pars, partis fem.**	**Teil, Seite, Partei, Rolle, Aufgabe, Gegend**
partes imperatoriae	Rolle/ Aufgaben des Feldherrn
suarum partium esse	auf seiner Seite stehen
in eas partes	in diese Gegenden
plus tertia parte	mehr als ein Drittel
ex parte	zum Teil
magna ex parte	größtenteils, hauptsächlich
* una ex parte	auf der einen Seite
particeps, particeps, particeps	**teilhaftig**
Gen.: participis	
Abl.: participe	
particeps, participis m.	Teilnehmer
particeps alicuius rei	einer Sache teilhaftig
* **partim Adverb**	**teils, zum Teil**
partim ... partim	teils ... teils
* **partiri, ior, itus sum (4)**	**teilen**
(auch: partire, io, ivi itum)	
inter se partiri	unter sich aufteilen
suum honorem cum Scipione partiri	seine Ehre mit Scipio teilen
parum Adverb	**zu wenig, nicht sehr, nicht genug, wenig**
parumper Adverb	**auf kurze Zeit**
* **parvulus, a, um**	**sehr klein, sehr jung, unbedeutend**
* **parvus, a, um**	**klein, gering, unbedeutend, jung**
Komperativ: minor, minor, minus	
Superlativ: minimus, a, um	

	pascere, o, pavi, pastum (3)	**weiden**
*	**passim Adverb**	**weit und breit, ohne Ordnung, nach allen Seiten**
*	**passus, passus m.**	**Doppelschritt** *(ca. 1,50 m)*
	* mille passus	eine römische Meile *(ca. 1,5 km)*
	* in longitudinem passuum circiter CCCC	in einer Länge von ungefähr 400 Doppelschritten
*	**pastor, pastoris m.**	**Hirt**
	patefacere, io, feci, factum (3)	**öffnen** *z.B.: portas* **gangbar machen** *z.B.: iter* **ans Licht bringen** *z.B.: consilium*
	patens, patens, patens *Gen.:* patentis	**offen, gangbar**
*	**pater, patris m.**	**Vater, Vorfahr**
	pater familiae (familias)	Familienvater
*	**patere, pateo, patui (2)**	**offen sein, offen stehen**
	* in longitudinem milia passuum tria patere	in einer Länge von 3000 Doppelschritten offen sein
*	**paternus, a, um**	**väterlich**
*	**pati, patior, passus sum (3)**	**dulden, erleiden, ertragen, gestatten, zulassen**
	* pati *mit aci verbunden*	ertragen/zulassen, daß
	* pati, ut	dulden, daß
	non pati, quin	nicht dulden, daß
	patiens, patiens, patiens *Gen.:* patientis	**erduldend, geduldig**
	patienter Adverb	**geduldig**
*	**patientia ae fem.**	**Ausdauer, Geduld**
	patria, ae fem.	**Vaterland, Heimat, Vaterstadt**
	patrius, a, um	**väterlich**
	patrocinari, or, atus sum (1)	**verteidigen**
	mit Dativ verbunden	etwas verteidigen
	patrocinium, ii n.	**Beschützung**
	patronus, i m.	**Schutzherr**
	patruus, patrui m.	**Onkel** *(väterlicherseits)*
*	**pauci, paucae, pauca**	**wenige**
	pauci de	wenige von
	pauci ex	wenige von
*	**paucitas, atis fem.**	**geringe Anzahl**
*	**paulatim Adverb**	**allmählich, nach und nach, einzeln**
*	**paulisper Adverb**	**ein wenig, kurze Zeit**
*	**paulo** *(bei Komparativen und komparativischen Ausdrücken)*	**ein wenig, etwas**
	* paulo ante	wenig zuvor, kurz zuvor
	paulo post	kurz danach

paulo antecedere	etwas übertreffen
* paulo longius	etwas länger
paululum Adverb	**ein wenig**
* **paulum**	**ein wenig, etwas**
I. neutrum:	
paulum frumenti	etwas Getreide
II. Adverb:	
paulum progredi	etwas vorrücken
pavidus, a, um	**ängstlich**
pavimentum, i n.	**Estrich** *(aus Kiesel und Erde bzw. Kalk)*
* **pax, pacis fem.**	**Frieden**
* legatus de pace	Friedensgesandter
pacem facere cum aliquo	Frieden mit jemandem schließen
pacem petere	um Frieden bitten
pace uti	Frieden halten
peccare, o, avi, atum (1)	**sich vergehen**
peccatum, i n.	**Vergehen**
pectus, pectoris n.	**Brust, Herz, Sinn**
gladio traicere pectus	die Brust mit dem Schwert durchbohren
pectore nudo	mit entblößter Brust
in memoria atque pectore habere, ut	immer sich bewußt sein, daß
pecuarius *vgl. pecuniarius*	
peculiaris, peculiaris, peculiare	**eigen**
* **pecunia, ae fem.**	**Geld, Vermögen**
* pecuniam imperare	Geld/Zahlung von Geld fordern
pecuniarius, a, um	**das Geld betreffend**
dona pecuniaria	Geldgeschenke
* **pecus, pecoris n.**	**Vieh**
pedalis, pedalis, pedale	**einen Fuß dick**
* **pedes, peditis m.**	**Fußsoldat**
* **pedester, pedestris, pedestre**	**zu Fuß, zu Lande**
* copiae pedestres	Infanterie
iter pedestre	Landweg
* **peditatus, us m.**	**Fußvolk, Infanterie**
* **peior, peior, peius** *Komparativ zu* 'malus, a, um'	
pelagus, pelagi n.	**Meer**
* **pellere, pello, pepuli, pulsum (3)**	**stoßen, schlagen, verjagen**
* proelio pulsus	in der Schlacht geschlagen
ex finibus pellere	aus dem Gebiet vertreiben
loco pellere	aus der Stellung drängen

* **pellis, pellis fem.**	**Fell, Zelt**

Die aus Leder bestehenden Zelte waren in der Regel mit Fellen überzogen; in den Stand- und Winterlagern wurden die Soldaten jedoch in strohgedeckten Baracken untergebracht, da sie unter den Fellen nur unzureichend vor Nässe und Kälte geschützt waren (vgl. dazu u.a. bell.Gall. 3,29,2)

penates, penatium m.	**Hausgötter**
pendere, o, pependi, pensum (3)	**abwägen, zahlen, bezahlen**
stipendium pendere	Tribut zahlen
poenas pendere	Strafe zahlen/erleiden
penes (Präposition mit Akk.)	**bei, im Besitz**
quae sunt penes milites suos	was im Besitz seiner Soldaten ist
penitus Adverb	**tief hinein**
penitus ad extremos fines se recipere	sich bis tief hinein zu den äußersten Landstrichen zurückziehen
pensio, pensionis fem.	**Zahlung, Rate**
penteris, is fem.	**Fünfruderer**
penuria, ae fem.	**Mangel**
penuria aquae	Wassermangel
* **per (Präposition mit Akk.)**	**durch, hindurch, über ... hin, während, vermittels**
I. räumlich (bei Verben der Bewegung):	
per fines Haeduorum contendere	durch das Gebiet der Häduer eilen
se per litora in oppidum recipere	sich über den Strand in die Stadt zurückziehen
II. zur Zeitbestimmung:	
multos per annos	viele Jahre lang
III. Vermittlung:	
res delata est per Allobroges perfugas	die Sache wurde durch allobrogische Überläufer gemeldet
nihil per se audere	nichts von sich aus/aus eigener Kraft wagen
per se fieri licet	es darf mit seiner Erlaubnis/seinem Einverständnis geschehen
per Africanum stat	es liegt bei Africanus; es hängt von Africanus ab
IV. Art und Weise:	
per cruciatum interfici	auf qualvolle Weise ermordet werden
per dolum atque insidias	auf listige und hinterhältige Weise
per fidem	in treuloser Weise
V. bei den Verben des Schwörens, Beschwörens und Bittens:	
per omnes deos obtestari	bei allen Göttern beschwören
peragere, o, egi, actum (3)	**durchführen, vollenden, abmachen**
consulatum peragere	die Zeit des Konsulats beendigen
conventus peragere	Gerichtstage abhalten
hiberna peragere: hibernis peractis	nach der Zeit im Winterlager; bei Frühlingsanfang

peragitare, o, avi, atum (1)	**beunruhigen**
perangustus, a, um	**sehr eng, sehr schmal**
percellere, o, culi, culsum (3)	**niederwerfen, schlagen, mutlos machen**
percipere, io, cepi, ceptum (3)	**in Besitz nehmen, sich aneignen, vernehmen, hören**
fructum percipere	Lohn empfangen
fugam percipere	von der Flucht hören
orationem percipere	eine Rede vernehmen
praemia percipere	Lohn empfangen
percire, io, ivi, itum (4)	**erregen**
ira percitus	zornentbrannt
percontatio, onis fem.	**Erkundigung, Frage**
percrebescere, o, percrebui (3)	**sich verbreiten** *z.B.: fama*
percurrere, o, cucurri (curri), cursum (3)	**laufen, durcheilen, durchreisen**
percutere, io, cussi, cussum (3)	**treffen, verwunden, durchbohren, töten, schließen**
caput gladio percutere	den Kopf mit dem Schwert treffen/durchbohren
foedera cum aliquo percutere	Bündnisse mit jemandem schließen
perdiscere, o, perdidici (3)	**auswendig lernen**
perditus, a, um	**verworfen, ruchlos**
perditi homines	Verbrecher
perdolescere, o, dolui (3)	**erbittert sein**
mit aci verbunden	erbittert sein, daß
* **perducere, o, duxi, ductum (3)**	**hinführen, hinbringen, fortsetzen**
fossam perducere	einen Graben ziehen
res est ad extremum casum perducta	die Lage ist äußerst bedrohlich
ad sententias alicuius perduci	zu der Ansicht/Überzeugung jemandes gebracht werden
aliquem ad Caesarem perducere	jemanden zu/vor Caesar bringen
perendinus, a, um	**übermorgig**
perendino die	übermorgen
perennis, perennis, perenne	**beständig fließend** *z.B.: fons*
perequitare, o, avi, atum (1)	**umherreiten, hindurchreiten**
perexiguus, a, um	**sehr klein, sehr gering**
perfacilis, perfacilis, perfacile	**sehr leicht**
perfacile esse factu	es sei sehr leicht
* **perferre, fero, tuli, latum** *(konjugiert wie 'ferre')*	**ertragen** *z.B.: cruciatum* **überbringen, berichten** *z.B.: rem*
* **perficere, io, feci, fectum (3)**	**fertigstellen, zustande bringen, vollenden, erreichen**
* **perfidia, ae fem.**	**Wortbrüchigkeit**

	perforare, o, avi, atum (1)	**durchbohren**
	perfringere, o, fregi, fractum (3)	**zerbrechen, zerschmettern, durchbrechen**
	munitiones perfringere	die Befestigungsanlagen durchbrechen
*	**perfuga, ae m.**	**Flüchtling, Überläufer**
*	**perfugere, io, fugi, fugitum (3)**	**als Überläufer übergehen, seine Zuflucht nehmen**
	* ad Caesarem perfugere	zu Caesar überlaufen
	in castra perfugere	sich ins Lager flüchten
	perfugium, perfugii n.	**Zufluchtsort**
	pergere, pergo, perrexi, perrectum (3)	**vorrücken, fortsetzen**
	iter pergere	seinen Marsch/Weg fortsetzen
	ad castra pergere	zum Lager vorrücken
	pergratus, a, um	**sehr angenehm**
	alicui pergratus	jemandem sehr angenehm
	periclitari, or, atus sum (1)	**versuchen, erproben, in Gefahr kommen**
	vita periclitatur	das Leben gerät in Gefahr
	fortunam periclitari	das Glück erproben/versuchen
	virtutem periclitari	seine Tapferkeit erproben
	periculose Adverb	**mit Gefahr**
	periculosus, a, um	**gefährlich**
*	**periculum, periculi n.**	**Gefahr**
	* *mit Substantiv im Genitiv:*	
	periculum legionis	Gefahr für die Legion
	periculum facere	einen Versuch machen
	peridoneus, a, um	**sehr geeignet**
	mit Dativ der Sache	sehr geeignet für
	perimpeditus, a, um	**sehr unwegsam**
*	**perire, pereo, perii**	**umkommen, sterben** *(gewaltsam)*
*	**peritus, a, um**	**erfahren, geschickt**
	* *mit Genitiv verbunden:*	
	locorum peritus	ortskundig
	rei militaris peritus	kriegserfahren
	periurium, ii n.	**Meineid**
	perlegere, o, legi, lectum (3)	**durchlesen** *z.B.: epistolam/litteras/tabellas*
	perluere, perluo, perlui, perlutum (3)	**baden** *passivisch:* sich baden
	permagnus, a, um	**sehr groß**
	permanare, o, avi, atum (1)	**hindringen** *(von einer Nachricht gesagt)*
*	**permanere, permaneo, permansi, permansum (2)**	**bleiben, verharren, ausharren**

	in armis permanere	in Waffen bleiben
	in eo consilio permanere	bei diesem Beschluß/Plan bleiben
	in ea sententia permanere	bei dieser Meinung bleiben
	tacitus permanere	im Schweigen ausharren
	permiscere, eo, miscui, mixtum (2)	**vermischen, vermengen, verwirren**
*	**permittere, o, misi, missum (3)**	**übergeben, zulassen, erlauben, werfen**
	se suaque omnia in fidem atque in potestatem populi Romani permittere	sich und all sein Hab und Gut der römischen Macht übergeben
	summam imperii permittere alicui	jemandem die oberste Befehlsgewalt übergeben
	alicui permittere, ut	jemandem erlauben zu ...
*	**permovere, eo, movi, motum (2)**	**bewegen, beunruhigen**
	inopia frumenti permotus	aus (wegen) Getreidemangel
	his rebus permotus	dadurch bewogen/veranlaßt
	gravius permotus	schwerer beunruhigt
	permulcere, eo, mulsi, mulsum (2)	**beruhigen**
	eorum animos permulcere	diese Leute beruhigen
	permulti, ae, a	**sehr viele**
	pernicies, perniciei fem.	**Verderben, Untergang, Unglück**
	ad suam perniciem pertinere	zu seinem Verderben führen
	perniciosus, a, um	**verderblich, gefährlich**
	pernicitas, atis fem.	**Behendigkeit**
	arma ad pernicitatem electa	Waffen, die zum raschen Einsatz ausgewählt sind
	pernoctare, o, avi (1)	**die Nacht zubringen**
*	**perpauci, ae, a**	**sehr wenige**
	perpauci ex	sehr wenige von
	perpendiculum, i n.	**Richtlot**
	perperam Adverb	**aus Versehen**
	perpeti, ior, pessus sum (3)	**standhaft erdulden/ertragen**
	perpetuo Adverb	**beständig, ununterbrochen**
*	**perpetuus, a, um**	**ununterbrochen, beständig, dauernd**
	perquam Adverb	**gar sehr**
	perquirere, o, quisivi, quisitum (3)	**sich genau erkundigen, erforschen** *z.B.: vias*
*	**perrumpere, o, rupi, ruptum (3)**	**durchbrechen, sich mit Gewalt einen Weg bahnen, eindringen**
	per medios hostes perrumpere	mitten durch die Feinde brechen
	paludem perrumpere	in den Sumpf eindringen
	perscribere, o, scripsi, scriptum (3)	**niederschreiben, aufzeichnen, eintragen, berichten**
	mit aci verbunden	niederschreiben/berichten, daß

* **persequi, or, secutus sum (3)**	**verfolgen, rächen, strafen, betreiben**
fugientes persequi	die Flüchtenden verfolgen
perseverantia, ae fem.	**Beharrlichkeit, Ausdauer**
perseverantia oppugnandi	beharrliche Belagerung
* **perseverare, o, avi, atum (1)**	**bei etwas beharren, fortsetzen**
in eo perseverare	darin beharren
in sua sententia perseverare	bei seiner Meinung bleiben; auf seiner Meinung beharren
mit Infinitiv verbunden:	
fugere perseverat	er setzt seine Flucht fort
persolvere, o, solvi, solutum (3)	**bezahlen, büßen**
pecuniam persolvere	Geld bezahlen
poenas persolvere	büßen
* **perspicere, io, spexi, spectum (3)**	**durchschauen, deutlich sehen, kennenlernen**
mit aci verbunden	klar erkennen, daß
perstare, persto, perstiti (1)	**stehen bleiben, beharren**
in sententia perstare	bei einer Meinung beharren/bleiben
* **persuadere, eo, suasi, suasum (2)**	**überreden, überzeugen**
* *mit Dativ der Person verb.:*	jemanden überzeugen/überreden
civitati persuadere	die Bürgerschaft überzeugen/überreden
sibi persuasum habebant	sie waren der festen Überzeugung
sibi persuaderi	die Überzeugung gewinnen
persuadere *mit aci verbunden*	überzeugen, daß
persuadere, ut	überreden zu ...
pertendere, o, tendi, tentum (3)	**marschieren**
ad castra pertendere	zum Lager marschieren
pertentare, o, avi, atum (1) (auch: pertemptare)	**untersuchen** *z.B.: loca*
* **perterrere, eo, ui, itum (2)**	**gewaltig in Schrecken setzen**
omnibus rebus perterritus	durch alles gewaltig in Schrecken gesetzt
timore perterritus	durch Furcht erschreckt
pertimescere, o, timui (3)	**in Furcht geraten, fürchten**
* **pertinacia, ae fem.**	**Beharrlichkeit** *(im positiven und negativen Sinn verwendet)*
pertinacia desistere	seine starrsinnige Haltung aufgeben
pertinaciter Adverb	**beharrlich, hartnäckig**
* **pertinere, eo, ui (2)**	**sich erstrecken, sich beziehen, betreffen, dienen, Einfluß haben**
I. räumlich:	
a finibus Allobrogum ad summas Alpes pertinere	vom Gebiet der Allobroger sich bis zu den Gipfeln der Alpen erstrecken
II. übertragen:	
quae ad salutem exercitus pertinent	was das Wohl des Heeres betrifft

	pertractare, o, avi, atum (1)	**betasten**
*	**perturbare, o, avi, atum (1)**	**verwirren, stören, beunruhigen**
	perturbatio, onis fem.	**Verwirrung, Bestürzung**
	magna perturbatio facta est	es kam zu einer großen Verwirrung/ Bestürzung
	pervagari, or, atus sum (1)	**umherschweifen**
	pervehi, or, vectus sum (3)	**durchfahren**
	freto Siciliae pervehi	die Meerenge Siziliens durchfahren
*	**pervenire, io, veni, ventum (4)**	**hinkommen, gelangen**
*	in (Siciliam) pervenire	nach (Sizilien) gelangen
	in potestatem Labieni pervenire	unter die Gewalt/Herrschaft/Abhängigkeit des Labienus gelangen, geraten
	pervertere, o, verti, versum (3)	**vernichten**
	pervetus, pervetus, pervetus *Gen.:* perveteris	**sehr alt**
	pervulgare, o, avi, atum (1)	**öffentlich bekannt machen**
	edictum pervulgare	Verfügung öffentlich bekannt machen
	consuetudine pervulgata	nach Gewohnheit
*	**pes, pedis m.**	**Fuß** 1. Körperteil 2. Längenmaß *(ca. 0,3 m)*
	pedem referre	sich zurückziehen
*	in altitudinem pedum XII	in einer Höhe von 12 Fuß
	pessimus, a, um *vgl. malus*	
	pestilentia, ae fem.	**Krankheit, Seuche, ungesunde Witterung**
*	**petere, o, ivi (ii), itum (3)**	**aufsuchen, zu erreichen suchen, bitten, angreifen**
	fugam petere	fliehen
*	pacem petere	um Frieden bitten
	silvas petere	Wälder aufsuchen
	veniam petere	umVerzeihung bitten
*	aliquid a Caesare petere	Caesar um etwas bitten
*	petere, ut	bitten, daß
	petitio, onis fem.	**Bewerbung**
	petitio consulatus	Bewerbung um das Konsulat
	petulantia, ae fem.	**Frechheit**
	phalanga, ae fem.	**Walze** *(um Maschinen und Schiffe fortzuschieben)*
	phalanx, phalangis fem.	**Phalanx**

Schlachtordnung in Form eines länglichen Vierecks, 50 Mann breit und 16 Mann tief; 'phalanx' bezeichnet auch eine Schlachtordnung der Gallier und Germanen, bei der die Schilde dicht aneinander geschlossen wurden.

	phalange facta	in dicht geschlossenen Gliedern

	pietas, atis fem.	**Pflichtgefühl, Vaterlandsliebe**
	pignus, pignoris n.	**Pfand, Unterpfand**
	pila, pilae fem.	**Pfeiler**
*	**pilum, i n.**	**Wurfspeer** *(eine schwere, 6 Fuß lange Waffe der römischen Infanterie)*
	pilus, pili m.	**Manipel der Triarier**
	pinna, ae fem.	**Zinne**
	piscatorius, a, um	**den Fischern gehörig**
	navis piscatoria	Fischerboot
	piscis, piscis m.	**Fisch**
	pix, picis fem.	**Teer, Pech**
	placare, o, avi, atum (1)	**versöhnen**
*	**placere, placet (2)**	**gefallen, für gut befinden, beschließen, dafür stimmen**
	* *mit Dativ der Person verb.*	jemandem gefallen; jemand befindet für gut
	placet *mit aci verbunden*	für gut befinden, daß
	placet *mit Infinitiv verb.*	für gut befinden zu ...
	placet, ut	für gut befinden zu ...
	placide Adverb	**ruhig**
	plaga, ae fem.	**Stoß, Streich**
	plane Adverb	**gänzlich, völlig**
*	**planities, planitiei fem.** (auch: planicies)	**Ebene, Fläche**
	planus, a, um	**glatt, flach, eben**
	platea, ae fem.	**Straße** *(in der Stadt)*
	plaustrum, i n.	**Lastwagen**
*	**plebs, plebis fem.**	**das gemeine Volk** *(der niedere Stand/der gemeine Mann im Gegensatz zum Adligen)*
	plene Adverb	**völlig, ganz**
*	**plenus, a, um**	**voll, reichlich versehen**
	* *mit Genitiv der Sache verb.:*	voll von
	plenus spei bonae	voll guter Hoffnung
	Komparativ: plenior, ior, ius	vergrößert
*	**plerique, pleraeque, pleraque**	**die meisten**
*	**plerumque Adverb**	**meistens**
	plorare, o, avi, atum (1)	**beklagen**
	plostrum, plostri n. vgl. plaustrum	
	plumbum, i n.	**Blei**
	plumbum album	Zinn

*	**plures, plures, plura**	**mehr, mehrere**
	plurimi, ae, a ***vgl. multi***	**die meisten, sehr viele**
	plurimum ***vgl. multum***	**das meiste, sehr viel**
	plus ***vgl. multum***	**mehr**
*	**pluteus, plutei m.**	**Schutzwand, Brustwehr**
	poculum, i n.	**Becher**
*	**poena, ae fem.** poenas persolvere poenas repetere ab aliquo	**Strafe, Entschädigung** büßen sich an jemandem rächen
	poenitet ***vgl. paenitet***	
	pollere, polleo (2) plurimum pollere	**stark sein, gelten, vermögen** sehr viel gelten/vermögen
	pollex, pollicis m.	**Daumen**
*	**polliceri, eor, itus sum (2)** * *mit aci verbunden* *mit Infinitiv verbunden* polliceri *mit Konjunktiv verb.*	**versprechen, zusagen** versprechen, daß versprechen zu ... versprechen zu ...
*	**pollicitatio, onis fem.**	**Versprechen, Zusage**
	pondo *(Ablativ)*	**ein Pfund an Gewicht**
*	**pondus, ponderis n.**	**Gewicht, Menge**
*	**ponere, pono, posui, positum (3)** arma ponere * castra ponere certamen est positum in virtute custodes ponere alicui omnem spem salutis in virtute ponere	**setzen, stellen, legen, niederlegen** die Waffen niederlegen ein Lager aufschlagen der Kampf hängt ab von der Tapferkeit jemanden bewachen lassen alle Hoffnung auf Rettung in die Tüchtigkeit setzen
*	**pons, pontis m.** * pontem facere/efficere in Sicori flumine	**Brücke** eine Brücke über den Sicoris schlagen
	pontifex, pontificis m.	**Oberpriester**
	ponto, pontonis m.	**Fähre**
	populari, or, atus sum (1)	**verwüsten**
	populatio, onis fem.	**Verwüstung**
*	**populus, populi m.**	**Volk** *eine politisch geeinte Gemeinschaft mit gleichen Gesetzen und Einrichtungen; bisweilen wird 'populus' auch von den Bürgern einer Stadt gesagt; dann ist 'populus' gleichbedeutend mit 'civitas'*
	porrigere, o, rexi, rectum (3)	**ausdehnen** *z.B.: aciem* **reichen** *z.B.: litteras*
	porro Adverb	**ferner**

* **porta, portae fem.**	**Tor, Tür, Eingang**
* porta decumana	rückwärtiges Lagertor *vgl. castra*
* **portare, o, avi, atum (1)**	**befördern, tragen, bringen**
portendere, o, tendi, tentum (3)	**ankündigen, prophezeien**
victoriam portendere	Sieg prophezeien
porticus, porticus fem.	**Säulengang, Halle, Laufgang**
portorium, ii n.	**Abgabe, Zoll**
portoria redimere	Zölle aufkaufen
* **portus, portus m.**	**Hafen**
poscere, posco, poposci, postulatum (3)	**fordern**
obsides poscere	die Stellung von Geiseln fordern
obsides liberos poscere	Kinder als Geiseln fordern
* **posse, possum, potui**	**können**
* *mit Infinitiv verbunden:* animadvertere posse	erblicken können
largiter posse	großen Einfluß haben
* plurimum posse	sehr großen/den größten Einfluß haben
* plurimum navibus posse	auf Grund ihrer/seiner Flotte sehr stark sein
* **possessio, onis fem.**	**Besitztum, Besitznahme**
Plural: possessiones	Besitzungen
* **possidēre, eo, sedi, sessum (2)**	**in Besitz halten, besitzen**
possidere, o, sedi, sessum (3)	**besetzen, in Besitz nehmen**
* **post (Präposition mit Akk.)**	**nach, hinter**
I. räumlich: post eas legiones collocare	hinter diesen Legionen aufstellen
II. zeitlich: post mediam noctem	nach Mitternacht
III. mit folgendem 'quam': post diem quartum, quam est in Britanniam ventum	vier Tage nach seiner Ankunft in Britannien
* **post Adverb**	**später**
* anno post	ein Jahr danach
paucis post diebus	wenige Tage danach
primo ... post	zuerst ... danach
* **postea Adverb**	**später, nachher**
posteaquam *oder* postea ... quam	nachdem *vgl. postquam*
posteritas, atis fem.	**Zukunft**
rationem posteritatis habere	an die Zukunft denken
* **posterus, a, um**	**folgend, letzte**
* postero die	am folgenden Tag
posteri, orum m.	Nachkommen
Superlativ: postremus, a, um	

posthabere, eo, ui, itum (2)	**hintansetzen**
omnia posthabere	alles (andere) als zweitrangig ansehen/behandeln
postmeridianus, a, um	**nachmittäglich**
tempore postmeridiano	am Nachmittag
postponere, o, posui, positum (3)	**hintansetzen**
omnia postponere	alles (andere) als zweitrangig ansehen/behandeln
* **postquam (Konjunktion)**	**nachdem**
* mit Perfekt verbunden	
mit Präsens verbunden	
mit Imperfekt verbunden	
mit Plusquamperfekt verbunden	
* **postremus, a, um**	**letzte**
postremo Adverb	zuletzt, schließlich
* **postridie Adverb**	**am Tage danach**
postridie eius diei	am folgenden Tag
* **postulare, o, avi, atum (1)**	**fordern**
ratio militaris postulat	die militärische Überlegung erfordert
* auxilium postulare ab aliquo	Hilfe von jemandem verlangen/fordern
postulare *de aliqua re*	in Bezug auf etwas Forderungen stellen
postulare, ut	fordern zu ...
postulare *mit aci verbunden*	fordern, daß
postulatio, onis fem.	**Verlangen**
postulatum, i n.	**Forderung**
* **potens, potens, potens** *Gen.:* potentis	**mächtig, einflußreich**
potentatus, us m.	**Macht im Staat** *die von den Untergebenen anerkannte Machtstellung des Gewaltherrschers*
* **potentia, ae fem.**	**Macht** *rechtmäßige oder unrechtmäßige Gewalt einzelner Personen oder Völker*
* **potestas, atis fem.**	**Macht, Gelegenheit, Befugnis** *Macht bezeichnet hier die gesetzmäßig übertragene Gewalt*
* pugnandi potestatem facere	den Kampf anbieten
vitae necisque potestatem habere	Macht über Leben und Tod haben
* in potestatem alicuius venire	unter die Gewalt jemandes geraten
potestate facta	als sich eine Möglichkeit ergab
* **potiri, ior, potitus sum (4)**	**sich bemächtigen**
* *mit Genitiv verbunden:*	
totius Galliae potiri	sich ganz Galliens bemächtigen
* *mit Akkusativ verbunden:*	
praedam potiri	sich der Beute bemächtigen

* *mit Ablativ verbunden:*	
victoria potiri	sich des Sieges bemächtigen
potis, potis, pote	**vermögend, möglich**
quantum pote	sobald als möglich
Komparativ: potior, ior, ius	bevorzugt
potissimum Adverb	**hauptsächlich, zuerst**
* **potius Adverb**	**eher, lieber**
* potius ... quam	eher/lieber ... als
prae (Präposition mit Abl.)	**vor, im Vergleich mit, wegen, gegen**
prae se ferre	vor sich hertragen
prae multitudine	wegen (ihrer/seiner) Größe
* **praeacutus, a, um**	**vorn zugespitzt**
praealtus, a, um	**sehr hoch**
* **praebere, eo, ui, itum (2)**	**darbieten, gewähren**
admirationem praebere alicui	bei jemandem Verwunderung erregen
facultatem praebere	eine Möglichkeit bieten
opinionem timoris praebere	den Eindruck von Furcht erwecken
speciem pugnantium praebere	den Anschein von Kämpfenden erwecken
mit doppeltem Akkusativ:	
lenissimum se praebere	sich als sehr gnädig erweisen
praecavere, eo, cavi, cautum (2)	**Vorsichtsmaßnahmen treffen**
praecavere, ne	Vorsorge treffen, daß nicht
praecedere, o, cessi, cessum (3)	**vorangehen, übertreffen**
praecedere *aliquem aliqua re:*	jemanden in etwas übertreffen
Gallos virtute praecedere	die Gallier an Tüchtigkeit übertreffen
praeceps, praeceps, praeceps	**1. kopfüber, eilig**
Gen.: praecipitis	**2. abschüssig**
Pompeianos praecipites agere	die Pompeianer kopfüber in die Flucht treiben
praecipiti loco	an einem abschüssigen Ort
praeceptum, i n.	**Auftrag, Befehl, Ermahnung**
aliquid pro disciplina et praeceptis habere	aus etwas eine Lehre und Warnung ziehen
praecidere, o, cidi, cisum (3)	**abhauen** *z.B.: manus*
* **praecipere, io, cepi, ceptum (3)**	**vermuten, im voraus genießen, befehlen**
ut erat praeceptum	befehlsgemäß
laetitiam praecipere	Freude im voraus genießen
praecipere, ut	befehlen, daß
praecipere *mit Konjunktiv*	befehlen, daß
praecipere *mit aci verb.*	befehlen, daß
* **praecipitare, o, avi, atum (1)**	**stürzen, zu Ende gehen**
hiems praecipitat	der Winter geht zu Ende
se in flumen praecipitare	sich kopfüber in den Fluß stürzen

	praecipue Adverb	**vorzugsweise, besonders**
	praecipuus, a, um	**besondere**
	praeclare Adverb	**herrlich, vortrefflich**
	praeclarus, a, um	**herrlich**
*	**praecludere, o, clusi, clusum (3)**	**verschließen, versperren** *z.B.: introitum/navigationes/portas*
	praeco, praeconis m.	**Herold**
*	**praecurrere, o, cucurri (curri), cursum (3)**	**vorauseilen, zuvorkommen**
*	**praeda, ae fem.**	**Beute**
*	**praedari, or, atus sum (1)**	**Beute machen, plündern**
	praedator, oris m.	**Plünderer**
*	**praedicare, o, avi, atum (1)**	**öffentlich bekannt machen, vorhersagen, erklären, erwähnen**
	praedicare de meritis	die Verdienste rühmen
	praedicare *mit aci verbunden*	erklären/bekanntmachen/vorhersagen/erwähnen, daß
	praedicere, o, dixi, dictum (3)	**befehlen**
	praedicere, ut	befehlen zu ...
	praeditus, a, um	**versehen, ausgestattet, begabt**
	mit Abl. der Sache verbunden:	versehen/ausgestattet/begabt mit
	dignitate praeditus	mit Würde (ausgestattet)
	praedo, praedonis m.	**Seeräuber**
	praeducere, o, duxi, ductum (3)	**vorziehen** *z.B.: fossam/murum*
*	**praeesse, praesum, praefui**	**an der Spitze stehen, befehligen**
	* *mit Dativ verbunden:*	
	equitatui praeesse	die Reiterei befehligen
	magistratui praeesse	Führer des Magistrats sein
	praefectura, ae fem.	**Befehlshaberstelle, Kreisstadt**
*	**praefectus, i m.**	**Befehlshaber**
	praeferre, fero, tuli, latum *(konjugiert wie 'ferre')*	**vorantragen, vorziehen, äußern sich hervortun**
	equites alicui praeferre	die Reiter jemandem vorziehen
	opinionem praeferre, ut	die Meinung äußern, daß
	virtute praeferri	sich in Tapferkeit hervortun
*	**praeficere, io, feci, fectum (3)**	**über etwas/jemanden setzen**
	* munitioni praeficere	zum Befehlshaber der Befestigung machen
	praefigere, o, fixi, fixum (3)	**vorstecken, vorn beschlagen** *z.B.: asseres/sudes*
	praefringere, o, fregi, fractum (3)	**vorn abbrechen**
	praefulgere, eo, fulsi (2)	**hervorglänzen**
	praegredi, ior, gressus sum (3)	**vorangehen**

praeiudicium, ii n.	**Vorentscheidung**
praemetuere, praemetuo (3) *mit Dativ der Person verbunden*	**im voraus besorgt sein** für jemanden im voraus besorgt sein
* **praemittere, o, misi, missum (3)** *mit aci verbunden*	**vorausschicken, melden** melden, daß
* **praemium, praemii n.** magno praemio remunerare	**Belohnung, Preis, Auszeichnung** reichlich vergelten
praemunire, io, ivi, itum (4)	**vorn befestigen, verschanzen**
praenuntiare, o, avi, atum (1)	**vorher anzeigen** *z.B.: adventum*
* **praeoccupare, o, avi, atum (1)**	**vorher einnehmen, besetzen, gewinnen, überraschen, zuvorkommen**
animus alicuius praeoccupatus est timor animos praeoccupat iter praeoccupare	jemand ist überrascht die Leute/Soldaten befällt Furcht den Weg besetzen
praeoptare, o, avi, atum (1) *mit Infinitiv verbunden*	**vorziehen** vorziehen zu ...
* **praeparare, o, avi, atum (1)** frumentum praeparare locum praeparare	**vorbereiten, besorgen, rüsten** für Getreide sorgen einen Ort vorbereiten *(für eine militärische Auseinandersetzung)*
ad eruptionem praeparare aliquid	etwas für einen Ausbruch vorbereiten
praeparatio, onis fem.	**Vorbereitung, Zurüstung**
praepedire, io, ivi (ii), itum (4)	**hemmen**
praependēre, eo, pendi (2)	**vorn herabhängen**
praepilatus, a, um	**vorn mit einem Knauf versehen**
praeponere, o, posui, positum (3) *mit Dativ verbunden:* aliquem hibernis praeponere	**den Oberbefehl übertragen** jemandem den Oberbefehl über das Winterlager übertragen
praeripere, io, ripui, reptum (3)	**entreißen, entziehen** *z.B.: beneficium/facultatem/societatem*
praerumpere, o, rupi, ruptum (3)	**vorn abreißen**
* **praeruptus, a, um**	**abschüssig, steil**
praescribere, o, scripsi, scriptum (3) praescribere de	**vorschreiben, bestimmen** Vorschriften machen in Bezug auf
praescriptio, onis fem.	**Vorwand**
praescriptum, i n. ad praescriptum	**Vorschrift** auf Befehl
praesecare, o, secui, sectum (1)	**abschneiden** *z.B.: crines*
* **praesens, praesens, praesens** *Gen.:* **praesentis** * eo praesente praesenti animo	**gegenwärtig, anwesend, augenblicklich, wirksam, entschlossen** in dessen Anwesenheit entschlossen

* **praesentia, ae fem.**	**Gegenwart**
* in praesentia	gegenwärtig, für den Augenblick
praesentire, io, sensi, sensum (4)	**ahnen, voraussehen**
praesepire, io, saepsi, saeptum (4) (auch: praesaepire)	**versperren** *z.B.: aditum*
* **praesertim Adverb**	**zumal, besonders**
* praesertim cum	zumal da
praesidere, eo, sedi, sessum (2)	**leiten**
mit Dativ der Sache verbunden: rebus urbanis praesidere	die Angelegenheiten der Stadt leiten
* **praesidium, ii n.** *Pl.:* **praesidia, orum n.**	**Schutz, Schutztruppe, Besatzung Posten**
* praesidia disponere	Posten verteilen
* praesidium habere	Schutz finden
praesidium ponere	eine Besatzung anlegen
* praesidio esse	schützen, zum Schutz dienen
* praesidio relinquere	zum Schutz zurücklassen
* **praestare, sto, stiti, stitum (1)**	**voranstehen, übertreffen, leisten, geben, beweisen**
* praestat quam	es ist besser als
* *mit Akkusativ verbunden:* praestare virtutem alicui	jemandem Tapferkeit beweisen
mit doppeltem Akkusativ: qualem me praestiti	als welch einen ich mich erwiesen/ gezeigt habe
* *mit Ablativ der Sache und Dativ der Person verbunden:* virtute omnibus praestare	alle an Tapferkeit übertreffen
praesto Adverb	**gegenwärtig, zur Verfügung, bereit**
praesto esse	zur Verfügung stehen, gegenwärtig sein/bereit sein
praestolari, or, atus sum (1)	**erwarten**
* **praeter (Präposition mit Akk.)**	**vorbei, gegen, außer**
praeter paucos equites reliquos interficere	außer wenigen Reitern die übrigen niedermachen
praeter castra suas copias traducere	seine Truppen am Lager vorbeiführen
praeter consuetudinem	gegen die Gewohnheit
praeter opinionem	wider Erwarten
* **praeterea Adverb**	**außerdem**
praetergredi, ior, gressus sum (3)	**vorbeiziehen**
castra praetergredi	am Lager vorbeiziehen
* **praeterire, eo, ii, itum** *(konjugiert wie 'ire')*	**vorübergehen, (in der Rede) übergehen, vergehen**
* tempus praeterit	Zeit vergeht/verstreicht
praeterire non potui, quin	ich kann nicht umhin zu ...

praeterire, quod — übergehen, daß

praeterita, orum n. — Vergangenes

* **praetermittere, o, misi, missum (3)** — **vorübergehen lassen, unterlassen, übergehen**

facultatem praetermittere — eine Gelegenheit vorübergehen lassen

mit Infinitiv verbunden — unterlassen zu ...

praeterquam Adverb — **außer**

frumentum omne praeterquam quod secum portaturi erant, comburunt — sie verbrannten alles Getreide außer dem, was sie mit sich nehmen wollten

* **praetervehi, vehor, vectus sum (3)** — **vorbeifahren, vorbeisegeln**

Apolloniam praetervehi — an A. vorbeifahren

praetextatus, i m. — **freigeborener Knabe**

* **praetor, oris m.** — **Prätor**

In der Abwesenheit des Konsuls dessen Stellvertreter; sein eigener Amtsbereich erstreckte sich auf das Rechtswesen, wobei der 'praetor urbanus' privatrechtliche Streitigkeiten unter römischen Bürgern, öffentliche Rechtsangelegenheiten jedoch nur nach Auftrag durch das Volk zu behandeln hatte; in Fragen öffentlicher Rechtsangelegenheiten konnte der praetor urbanus nur eine vorläufige Untersuchung anstellen; danach wurde die Angelegenheit den Geschworenenrichtern übergeben; erst dann konnte der praetor urbanus Recht sprechen. Dem praetor urbanus stand seit 247 v. Chr. der praetor peregrinus zur Seite, dem die Entscheidung in Rechtsstreitigkeiten zwischen Römern und Fremden oblag. Die Ehrenzeichen der Prätoren glichen denen der Konsuln. Das passive Wahlrecht für das Prätoramt erlangte man mit dem 40. Lebensjahr.

pro praetore — gewesener Prätor *(der nach seiner Amtszeit als Prätor in eine der ruhigen Provinzen ging)*

legatus pro praetore — ein Gesandter in der Stellung eines Prätors

* **praetorius, a, um** — **prätorisch**

praetorius, ii m. — **gewesener Prätor**

praetorium, ii n. — **Feldherrnzelt**

praetura, ae fem. — **Prätoramt, Prätur**

praeustus, a, um — **vorn angebrannt**

praevallare, o (1) — **verschanzen**

praevertere, o, verti, versum (3) — **zuvorkommen, verhüten**

mit Dativ der Sache verbunden — etwas verhüten

pravus, a, um — **verkehrt**

precari, or, atus sum (1) — **bitten, anflehen**

preces, precum fem. — **Bitten**

prehendere, o, prehendi, prehensum (3) — **fassen, ergreifen, sich bemächtigen**

dextram prehendere — die rechte Hand ergreifen

Pharum prehendere — sich Pharus (Insel vor Alexandria) bemächtigen

manu *(Abl.)* prehendere — mit der Hand (persönlich) ergreifen

* **premere, o, pressi, pressum (3)** — **drücken, drängen, bedrängen**

	pressio, onis fem.	**Unterlage, Steife**
	pretium, pretii n.	**Preis, Lohn**
	parvo pretio redimere	billig aufkaufen
	pridem Adverb	**längst**
*	**pridie Adverb**	**Tags zuvor**
	pridie eius diei	am Tag davor
	primipilus, i m.	**erster Zenturio**
*	**primo Adverb**	**zuerst, anfangs**
	* primo ... post/postea	zuerst ... dann; anfangs ... später
*	**primum Adverb**	**zuerst**
	* primum ... deinde	zuerst ... darauf
	primum ... postea	zuerst ... darauf
	quam primum	sobald als möglich
	ubi primum/cum primum	sobald als *vgl.: ubi/cum*
*	**primus, a, um**	**erste**
	* primi, orum m.	die Vordersten *(in der Schlachtreihe)*
	agmen primum	Vorhut
	* prima luce	bei Morgengrauen
*	**princeps, princeps, princeps** *Gen.:* **principis**	**erster**
	* princeps, principis m.	Fürst, Führer, Urheber
*	**principatus, us m.**	**Prinzipat, erste Stelle im Staat**
	principatum obtinere	die erste Stelle im Staat/die Führung innehaben
	principatum tenere	die Führung innehaben
	prior, prior, prius *Gen.:* **prioris**	**frühere, vordere**
*	**pristinus, a, um**	**vormalig, ehemalig, früher** *(consuetudo/dies/fortuna/institutum/laus/opinio/status/virtus)*
	prius Adverb	**früher**
	prius...quam *vgl. priusquam*	
*	**priusquam (Konjunktion mit Konjunktiv verbunden)** *meist getrennt geschrieben: prius ... quam*	**bevor**
	nec prius finem fugae fecerunt quam se in castra reciperent	und sie hielten nicht eher in ihrer Flucht inne, als bis sie sich ins Lager zurückzogen
	privare, o, avi, atum (1)	**berauben**
	mit Ablativ der Sache verb.:	einer Sache berauben
	omni auxilio privatus	aller Hilfe beraubt
	privatim Adverb	**für seine Person, einzeln, für sich, in seinem Namen**
*	**privatus, a, um**	**privat, ohne Amt**

* **pro (Präposition mit Ablativ)**	**vor, für, anstatt, an Stelle von, im Verhältnis zu**
I. räumlich:	
pro castris	vor dem Lager
II. zur Bezeichnung eines Verhältnisses:	
pro cultu Germanorum	für germanische Verhältnisse
pro magnitudine periculi bellum parare	der Größe der Gefahr entsprechend zum Krieg rüsten
III. zur Bezeichnung der Stellvertretung:	
pro his Diviciacus facit verba	an ihrer Stelle (für sie) sprach Diviciacus
legatus pro praetore	ein Gesandter an der Stelle/in der Stellung eines Prätors
IV. zur Bezeichnung der Interessenvertretung:	
pro his petere	für diese bitten
pro se quisque	ein jeder für sich
V. bei Bitten:	
pro hospitio orare	bei der Gastfreundschaft bitten
VI. bei Einschätzungen:	
aliquem pro amico habere	jemanden als Freund ansehen
aliquid pro explorato habere	etwas für ausgemacht halten
VII. zur Bezeichnung eines Grundes:	
pro nomine et vetustate	wegen seines/ihres Namens und Alters
* **probare, o, avi, atum (1)**	**billigen, prüfen, anerkennen, beweisen, erweisen, glaubhaft machen, zweckdienlich finden**
* consilium probare	einen Plan billigen
eruptionem probare	einen Ausfall für zweckdienlich halten
aliquid triumpho probare	etwas durch einen Triumph anerkennen
virtutem probare	Tapferkeit beweisen/unter Beweis stellen
mit doppeltem Akkusativ:	
aliquem imperatorem probare	jemanden als Feldherrn anerkennen
probare *mit Infinitiv*	zweckdienlich finden zu ...
probare *mit aci verbunden*	glaubhaft machen, daß
proboscis, proboscidis fem.	**Rüssel**
* **procedere, o, cessi, cessum (3)**	**vorrücken, vonstatten gehen, vorausziehen**
tridui viam procedere	einen Weg von drei Tagen zurücklegen
opere procedere	im Bau des Schanzwerks Fortschritte machen
processus, us m.	**Erfolg**
proclinare, o, avi, atum (1)	**zur Entscheidung neigen, zu einem schlimmen Ausgang neigen**

	proclivi Adverb (auch: proclive)	**abwärts**
	proclivis, proclivis, proclive proclivis vallis proclive est *mit Infinitiv*	**abschüssig, leicht** abschüssiges Tal es ist leicht zu ...
	proclivitas, atis fem.	**Abhang**
*	**proconsul, proconsulis m.**	**Prokonsul** *gewesener Konsul, dem die Verwaltung einer unruhigen Provinz übertragen wurde, in der er konsularische Machtbefugnisse hatte*
*	**procul Adverb** procul ab (aqua)	**fern, weit, aus der Ferne** fern von (der Wasserstelle)
	procumbere, o, cubui, cubitum (3)	**sich neigen, sich niederlegen, niederfallen, niedersinken**
	procurare, o, avi, atum (1)	**besorgen** *hereditatem/sacrificia*
	procuratio, onis fem.	**Verwaltung**
	procurator, oris m.	**Verwalter**
*	**procurrere, o, cucurri (curri), cursum (3)**	**hervorlaufen, vorrücken**
*	**prodere, o, didi, ditum (3)** exemplum prodere exercitum prodere memoriam prodere memoriae prodere prodere *mit aci verbunden*	**berichten, überliefern, verraten, preisgeben** ein Beispiel geben das Heer preisgeben die Erinnerung bei der Nachwelt lebendig erhalten der Nachwelt überliefern überliefern/berichten/verraten, daß ...
	prodesse, prosum, profui *konjugiert wie 'esse'*	**nützen**
*	**prodire, prodeo, prodii, proditum** *konjugiert wie 'ire'*	**hervorkommen, vorgehen, vorrücken**
	proditio, onis fem.	**Verrat**
	proditor, oris m.	**Verräter**
*	**producere, o, duxi, ductum (3)** milites producere principes producere vitam producere	**ausrücken lassen, fortlocken, vorführen** Soldaten ausrücken lassen die Anführer vorführen das Leben verlängern
*	**proeliari, or, atus sum (1)**	**kämpfen**
*	**proelium, proelii n.** * proelium equestre * proelium committere * proelium facere *meist abl.abs.:* hoc proelio facto	**Kampf, Gefecht** Reitergefecht Gefecht liefern, kämpfen kämpfen nach diesem Kampf

* proelio lacessere	zum Kampf reizen
* proelio decertare	um die Entscheidung kämpfen
ancipiti proelio pugnare	eine Doppelschlacht schlagen
proelio sublatus	durch den Ausgang der Schlacht übermütig geworden
in proeliis versari	im Kampf stehen
* **profectio, onis fem.**	**Aufbruch**
profecto Adverb	**gewiß, sicherlich**
* **proferre, fero, tuli, latum** *konjugiert wie 'ferre'*	**hervorbringen, vorrücken, vorschieben, ausliefern**
* **proficere, io, feci, fectum (3)**	**vorwärts kommen**
nihil proficere	nicht vorwärts kommen, keine Fortschritte machen
* **proficisci, or, fectus sum (3)**	**aufbrechen, abmarschieren**
* proficisci ad	auf ... zumarschieren
* proficisci ab/ex	aufbrechen von
* proficisci in	aufbrechen zu
* **profiteri, eor, fessus sum (2)**	**bekennen, erklären, versprechen**
mit doppeltem Akkusativ: se adiutorem profiteri	seine Unterstützung anbieten
mit aci verbunden	erklären/versprechen, daß
profligare, o, avi, atum (1)	**zurückschlagen** *z.B.: classem/copias*
profluere, o, fluxi, fluxum (3)	**entspringen** *von Flüssen gesagt*
* **profugere, io, fugi, fugitum (3)**	**entfliehen, sich flüchten**
profundere, o, fudi, fusum (3)	**ergießen, vergießen**
se profundere	sich ergießen
lacrimas profundere	Tränen vergießen
prognatus, a, um	**abstammend, geboren**
prognatus ab	abstammend von
prognatus ex	abstammend von
* **progredi, ior, gressus sum (3)**	**vorrücken, vorgehen**
* longe progredi	weit vorrücken
* milia passuum (septem) progredi	(7000) Doppelschritte vorrücken
progressus, us m.	**Vordringen**
* **prohibere, eo, ui, itum (2)**	**abhalten, zurückhalten, abwehren, verwehren**
* *mit Ablativ der Trennung:* aliquem suis finibus prohibere	jemanden von seinem Gebiet fernhalten
munitione prohibere aliquem	jemanden am Bau der Befestigungsanlage hindern
prohibere ab	schützen vor, abhalten von
* prohibere *mit Infinitiv*	hindern zu ...
prohibere *mit aci verbunden*	(ver)hindern, daß
prohibere, quominus	verhindern, daß
* **proicere, io, ieci, iectum (3)**	**niederwerfen, wegwerfen, aufgeben, vergießen**

arma proicere	die Waffen nieder/wegwerfen
lacrimas proicere	Tränen vergießen
sarcinas proicere	das Gepäck aufgeben
se ad pedes proicere	sich zu Füßen werfen
Caesari ad pedes proicere	sich Caesar zu Füßen werfen
* **proinde Adverb**	**demnach, darum also**
prolatio, onis fem.	**Aufschub**
prolatio diei	einen Tag Aufschub
proloqui, or, locutus sum (3)	**aussprechen, äußern**
verba proloqui	sich aussprechen
proluere, o, lui, lutum (3)	**wegspülen** *z.B.: naves*
promeritum, i n.	**Schuld**
prominere, eo, minui (2)	**sich herabneigen/vorbeugen**
promiscue Adverb	**gemeinschaftlich** *(Männer und Frauen gemeinsam)*
promissum, i n.	**Versprechen**
promittere, o, misi, missum (3)	**1. lang wachsen lassen** **2. versprechen**
capillum promittere	das Haar lang wachsen lassen
pecuniam promittere	Geld versprechen
promittere *mit aci verbunden*	versprechen, daß
* **promovere, eo, movi, motum (2)**	**vorschieben, vorrücken** *z.B.: castra/legiones/machinationes/multitudinem/saxa/turrim*
prompte Adverb	**schnell**
promptus, a, um	**bereit, geneigt**
animus alicuius promptus est ad	jemand ist bereit/geneigt zu ...
promulgare, o, avi, atum (1)	**bekannt machen**
legem promulgare	ein Gesetz bekannt machen
promunturium, ii n. (auch: promuntorium/promontorium)	**Vorgebirge, Kap**
promutuus, a, um	**vorausbezahlt, als Vorschuß**
insequentis anni vectigal promutuum imperare	die Steuern des nächsten Jahres als Vorschuß fordern
prone Adverb	**schräg**
* **pronuntiare, o, avi, atum (1)**	**bekanntmachen, berichten**
pronuntiare, ut	bekanntmachen/berichten, daß
* pronuntiare *mit aci verbunden*	bekanntmachen/berichten, daß
pronuntiatio, onis fem.	**Bekanntmachung**
* **prope (Präposition mit Akk.)**	**nahe (bei)**
prope Dyrrhachium consistere	nahe (vor) Dyrrhachium haltmachen
prope Adverb	**fast, beinahe**
Komparativ: propius	näher
propius accedere	näher heranrücken
Superlativ: proxime Adverb	kürzlich

* **propellere, o, puli, pulsum (3)**	**zurücktreiben, in die Flucht treiben, umstoßen**
crates propellere	die Faschinen umstoßen
hostes propellere	die Feinde in die Flucht treiben
propemodum Adverb	**beinahe, fast**
propensus, a, um	**geneigt** *z.B.: voluntas*
* **properare, o, avi, atum (1)**	**eilen**
* properare *mit Infinitiv*	(sich be)eilen zu ...
* properare, ut	(sich be)eilen zu ...
in Italiam properare	nach Italien eilen
propere Adverb	**eilig**
* **propinquitas, atis fem.**	**Nähe, Verwandtschaft**
* **propinquus, a, um**	**benachbart, angrenzend**
mit Dativ verbunden	jemandem benachbart
propinqua dies aequinoctii	der bevorstehende Tag der Tag- und Nachtgleiche; die bevorstehende Tag- und Nachtgleiche
* **propinquus, i m.**	**Nachbar, Verwandter**
* **propior, propior, propius** *vgl. auch:* prope	**näher**
* **proponere, o, posui, positum (3)**	**vor Augen stellen, beabsichtigen, aufstellen**
consilia proponere	Pläne darlegen
difficultatem proponere	eine Schwierigkeit vor Augen stellen
praemium proponere	eine Belohnung in Aussicht stellen
vexillum proponere	das rote Fähnchen aufstecken *(als Zeichen zum Angriff)*
propositum, i n.	**Vorsatz**
proprius, a, um	**eigen, eigentümlich, persönlich**
* **propter (Präposition mit Akk.)**	**neben, wegen**
I. räumlich:	
propter hostium castra praetergredi	am Lager der Feinde vorbeiziehen
II. kausal:	
propter veteres inimicitias	wegen alter Feindschaften
* **propterea**	**deswegen**
* propterea quod	deshalb weil
* **propugnare, o, avi, atum (1)**	**hervorbrechen, kämpfen, sich verteidigen**
* **propugnator, oris m.**	**Kämpfer, Verteidiger**
propulsare, o, avi, atum (1)	**zurückschlagen, abwehren**
hostem propulsare	den Feind zurückschlagen
iniurias propulsare	Ungerechtigkeiten abwehren
prora, ae fem.	**Schiffsvorderteil, Vorderdeck**

proripere, io, ripui, reptum (3)	**heraus-/forteilen**
se proripere	forteilen
proruere, o, ui, rutum (3)	**niederreißen, einreißen** *z.B.: munitiones*
prorumpere, o, rupi, ruptum (3)	**hervorbrechen** *z.B.: fons*
* **prosequi, sequor, secutus sum (3)**	**begleiten, verfolgen**
prosilire, silio, silui (4)	**vordringen**
prospectus, us m.	**Aussicht, Fernsicht, Anblick**
prospeculari, or, atum (1)	**in die Ferne spähen**
prosper, prospera, prosperum	**glücklich**
prospicere, io, spexi, spectum (3)	**ausschauen, sorgen**
rei frumentariae prospicere	für die Verpflegung Sorge tragen
prospicere in urbem	in die Stadt (aus)schauen
prospicere, ut	sorgen, daß
prosternere, prosterno, prostravi, prostratum (3)	**hinstrecken, zu Grunde richten, schlagen**
corpora prostrata	hingestreckte Körper
copias prosternere	Truppen schlagen
protegere, o, texi, tectum (3)	**bedecken, decken, schützen**
naves ventis protegere	Schiffe vor den Winden schützen
tabernacula protegere hedera	Zelte mit Efeuwänden verkleiden *(zur Verschönerung, nicht zur Tarnung)*
proterere, protero, protrivi, protritum (3)	**zertreten, niederreiten**
complures hostium proterere	ziemlich viele von den Feinden niederreiten
proterrēre, eo, terrui, territum (2)	**verjagen**
* **protinus Adverb**	**sogleich, vorwärts**
proturbare, o, avi, atum (1)	**forttreiben**
prout (Konjunktion)	**je nachdem**
prout cuisque eorum, qui negotiis praeerant, aut natura aut studium ferebat	je nach dem Charakter oder dem Interesse der jeweiligen Vorgesetzten
provehi, vehor, vectus sum (3)	**fortsegeln**
leni Africo provehi	bei sanftem Südwest fortsegeln
in altum provehi	aufs offene Meer segeln
a terra provehi	(von Land) absegeln
provenire, io, veni, ventum (4)	**wachsen** *z.B.: frumentum*
proventus, us m.	**Ausgang, Erfolg**
* **providere, eo, vidi, visum (2)**	**sorgen, besorgen, Vorsichtsmaßnahmen treffen**
mit Dativ der Sache verb.: cui rei parum diligenter ab iis erat provisum	wofür sie zu wenig umsichtig gesorgt hatten

* *mit Akkusativ der Sache:*	
rem frumentariam providere	für Getreide sorgen
providere, ut	sorgen, daß
providere *mit aci verbunden:*	voraussehen, daß
quod fore providerat	was er vorausgesehen hatte
* **provincia, ae fem.**	**Provinz**
provincia nostra	unsere Provinz *gemeint ist Gallia Narbonensis (vgl. bell. Gall. 1,2,3)*
Galliam provinciam obtinere	Statthalter Galliens sein
provincialis, provincialis, provinciale	**aus der Provinz (kommend/stammend)**
provocare, o, avi, atum (1)	**ermutigen**
provolare, o, avi, atum (1)	**hervorstürzen**
omnibus copiis provolare	mit allen Truppen hervorstürzen
provolvere, o, volvi, volutum (3)	**hinwälzen** *z.B.: cupas*
* **proxime Adverb**	**kürzlich**
* **proximus, a, um**	**sehr nahe, letzte, folgende**
proximus collis	der nächste Hügel
proximus dies	der folgende/vergangene Tag
vix proximum agnoscere posse	kaum die Hand vor Augen sehen können
* *mit Dativ verbunden:*	
Belgae proximi sunt Germanis	die Belger wohnen in der unmittelbaren Nachbarschaft der Germanen
mit Akkusativ verbunden:	
proximus mare Oceanum	sehr nahe am Ozean
prudens, prudens, prudens *Gen.:* prudentis	**klug**
prudentia, ae fem.	**Einsicht, Klugheit** *praktische Lebenserfahrung*
pubes, pubes, pubes *Gen.:* puberis	**erwachsen**
publicanus, i m.	**Steuerpächter, Staatspächter**
publicare, o, avi, atum (1)	**einziehen, zum Staatseigentum machen** *z.B.: bona/regnum*
* **publicus, a, um**	**öffentlich**
* res publica, rei publicae	Staat
* publicum, i n.	Staatsgut, Staatskasse, Öffentlichkeit
in publico assistere	in der Öffentlichkeit dabeistehen
frumenti quod inventum est in publicum conferunt	alles Getreide, das sie aufgetrieben hatten, machten sie zum Staatsgut (konfiszierten sie)
pecuniam ex publico tradere	Geld aus der Staatskasse übergeben
pudere, eo, ui, puditum (2)	**sich schämen**
mit Infinitiv verbunden	sich schämen zu ...

* **pudor, pudoris m.**	**Scham, Ehrgefühl**
mit Genitiv der Sache verb.	Scham vor
puella, puellae fem.	**Mädchen**
* **puer, pueri m.**	**Knabe, Diener, Sklave**
a pueris	von Kindheit an
puerilis, puerilis, puerile	**kindlich**
puerili aetate	im Kindesalter
pugio, pugionis m.	**Dolch**
* **pugna, pugnae fem.**	**Kampf, Treffen, Gefecht**
* genus pugnae	Kampfesart
ratio pugnae	Kampfesart
pugna decertare	um die Entscheidung kämpfen
* **pugnare, o, avi, atum (1)**	**kämpfen**
pulcher, pulchra, pulchrum	**schön**
pulsus, pulsus m.	**Schlag**
pulvis, pulveris m.	**Staub**
punctum, puncti n.	**Augenblick**
puncto temporis	in einem (einzigen) Augenblick
* **puppis, puppis fem.**	**Heck, Hinterdeck des Schiffes**
purgare, o, avi, atum (1)	**reinigen, rechtfertigen, entschuldigen**
sui purgandi causa/gratia	um sich zu rechtfertigen
mit Dativ der Person verb.: velle Pompeium se Caesari purgatum	Pompeius wolle vor Caesar gerechtfertigt dastehen
campum purgare	das (Schlacht)feld aufräumen
purpureus, a, um	**purpurn**
purus, a, um	**rein, frei**
campus purus	freies Feld
* **putare, o, avi, atum (1)**	**glauben**
mit doppeltem Akk. verbunden	halten für
* *mit aci verbunden*	glauben, daß
puteus, putei m.	**Brunnen, Zisterne**
pyra, ae fem.	**Scheiterhaufen**

Q

* **qua Adverb**	**wo, so weit als**
ea transire flumen, qua	an der Stelle den Fluß überschreiten, wo
qua est aditus ad alteram partem oppidi	wo der Zugang zur anderen Seite der Stadt liegt

quadrageni, ae, a	**je vierzig**
quadragesimus, a, um	**vierzigste**
* **quadraginta** *(indeklinabel)*	**vierzig**
quadratus, a, um	**viereckig**
quadrigae, arum fem.	**Viergespann**
* **quadringenti, ae, a**	**vierhundert**
* **quadriremis, is fem.**	**Vierruderer**
quadruplex, quadruplex, quadruplex *Gen.:* quadruplicis	**vierfach**
* **quaerere, o, quaesivi, quaesitum (3)**	**suchen, fragen**
* ab/ex aliquo quaerere	jemanden fragen
aliquem quaerere	jemanden suchen
quaerere de	Fragen stellen über/nach; Erkundigungen einziehen über
causam quaerere	nach dem Grund fragen
fugam quaerere	einen Fluchtweg suchen
occasionem quaerere	nach einer Gelegenheit suchen/Ausschau halten
quaestio, onis fem.	**Befragung, Vernehmung, Untersuchung**
quaestio *de aliqua re*	Vernehmung über etwas
quaestionem habere *de aliquo*	Untersuchung über jemanden anstellen
* **quaestor, oris m.**	**Quästor** *seit Sulla gab es zwanzig Quästoren mit unterschiedlichen Aufgabenbereichen; ihre Hauptaufgabe war das Kassen- und Steuerwesen*
quaestorius, ii m.	**gewesener Quästor**
quaestura, ae fem.	**Quästoramt** *dieses Amt war die erste Stufe zu den höheren Staatsämtern und konnte nicht vor dem 27. Lebensjahr angenommen werden.*
quaestus, us m.	**Erwerb, Gewinn, Vorteil**
quaestus pecuniae	Gelderwerb
quaestui equites habere	mit Reitern ein Geschäft machen
qualis, qualis, quale	**wie beschaffen**
talis ... qualis	so beschaffen ... wie ...
* **quam Adverb**	**wie, wie sehr, als, möglichst**
I. bei Komparativen und komparativischen Ausdrücken: als	
* malle quam	lieber wollen als
* praestat quam	es ist besser als
longior ... quam	länger ... als
* quam diu potuit	solange als möglich
* magis ... quam	mehr ... als

II. mit Superlativ verbunden:	
quam aequissimo loco	an einem möglichst vorteilhaften Ort
* quam maximis (potest) itineribus	in möglichst großen Eilmärschen
* quam primum	sobald als möglich
III. bei ante/post/postea/posterus	
post diem quartum, quam est in Britanniam ventum	vier Tage nach seiner Ankunft in Britannien
postea ... quam *vgl. postquam*	
postero die, quam miserat litteras	an dem Tag, der dem Versand der Briefe folgte
IV. korrespondierend mit Demostrativa:	
ita ... quam	so ... wie
tam ... quam	so ... wie
* **quamquam (Konjunktion)** *(meist mit tamen verbunden:* obgleich ... dennoch)	**obgleich**
quae bella quamquam ex parte nobis Caesaris sermone sunt nota, tamen	obgleich uns diese Kriege zum Teil durch die Schilderungen Caesars bekannt sind, dennoch ...
quamvis (Konjunktion)	**obgleich, wenn auch**
quamvis Adverb	**noch so, noch so sehr**
quamvis magna multitudo	eine noch so große Menge
quando Adverb	**einmal, jemals**
quandocumque Adverb	**sooft**
quantopere Adverb	**wie sehr**
quantulus, a, um	**wie klein**
* **quantus, a, um**	**wie groß**; *neutrum:* **wieviel**
* quantum *mit Gen. der Sache:*	wieviel an ...
quantum boni	wieviel Gutes
quanto	um wieviel
quanto longius	um wieviel weiter
quanto ... tanto	um wieviel ... um so viel ...
* tantus ... quantus	so groß ... wie
quantuscumque, quantacumque, quantumcumque	**wie groß auch immer**
quantusvis, quantavis, quantumvis	**beliebig groß**
quapropter	**daher**
* **quare**	**weshalb, wodurch** *im Relativischen Anschluß:* deshalb, dadurch
quarto Adverb	**zum vierten Mal**
* **quartus, a, um**	**vierte**
quartusdecimus, a, um	**vierzehnte**

	quasi Adverb	**als ob, gleichsam**
	quaterni, ae, a	**je vier**
*	**quattuor**	**vier**
	quattuordecim *(indeklinabel)*	**vierzehn**
*	**-que**	**und**
	in Apulia circumque Brundisium	in Apulien und der Umgebung von Brundisium
*	**quemadmodum** *(auch getrennt:* quem ad modum)	**wie, auf welche Weise**
	querela, ae fem.	**Klage, Beschwerde**
*	**queri, queror, questus sum (3)**	**sich beklagen**
	mit Akkusativ verbunden:	
	suum fatum queri	sein Schicksal beklagen
	queri *de aliqua re*	sich beklagen über etwas
	queri, quod	sich beklagen, daß
	* queri *mit aci verbunden*	sich beklagen, daß
	querimonia, ae fem.	**Klage, Beschwerde**
*	**qui, quae, quod**	**welcher; der**
	Gen.: cuius	*im Relativischen Anschluß:* dieser
	* is, qui	derjenige, der
	qui	**wie denn**
	vos tenere qui potuit?	wie konnte er euch denn halten?
	quia (Konjunktion *mit Indikativ verbunden)*	**weil**
	quem quia non arbitrabatur venturum	weil er nicht glaubte, daß dieser (er) kommen werde
*	**quicumque, quaecumque, quodcumque** *Gen.:* cuiuscumque	**welcher auch immer; jeder, der**
*	**quidam, quaedam, quiddam** *(substantivisch verwendet)* *Gen.:* cuiusdam	**ein gewisser** *Pl.:* manche, einige
*	**quidam, quaedam, quoddam** *(adjektivisch verwendet)*	**ein gewisser, ein** *Pl.:* einige
	mittitur Quintus Iunius ex Hispania quidam	ein gewisser Quintus Iunius wurde aus Spanien geschickt
	detrimentis quibusdam acceptis	nachdem man einige Niederlagen hatte hinnehmen müssen
*	**quidem** *(nachgestellt)*	**freilich**
	* ne ... quidem	nicht einmal ...
	ne in occulto quidem	nicht einmal im Verborgenen
*	**quies, quietis fem.**	**Ruhe, Frieden, Erholung**
	quiete Adverb	**ruhig**
*	**quietus, a, um**	**untätig, ruhig**
*	**quin**	**so daß nicht; ohne zu ...**

*	non dubitare, quin	nicht zweifeln, daß
	non erat quisquam omnium, quin existimaret	und es gab unter allen keinen, der nicht glaubte
	quin etiam	ja sogar
	quinam, quaenam, quodnam	**welcher denn**
	quincunx, quincuncis m.	**Kreuzstellung** *gemeint ist die grafische Anordnung, die die 5 Punkte auf einem Würfel aufweisen*
*	**quindecim** *(indeklinabel)*	**fünfzehn**
*	**quingenti, ae, a**	**fünfhundert**
*	**quini, ae, a**	**je fünf**
	quinquageni, ae, a	**je fünfzig**
	quinquagies Adverb	**fünfzigmal, fünf Millionen**
*	**quinquaginta** *(indeklinabel)*	**fünfzig**
*	**quinque** *(indeklinabel)*	**fünf**
*	**quinqueremis, is fem.**	**Fünfruderer**
*	**quintus, a, um**	**fünfte**
	quintusdecimus, a, um	**der fünfzehnte**
	quippe	**freilich, allerdings**
	quire, queo, quivi, (quii), quitum *(konjugiert wie 'ire') mit Infinitiv verbunden*	**können**
*	**quis, quid** *(substantivisch verwendet)*	**wer, was**
	quid *adverbiell verwendet:* "quid dubitas?"	"was zweifelst du?"
	quis/quid = aliquis/aliquid: ne quis ab loco discederet	damit niemand (nicht irgendeiner) seinen Posten verläßt
	seu quis Gallus seu Romanus	sei es irgendein Gallier, sei es irgendein Römer
	si quis	wenn irgendjemand
*	quid *mit Genitiv verbunden:* quid auxilii	etwas an Hilfe
	quisnam, quidnam *(substantivisch verwendet)*	**wer denn, was denn**
	quispiam, quaepiam, quodpiam	**irgendein, irgendeiner**
*	**quisquam, quicquam (quidquam)** *(fast immer substantivisch verwendet; adjektivisch:* irgendein)	**irgend jemand/irgend etwas**
*	*mit Genitiv verbunden:* neque erat omnium quisquam quicquam praesidii	und es gab unter allen keinen irgendetwas an Schutz

* **quisque, quidque**	**jeder**
* *mit Superlativ verbunden:*	gerade d i e
optimus quisque	gerade die Besten
* **quisque, quaeque, quodque** *(adjektivisch verwendet)*	**jeder**
quisquis, quaequae, quidquid *(substantivisch verwendet)*	**wer auch immer/jeder, der**
quisquis, quaequae, quodquod *(adjektivisch verwendet)*	**jeder**
quivis, quaevis, quidvis *(substantivisch verwendet)*	**jeder**
* **quo**	**1. wohin, irgendwohin** **2. je, damit, damit desto**
* 1. quo adire poterat	wohin er gehen konnte
si quo erat longius prodeundum	wenn man irgendwohin weiter vorrücken mußte
* 2. *bei Komparativen:* **damit**	
quo aequiore loco proelium committeret	damit er an einem günstigeren Ort kämpfen könnte
quo celerius civitatem timore liberaret	damit er die Bürgerschaft um so schneller von der Furcht befreite
* 3. quo ... eo	je ... desto
* **quoad (Konjunktion)**	**solange als, bis**
quoad potuit, fortissime restitit	er leistete, solange er konnte, sehr tapfer Widerstand
sustinere, quoad ...	aushalten, bis ...
* **quod (Konjunktion)**	**1. weil** **2. was das anbetrifft, daß** **3. daß**
1. kausal:	
id ea de causa faciebat, quod	dies tat er deshalb, weil
2. was das anbetrifft, daß:	
quod unum pagum adortus esset, ne ob eam rem ... despiceret	was das anbeträfe, daß er einen Gau überfallen hätte, (so) sollte er nicht deshalb ... verachten
3. als Subjektsatz: daß	
accedebat, quod	es kam hinzu, daß
* quod si	wenn nun, wenn also
* **quominus**	**daß nicht; zu ...**
eisdem de causis, quominus dimicare vellet, movebatur	dieselben Gründe veranlaßten ihn nicht zu kämpfen
quod stetisse per Trebonium, quominus oppido potirentur, videbatur	weil es an Trebonius gelegen zu haben schien, daß sie sich nicht der Stadt bemächtigten
quomodo	**auf welche Weise**
quonam	**wohin denn**

quondam Adverb — **ehemals**

* **quoniam (Konjunktion)** — **weil ja, da ja**

* **quoque** *(nachgestellt)* — **auch**
Caesar quoque ... — auch Caesar ...

quōque versus (versum) — **nach allen Seiten**
legatos quoque versum dimittere coeperunt — sie begannen, Gesandte nach allen Seiten hin (überall hin) zu schicken

* **quot** *(indeklinabel)* — **wieviel**
quot viri — wieviele Männer

quotannis — **jährlich**

quotidianus *vgl. cotidianus*

quotidie *vgl. cotidie*

quoties Adverb — **wie oft, so oft als**

quotiescumque Adverb — **so oft nur**

R

radere. o, rasi, rasum (3) — **glatt schaben, scheren** *z.B.: Körperteile rasieren*

* **radix, radicis fem.** — **Wurzel, Fuß**
* radices montis/collis — Fuß des Berges/Hügels
genus radicis, quod appellatur chara — eine Wurzelart, die Kümmelwurzel genannt wird
ab radicibus subruere arbores — Bäume von den Wurzeln her untergraben

raeda, ae fem. — **Reisewagen mit vier Rädern**

ramus, rami m. — **Zweig, Ast**

rapere, io, rapui, raptum (3) — **wegnehmen, rauben**

rapiditas, atis fem. — **reißende Schnelligkeit** *von Flüssen gesagt*

rapidus, a, um — **reißend** *von Flüssen gesagt*

* **rapinae, arum fem.** — **Raub, Räubereien**

raptare, o, avi, atum (1) — **eilig führen** *z.B.: legiones*

raptim Adverb — **hastig**

rarus, a, um — **zerstreut, selten, vereinzelt, einzeln**
hostes rari se ostendere coeperunt — vereinzelt zeigten sich (schon) Feinde

* **ratio, rationis fem.** — **Berechnung, Überlegung, Art, Rechenschaft, Vermutung, Verhältnis**

publicae privataeque rationes	öffentliche und private Angelegenheiten
* belli ratio	Art/Kunst der Kriegsführung
rationem habere	1. berücksichtigen, denken an 2. sorgen für
rationem reposcere	Rechenschaft fordern
* alia ratione (ac/atque)	auf andere Weise (als)
ea ratione facere, quod ...	deshalb tun, weil
eadem ratione impetum facere	auf dieselbe Weise angreifen
* nulla ratione	auf keine Weise
ratis, ratis fem.	**Floß**
ratus, a, um	**fest, bestimmt**
pro rata parte	in einem bestimmten Verhältnis
rebellio, onis fem.	**Aufstand, Abfall, Empörung**
* rebellionem facere	einen Aufstand machen, sich empören
recedere, o, cessi, cessum (3)	**zurückweichen, sich zurückziehen, aufgeben**
in castra recedere	sich ins Lager zurückziehen
ab oppugnatione recedere	die Belagerung aufgeben
ex eo loco recedere	sich von diesem Ort zurückziehen
* **recens, recens, recens** *Gen.:* recentis	**frisch, jüngst, rüstig, ungeschwächt**
recensere, eo, censui, censum (censitum) (2)	**mustern** *(Soldaten)*
receptaculum, i n.	**Zufluchtsort, Schlupfwinkel**
* **receptus, us m.**	**Rückzug, Zuflucht**
receptum dare alicui	jemandem Rückzug gewähren, bieten
receptui canere	zum Rückzug blasen
receptum ad aliquem habere	eine Zuflucht haben zu jemandem
recessus, us m.	**Rückzug**
recidere, o, cidi (3)	**zurückfallen, herabsinken**
ad aliquem recidere	auf jemanden zurückfallen
reciperare *vgl. recuperare*	
* **recipere, io, cepi, ceptum (3)**	**annehmen, in Besitz nehmen, aufnehmen**
* se recipere in (castra)	sich zurückziehen (ins Lager)
se ex fuga/ex timore recipere	sich von der Flucht/der Furcht erholen
aliquos in condicionem libertatis recipere	als freie Leute aufnehmen
aliquem intra fines suos recipere	jemanden in seinem/ihrem Gebiet aufnehmen
recipere *mit aci verbunden*	sich verpflichten zu ...
recitare, o, avi, atum (1)	**vorlesen**

	reclinare, o, avi, atum (1)	**anlehnen**
	reconciliare, o, avi, atum (1)	**wiedergutmachen, versöhnen**
	reconditus, a, um	**verborgen, entlegen**
	in reconditis templi	in den verborgenen Räumen des Tempels
	recordari, or, atus sum (1)	**sich erinnern, eingedenk sein**
	mit aci verbunden	sich erinnern, daß
	recordatio, onis fem.	**Erinnerung**
	recordatio subiti periculi	die Erinnerung an die plötzliche Gefahr
	recreare, o, avi, atum (1)	**beleben, kräftigen, sich erholen**
	se ab timore recreare	sich von der Furcht erholen
	ad recreandos animos	zur Erholung
	recta Adverb	**geradewegs, direkt**
	recte Adverb	**richtig, mit Recht, sicher**
	rectus, a, um	**gerade**
	recta regione	in gerader Richtung
*	**recuperare, o, avi, atum (1)**	**wiedergewinnen, wiederbekommen** *z.B.: civitates/dignitatem/gloriam/libertatem/oppidum/provinciam*
	recurrere, o, curri, cursum (3)	**zurückbekommen, zurückeilen, auf etwas zurückkommen**
	eo recurrere	dorthin zurückeilen
	ad easdem deditionis condiciones recurrere	auf dieselben Bedingungen für die Übergabe zurückkommen
*	**recusare, o, avi, atum (1)**	**zurückweisen, ablehnen, sich weigern**
	amicitiam recusare	die Freundschaft zurückweisen
	de stipendio recusare	den Tribut verweigern
	recusare *mit Infinitiv*	sich weigern zu ...
	recusare, ne	ablehnen zu
	non recusare, quin/quominus	sich nicht weigern zu ...
	recusatio, onis fem.	**Weigerung**
	reda *vgl. raeda*	
*	**reddere, o, reddidi, redditum (3)**	**zurückgeben, machen zu**
	obsides reddere	Geiseln zurückgeben
	supplicationem reddere	ein Dankfest abhalten
	ius reddere	Recht sprechen
	post eum quae sunt, tuta reddere	das Hinterland sichern
	itinera infesta reddere	die Wege unsicher machen
	redemptio, onis fem.	**Loskaufung**
	redemptio sacramenti	Loskaufung aus dem Kriegsdienst
*	**redigere, o, egi, actum (3)**	**zurückbringen, versetzen, herunterbringen**
	* aliquem in potestatem redigere	jemanden unter die Herrschaft/Gewalt bringen
	in provinciam redigere	zur Provinz machen

in servitutem redigere	in die Sklaverei führen
sub imperium populi Romani redigere	unter römische Herrschaft bringen
mit doppeltem Akkusativ:	machen zu
aliquem infirmiorem redigere	jemanden schwächen
redimere, o, emi, emptum (3)	**loskaufen, erkaufen, pachten**
amicitiam redimere	sich die Freundschaft erkaufen
pacem redimere	sich den Frieden erkaufen
vectigalia redimere	Steuern pachten
parvo pretio redimere	billig aufkaufen/pachten
redintegrare, o, avi, atum (1)	**erneuern, wieder beginnen, ergänzen**
copias redintegrare	Truppen ergänzen
spem redintegrare	die Hoffnung beleben
redintegrato animo	mit neuem Mut
redintegratis viribus	mit neuer Kraft
* **redire, redeo, redii, reditum** *(konjugiert wie 'ire')*	**zurückkommen, zurückkehren, kommen, gelangen**
ad arbitrium alicuius redire	in die Entscheidungsbefugnis jemandes fallen
collis ad planitiem redibat	der Hügel fiel zur Ebene ab
in castra redire	ins Lager zurückkehren
in gratiam redire cum aliquo	sich mit jemandem versöhnen
in pristinum statum redire	den alten Zustand zurückgewinnen
reditio, onis fem.	**Rückkehr**
domum reditio	Heimkehr
* **reditus, us m.**	**Rückkehr**
reditus in (Italiam)	Rückkehr zu/nach (Italien)
reditus in amicitiam	Rückkehr zu einem freundschaftlichen Verhältnis
* **reducere, o, duxi, ductum (3)**	**zurückführen, zurückbringen, zurückziehen** *z.B.: copias/exercitum/legionem*
redundare, o, avi, atum (1)	**zurückströmen, treffen**
* **referre, refero, rettuli, relatum** *(konjugiert wie 'ferre')*	**zurückbringen, zurückschicken, melden**
gratiam referre	Dank erweisen
mandata referre	Bescheid geben
pedem referre	sich zurückziehen
responsa referre	Antwort überbringen
se referre	sich begeben
de aliqua re ad senatum referre	einen Antrag über etwas beim Senat stellen
referre, ut	berichten, daß
referre *mit aci verbunden*	berichten, daß
refert, retulit	**es kommt darauf an**
referre arbitrabatur, cuiusmodi victoria esset futura	er glaubte, daß es darauf ankomme, wie der Sieg ausfallen würde
refertus, a, um	**angefüllt**
pice refertus	mit Pech gefüllt

* **reficere, io, feci, fectum (3)**	**wiederherstellen, ausbessern**
* naves reficere	Schiffe überholen
pontem reficere	eine Brücke wiederaufbauen
se ex labore reficere	sich von der Anstrengung erholen
reformidare, o, avi, atum (1)	**fürchten, zurückschrecken**
mit Akkusativ verbunden	zurückschrecken vor/fürchten
refringere, o, fregi, fractum (3)	**brechen, erbrechen** *z.B.: portas/vim*
* **refugere, io, fugi, fugitum (3)**	**zurückweichen, fliehen, seine Zuflucht nehmen**
ad aliquem refugere	zu jemandem fliehen/seine Zuflucht nehmen
in portum refugere	in den Hafen fliehen
regere, rego, rexi, rectum (3)	**richten, lenken, leiten**
Mars bella regit	Mars lenkt die Kriege
regia, ae fem.	**königlicher Palast**
* **regio, regionis fem.**	**Gegend, Landschaft, Bezirk, Richtung**
hae regiones aberant longius	diese Gegenden waren zu weit entfernt
recta regione	in gerader Richtung
* e regione (oppidi)	gerade gegenüber (der Stadt)
* **regius, a, um**	**königlich**
regnare, o, avi, atum (1)	**als König herrschen, herrschen**
* **regnum, regni n.**	**Königsherrschaft, Königsgewalt**
regredi, ior, gressus sum (3)	**sich zurückziehen**
regula, regulae fem.	**Latte**
* **reicere, io, ieci, iectum (3)**	**zurückwerfen, verschlagen, zurückweisen**
condiciones reicere	Bedingungen zurückweisen
naves reicere	Schiffe verschlagen
rem ad Pompeium reicere	in der Entscheidung dieser Sache auf Pompeius verweisen
telum in hostes reicere	auf die Wurfgeschosse der Feinde antworten
relanguescere, relanguesco, relangui (3)	**erschlaffen**
relegare, o, avi, atum (1)	**entfernen**
relegare ab aliquo	von jemandem entfernen
religare, o, avi, atum (1)	**befestigen, festhalten** *z.B.: navem/storias/tigna/trabes*
* **religio, onis fem.**	**Gottesfurcht, Götterzeichen, Scheu, Götterverehrung, Verpflichtung, Bedenken**
religiones novas sibi fingere	sich abergläubischen Bedenken hingeben
religioni consulere	der eidlichen Verpflichtung Folge leisten
mendacii religione obstrictus	mit einem Meineid belastet

* **relinquere, o, reliqui, relictum (3)**	**zurücklassen, im Stich lassen, übriglassen, gestatten**
* *mit Akkusativ verbunden:*	
frumentum relinquere	das Getreide zurücklassen
spatium relinquere	1. Zeit lassen 2. eine Wegstrecke Raum lassen
viam relinquere	einen Weg offen lassen
* *mit doppeltem Akkusativ:*	
custodiam sex milia hominum relinquere	6000 Männer als Wache zurücklassen
naves deligatas ad ancoras relinquere	Schiffe vor Anker zurücklassen
Morinos pacatos relinquere	die Moriner befriedet hinter sich lassen
* *mit Akkusativ und Dativ:*	
cohortes praesidio relinquere	Kohorten zum Schutz zurücklassen
* *mit Akkusativ und doppeltem Dativ verbunden:*	
copias praesidio navibus relinquere	Truppen zum Schutz der Schiffe zurücklassen
* *mit ad verbunden:*	
ad oppugnationem relinquere	zur Belagerung zurücklassen
mit ut-Satz verbunden:	
relinquebatur, ut colles occuparet	es blieb übrig, die Hügel zu besetzen
reliquiae, arum fem.	**Überrest, Rest, Trümmer**
* **reliquus, a, um**	**übrig, künftig, später**
reliqui ex iis legatis	die übrigen dieser Legaten
* reliqua *(Neutr.Pl. allein gebraucht)*	das übrige
reliquae civitates	die übrigen Bürgerschaften
reliquus exercitus	das restliche Heer
reliqua fuga	weitere Flucht
in reliquum tempus	künftig
* **remanere, eo, mansi, mansum (2)**	**zurückbleiben, verbleiben, bleiben, verharren**
domi remanere	zu Hause bleiben
pars integra remanebat	ein Teil blieb ganz
remedium, ii n.	**Abhilfe, Hilfsmittel**
* **remex, remigis m.**	**Ruderknecht**
remigare, o, avi, atum (1)	**rudern**
remigium, ii n.	**das Rudern**
remigrare, o, avi, atum (1)	**zurückkehren**
reminisci, reminiscor, recordatus sum (3)	**sich erinnern**
mit Genitiv der Sache verb.	sich erinnern an etwas

remissus, a, um	**abgespannt, schlaff** *z.B.: animus* **schwach** *z.B. ventus* **mild** *z.B.: frigus*
* **remittere, o, misi, missum (3)**	**zurückschicken, zurückstellen, zurückwerfen, nachlassen**
domum remittere	nach Hause zurückschicken
stipendium remittere	den Tribut schmälern
virtutem remittere	in der Tapferkeit nachlassen
remittere *de aliqua re*	in etwas nachlassen
remollescere, remollesco (3)	**weichlich werden, erschlaffen**
* **removere, eo, movi, motum (2)**	**entfernen, wegschaffen**
* removere ab	entfernen/wegschaffen von
ex conspectu removere	außer Sichtweite führen
remulcum, i n.	**Schlepptau**
remunerari, or, atus sum (1)	**belohnen**
magno praemio remunerari	reichlich vergelten/belohnen
* **remus, remi m.**	**Ruder**
renovare, o, avi, atum (1)	**erneuern, kräftigen**
bellum renovare	einen Krieg wieder anfangen
cursum renovare	den Lauf wieder aufnehmen
renovatis animis	mit neuem Mut
renumerare, o, avi, atum (1)	**vorzählen**
* **renuntiare, o, avi, atum (1)**	**verkünden, berichten, melden**
renuntiare, quod	melden/berichten, daß
* renuntiare *mit aci verbunden*	melden/berichten, daß
reparare, o, avi, atum (1)	**wiederherstellen, erneuern** *z.B.: classem*
* **repellere, o, reppuli, repulsum (3)**	**zurücktreiben, vertreiben, zurückweisen**
* aliquem (in oppidum) repellere	jemanden (in die Stadt) zurückschlagen
periculum repellere	eine Gefahr abwehren
* **repente** Adverb	**plötzlich, unvermutet**
repentino Adverb	**plötzlich, unvermutet**
* **repentinus, a, um**	**plötzlich, unvermutet**
* repentinus adventus	plötzliche Ankunft
* **reperire, reperio, repperi, repertum (4)**	**finden, ersinnen, erfahren**
* *mit Akkusativ verbunden:*	
aquam reperire	Wasser finden
disciplinam reperire	eine Lehre ersinnen/erfinden
mit doppeltem Nominativ:	sich zeigen, sich erweisen
secunda in Caesarem voluntas provinciae reperiebatur	die Stimmung der Provinz gegen Caesar erwies sich als günstig
* *mit aci verbunden*	erfahren/finden, daß
repetere, o, repetivi (repetii), repetitum (3)	**zurückfordern, zurückholen, zurückrechnen**

repetere, o, repetivi (repetii), repetitum (3)	**zurückfordern, zurückholen, zurückrechnen**
dies repetere	Tage zurückrechnen
obsides repetere	Geiseln zurückfordern
poenas ab aliquo repetere	Rache an jemandem nehmen
replere, eo, plevi, pletum (2)	**reichlich versehen**
reponere, o, posui, positum (3)	**setzen, beiseite legen**
arma reponere	die Waffen beiseite legen
omnem spem in virtute reponere	alle Hoffnung auf die Tapferkeit setzen
reportare, o, avi, atum (1)	**zurückbringen**
reposcere, reposco (3)	**fordern**
rationem reposcere	Rechenschaft fordern
repraesentare, o, avi, atum (1)	**beschleunigen, sogleich ausführen**
reprehendere, reprehendo, reprehendi, reprehensum (3)	**festhalten, tadeln**
naves reprehendere	Schiffe festhalten
temeritatem reprehendere	die Unbesonnenheit tadeln
reprimere, o, pressi, pressum (3)	**zurückdrängen, aufhalten, hemmen**
cursum reprimere	den Lauf hemmen
fugam reprimere	die Flucht aufhalten
repudiare, o, avi, atum (1)	**verschmähen, zurückweisen**
condicionem repudiare	eine Bedingung zurückweisen
gratiam repudiare	eine Gunst verschmähen
* **repugnare, o, avi, atum (1)**	**Widerstand leisten, entgegenstehen, widerstreben**
fortiter repugnare	tapfer Widerstand leisten
his omnibus rebus unum repugnabat, quod	all diesen Dingen stand nur eins im Weg, nämlich daß
repulsa, ae fem.	**Abweisung bei der Bewerbung**
requies, requietis fem.	**Ruhe, Erholung, Atempause**
requiescere, o, quievi, quietum (3)	**ausruhen**
requirere, o, quisivi, quisitum (3)	**suchen, fragen, erfordern, verlangen**
diligentiam requirere	umsichtiges Vorgehen erfordern
indulgentiam requirere	auf eine nachsichtige Behandlung hoffen
reri, reor, ratus sum (2)	**glauben**
* **res, rei fem.**	**Ding, Sache, Angelegenheit, Lage, Tatsache, Ereignis, Interesse, Geschäft, Vorteil, Vermögen**
* res frumentaria	Verpflegung
res gestae	Taten, Leistungen, Erfolge
* res militaris	Kriegswesen
* res publica	Staat
rerum novarum cupidus	auf Umsturz bedacht
novis rebus studere	auf Umsturz sinnen
* ob eam rem (eas res)	deswegen

resarcire, io, resarsi, resartum (4) — **wieder ersetzen**
detrimentum resarcire — einen Verlust wieder ersetzen

* **rescindere, o, scidi, scissum (3)** — **einreißen, abbrechen** *z.B.: loricam/pontem*

resciscere, o, rescii, rescitum (3) — **erfahren**
ex perfugis resciscere — von Flüchtlingen erfahren

rescribere, o, scripsi, scriptum (3) — **umschreiben, antworten**
ad equum rescribere — zu Rittern machen
rescribere *mit aci verbunden* — antworten, daß

* **reservare, o, avi, atum (1)** — **aufsparen, aufbewahren, erhalten**
ad extremum reservare — bis zum Äußersten aufsparen
ad obsidionem urbis reservare — für die Belagerung der Stadt aufsparen
ad periculum eius reservare — zu seiner Vernichtung aufsparen

residēre, eo, sedi, sessum (2) — **vorhanden sein** *z.B.: memoria*

residere, o, sedi, sessum (3) — **sich beruhigen**

residuus, a, um — **übrig**

resina, ae fem. — **das Harz** *Harz oder Gummi wurde den diversen Ölen zugesetzt, um den Duft besser zu binden*

* **resistere, o, restiti (3)** — **stehen bleiben, zurückbleiben, Widerstand leisten**

* **respicere, io, spexi, spectum (3)** — **sich umsehen, berücksichtigen**
sacramentum respicere — auf einen Eid Rücksicht nehmen
ad Marcum Bibulum summa imperii respiciebat — Markus Bibulus hatte die gesamte Befehlsgewalt in der Hand

* **respondere, eo, spondi, sponsum (2)** — **antworten**
respondere, ut — antworten, daß
* respondere *mit aci verb.* — antworten, daß

* **responsum, i n.** — **Antwort**
responsum dare — antworten
responsa referre — Antwort überbringen

respuere, o, ui (3) — **zurückweisen**
condicionem respuere — eine Bedingung zurückweisen

restagnare, o (1) — **unter Wasser stehen**

restare, o, stiti (1) — **zurückbleiben, Widerstand leisten**
fortiter restare — tapfer Widerstand leisten
restat, ut — es bleibt übrig, daß

restinguere, o, stinxi, stinctum (3) — **auslöschen, löschen** *z.B.: incendium*

* **restituere, o, ui, stitutum (3)** — **wiederherstellen, wieder einsetzen, zurückgeben**
oppidum restituere — Stadt wiederaufbauen
proelium restituere — einen Kampf wiederherstellen
sibi restitutum esse — sich wiedergegeben sein

in antiquum locum gratiae atque honoris restituere	in seine/ihre frühere einflußreiche und ehrenvolle Stellung wiedereinsetzen
retardare, o, avi, atum (1)	**aufhalten, hemmen** *z.B.: impetum*
* **retinere, eo, ui, tentum (2)**	**zurückhalten, festhalten, behalten**
* aliquem (in castris) retinere	jemanden (im Lager) zurückhalten
aegre sunt retenti, quin	sie sind mit Mühe zurückgehalten worden, zu ...
id retinere	an seinen/ihren Maßnahmen festhalten
retorquere, eo, torsi, tortum (2)	**zurückwenden**
retrahere, o, traxi, tractum (3)	**zurückbringen, zurückholen**
retro Adverb	**zurück**
reus, rei m.	**Angeklagter**
revellere, o, velli, vulsum (3)	**wegreißen, herausreißen** *z.B.: scuta/stipites*
* **reverti, revertor, reverti** *(Partizip Perfekt 'reversus' ist nur bell.Gall. 6,42,1 belegt)*	**zurückkehren**
* reverti ad	zurückkehren zu/nach
* ad eum reverti	zu ihm zurückkehren
ad sanitatem reverti	zur Vernunft kommen
* reverti in	zurückkehren nach
* in fines suos reverti	in ihr Gebiet zurückkehren
in conspectum Caesaris reverti	Caesar wieder unter die Augen treten
revincire, io, vinxi, vinctum (4)	**anbinden, befestigen**
* **revocare, o, avi, atum (1)**	**zurückrufen, abrufen, zur Rückkehr auffordern**
aliquem ad sanitatem revocare	jemanden zur Vernunft bringen
aliquem in castra revocare	jemanden ins Lager zurückrufen
aliquem ab opere revocare	jemanden von der Schanzarbeit zurückrufen
multis rebus in Italiam revocari	durch viele Dinge/Umstände zur Rückkehr nach Italien aufgefordert werden (sich aufgefordert sehen)
* **rex, regis m.**	**König**
rheno, rhenonis m. (auch: reno, renonis)	**Pelz**
* **ripa, ripae fem.**	**Flußufer**
rivus, rivi m.	**Bach**
robur, roboris n.	**Eichenholz, Kerntruppen**
* **rogare, o, avi, atum (1)**	**fragen, bitten**
auxilium rogare	um Hilfe bitten
sacramento rogare	den Fahneneid schwören lassen

rogare, ut	bitten zu ...
rogare *mit Konjunktiv verb.*	bitten zu ...
rogatio, onis fem.	**Gesetzesvorschlag**
rogationes ad populum ferre	Gesetzesvorschläge vors Volk bringen
ros, roris m.	**der Tau**
rostratus, a, um	**mit einem Schnabel versehen**
rostrum, rostri n.	**Schiffsschnabel**
Pl.: rostra, orum n.	Rednerbühne *(da sie mit den Schiffsschnäbeln der Schiffe verziert war, die man im Jahre 338 v.Chr. von den Antiaten erbeutet hatte)*
rota, rotae fem.	**Rad**
rubus, rubi m.	**Brombeerstaude**
rudis, rudis, rude	**wild, unabgerichtet** *z.B.: elephans*
rudus, ruderis n.	**Estrich**
ruere, ruo, rui, rutum (3)	**stürzen**
ruina, ruinae fem.	**Einsturz, Trümmer**
* **rumor, rumoris m.**	**Gerücht**
rumore accipere	gerüchteweise vernehmen
rupes, rupis fem.	**Fels**
* **rursus Adverb** (auch: rursum)	**wieder, von neuem**
rus, ruris n.	**Land, Feld**
rura colentes	Landbewohner, Leute vom flachen Land

S

sacer. sacra, sacrum	**heilig**
sacrum, sacri n.	**Heiligtum**
sacerdos, sacerdotis m/fem.	**Priester**
sacerdotium, ii n.	**Priesterwürde, Priesteramt**
de sacerdotiis contendere	sich über die Zuteilung von Priesterämtern streiten/eifrig diskutieren
* **sacramentum, i n.**	**Fahneneid, Kriegsdienst**
redemptio sacramenti	Loskaufung vom Kriegsdienst
sacramentum dicere	den Fahneneid schwören
sacramento rogare	vereidigen
sacrificium, ii n.	**Opfer**
sacrosanctus, a, um	**unverletzlich**

* **saepe Adverb**	**oft, häufig**
Komparativ: saepius	
* saepenumero / saepe numero	oftmals, wiederholt
saevire, io, saevii, saevitum (4)	**wüten** *z.B.: ventus*
saginare, o, avi, atum (1)	**mästen, sich sättigen**
* **sagitta, ae fem.**	**Pfeil**
* **sagittarius, ii m.**	**Bogenschütze**
sagulum, i n.	**Kriegsmantel**
sagum, sagi n.	**Kriegsmantel**
sal, salis m./n.	**Salz**
salinae, arum fem.	**Salzgrube, Salzwerk**
salsus, a, um	**salzig**
saltem Adverb	**wenigstens**
saltus, saltus m.	**Waldgebirge, Schlucht**
saluber, salubris, salubre	**gesund** *z.B.: regio*
salubritas, atis fem.	**Gesundheit**
salum, sali n.	**Meer**
* **salus, salutis fem.**	**Heil, Rettung**
* salutem desperare	die Hoffnung auf Rettung aufgeben
meist: salute desperata	als man schon die Hoffnung auf Rettung aufgegeben hatte
salutem parere	sich retten
fuga salutem petere	das Heil in der Flucht suchen
salutem ponere *in aliqua re*	Hoffnung auf Rettung auf etwas setzen
ad salutem contendere	das Heil (in der Flucht) suchen
salutare, o, avi, atum (1)	**begrüßen**
salutatio, onis fem.	**Begrüßung**
salvus, a, um	**wohlbehalten, unverletzt**
sanare, o, avi, atum (1)	**heilen** *z.B.: vulnera* **beruhigen** *z.B.: animos/mentes* **wiedergutmachen** *z.B.: incommodum*
sancire, io, sanxi, sanctum (4)	**festsetzen, verordnen**
sancire, ut	festsetzen, daß
sanctitas, atis fem.	**Heiligkeit, Unverletzlichkeit**
sanctus, a, um	**heilig, unverletzlich**
aerarium sanctius *vgl. Anm. zu 'aerarium'*	
sanguis, sanguinis m.	**Blut**
sanitas, atis fem.	**Vernunft, Besonnenheit**
ad sanitatem reverti	zur Vernunft kommen; Vernunft annehmen

sanus, a, um	**vernünftig, besonnen**
nihil pro sano facere	nicht wie ein vernünftiger Mensch handeln
sapere, sapio, sapii (3)	**Einsicht haben**
sapor, saporis m.	**Geschmack** *(von Wasser gesagt)*
* **sarcinae, arum fem.**	**Gepäck**
milites sub sarcinis aggredi	bepackte Soldaten angreifen
sub sarcinis defatigatus	unter der Last des Gepäcks ermüdet
sarcinarius, a, um	**zum Gepäck gehörig**
sarcire, sarcio, sarsi, sartum (4)	**ausgleichen, wiedergutmachen** *z.B.: detrimentum/incommodum/infamiam*
sarmentum, i n.	**Zweig**
satagere, satago (3)	**in Not sein, bedrängt sein**
* **satis**	**genug, hinreichend, ziemlich**
* *mit Genitiv verbunden:*	
satis auxilii	genug (an) Hilfe
satis esse ducere	für genug halten; für hinreichend halten
* **satis facere, satis facio, satis feci, satis factum (3)**	**Genugtuung leisten, Genugtuung geben**
satis facere officio	der Pflicht genügen
de iniuriis satisfacere	für die Ungerechtigkeiten Genugtuung leisten
satisfactio, onis fem.	**Entschuldigung**
satisfactionem accipere	Entschuldigung annehmen
sauciare, o, avi, atum (1)	**verwunden**
* **saucius, a, um**	**verletzt, verwundet**
saxeus, a, um	**von Steinen**
saxea grando	Steinhagel
* **saxum, saxi n.**	**Fels, Stein**
* **scalae, arum fem.**	**Leiter**
scandula, ae fem.	**Schindel**
* **scapha, scaphae fem.**	**Boot, Kahn**
sceleratus, a, um	**frevelhaft, verrucht**
sceleratus, i m.	Verbrecher
* **scelus, sceleris n.**	**Verbrechen**
sciens, sciens, sciens *Gen.:* scientis	**einsichtig, geschickt**
scienter Adverb	**geschickt**
* **scientia, ae fem.**	**Kenntnis, Geschicklichkeit**
scientia rei militaris	Kriegserfahrung
scilicet Adverb	**natürlich, sicherlich**

scindere, o, scidi, scissum (3)	**einreißen, zerstören** *z.B.: vallum*
scire, scio, scivi (scii), scitum (4)	**wissen, kennen, erfahren**
* *mit aci verbunden*	wissen/erfahren, daß
sciscere, o, scivi, scitum (3)	**erfahren**
scopa, scopae fem.	**(dünner) Zweig**
scopulus, i m.	**Klippe**
scorpio, onis m.	1. **Wurfmaschine** *(eine Kriegsmaschine zum Schleudern von Pfeilen, Steinen und anderen Geschossen)* 2. **Pfeil**
* **scribere, o, scripsi, scriptum (3)**	**schreiben, erwähnen, ausheben**
legiones scribere	Legionen ausheben
litteras scribere	Brief abfassen
scribere de aliquo	jemanden erwähnen
mit doppeltem Akkusativ:	jemanden ernennen/benennen zu
heredes erant scripti filius maior et filia ...	als Erben waren der ältere Sohn und die Tochter benannt
scribere, ut	schreiben, daß
scribere *mit Konjunktiv*	schreiben, daß
scriptor, oris m.	**Schriftsteller**
scriptum, i n.	**das Geschriebene, Schrift(werk)**
scrobis, is m./fem.	**Grube** *(um Bäume hineinzusetzen)*
scutatus, a, um	**mit langen Schilden versehen**
scutula, ae fem.	**Walze** *(zum Bewegen von Lasten)*
* **scutum, scuti n.**	**Schild**

Das scutum maß 1,3 mal 0,75 m; es bestand aus 2 viereckigen Brettern, die man zusammengeleimt hatte. Der Überzug bestand aus einer Lage Leinwand und einer darüberliegenden Lage Rindsleder. Die Ränder des Schildes waren mit Eisen beschlagen. Auf der Mitte der Außenseite war das 'scutum' zur Verstärkung mit einem eisernen Buckel versehen.

sebum, sebi n. (auch: sevum)	**Talg**
secare, o, secui, sectum (1)	**mähen, schneiden**
secernere, o, crevi, cretum (3)	**trennen**
ab aliquo secernere	von jemandem trennen
secessio, onis fem.	**Trennung, Spaltung**
in secessione populi	wenn sich das Volk abspaltet
secius Adverb	**weniger**
nihilo secius	nichtsdestoweniger, dennoch, dessen ungeachtet
secludere, o, clusi, clusum (3)	**trennen, abschneiden**
cohortem a reliquis secludere	die Kohorte von den übrigen abschneiden
secreto Adverb	**ohne Zeugen, unter vier Augen**
secreto in occulto	ohne jeden Zeugen

sectari, or, atus sum (1)	**nachjagen**
mit Akkusativ verbunden:	
praedam sectari	der Beute nachjagen
sectio, sectionis fem.	**Beutemasse** *(die zum Verkauf kommt)*
sectura, ae fem.	**Grube** *(Erzgrube/Steinbruch)*
secundanus, i m.	**Soldat der zweiten Legion**
* **secundum (Präposition mit Akk.)**	**entlang, längs, nahe bei**
secundum flumen	den Fluß entlang
secundum mare	nahe beim/am Meer
secundum ea	außerdem
* **secundus, a, um**	**1. folgende, zweite, nächste**
	2. günstig
acies secunda	die zweite Schlachtreihe
proelium secundum	eine günstige/glückliche Schlacht
secundiores res	glücklichere Umstände
ventus secundus	günstiger Wind
vigilia secunda	zweite Nachtwache
omnia cadunt secunda	alles geht gut/glücklich aus
flumine secundo	flußabwärts
securis, securis fem.	**Beil**
secus Adverb	**anders**
vgl. auch: **secius**	
* **sed**	**aber, sondern**
* non modo ... sed etiam	nicht nur ... sondern auch
* non solum ... sed etiam	nicht nur ... sondern auch
sedare, o, avi, atum (1)	**beruhigen, unterdrücken**
	z.B.: tumultum
sedecim *(indeklinabel)*	**sechzehn**
sedere, eo, sedi, sessum (2)	**sitzen**
in praetorio sedere	im Feldherrnzelt sitzen
sedes, sedis fem.	**Sitz, Wohnsitz**
seditio, seditionis fem.	**Empörung, Aufruhr**
seditionem facere	sich empören
seditiosus, a, um	**aufrührerisch**
seges, segetis fem.	**Saat, Saatfeld**
in proximas segetes mittere	auf die nächsten Saatfelder schicken
segnis, segnis, segne	**träge, säumig**
sella, ae fem.	**Sessel** *(auf dem die hohen Staatsmänner sitzen)*
semel	**einmal, erstlich**
semenstris, semenstris, semenstre	**sechsmonatlich**
(auch: semestris)	

sementis, is fem. — **Saat**
quam maximas sementes facere — möglichst viel Land bestellen

semifactus, a, um — **halbfertig**

semihora, ae fem. — **halbe Stunde**

semita, ae fem. — **Fußweg**

semovere, eo, movi, motum (2) — **entfernen**
semotus ab — entfernt von
semoto loco — an einem entlegenen Ort

* **semper Adverb** — **immer, beständig**

* **senator, oris m.** — **Senator**

senatorius, a, um — **senatorisch**

* **senatus, us m.** — **Senat**

senex, senis m. — **alter Mann** *(über 60 Jahre alt)*

seni, ae, a — **je sechs**

sensus, us m. — **Sinn, Gesinnung**

* **sententia, ae fem.** — **Meinung, Satz, Beschluß, Entscheidung, Antrag, Urteil**

haec sententia vincit — diese Meinung überwog
sententiae dicebantur — Meinungen wurden geäußert

sententiam ferre — Urteil fällen
sententiam probare — eine Entscheidung billigen
sententiam sequi — sich einer Meinung anschließen

ad eam sententiam deducere — zu dieser Meinung bringen
ad alicuius sententiam descendere — sich für den Vorschlag jemandes entscheiden
in eandem sententiam loqui — sich in derselben Weise äußern

a sua sententia discedere — von seiner Meinung abrücken
in sententia permanere — bei einer Meinung bleiben
perseverare in sua sententia — bei seiner Meinung verharren
perstare in sententia — bei einer Meinung bleiben

ex sententia — nach Wunsch, wunschgemäß

sentina, ae fem. — **Schiffsbodenwasser, Kielwasser**

* **sentire, io, sensi, sensum (4)** — **fühlen, meinen, wahrnehmen, urteilen**

idem sentire — dasselbe fühlen/meinen
ex aliqua re de aliqua re sentire — von etwas auf etwas schließen; etwas an etwas erkennen
sentire *mit aci verbunden* — wahrnehmen, meinen, daß
nec aliter sentire, quin — davon überzeugt sein, daß

sentis, sentis m. — **Dornenstrauch**

seorsum Adverb — **abgesondert**

separare, o, avi, atum (1) — **absondern, trennen**
separare ab — absondern/trennen von

separatim Adverb — **abgesondert, getrennt**

sepes, sepis fem. (auch: saepes)	**Gehege, Verzäunung**
* **septem** *(indeklinabel)*	**sieben**
septendecim *(indeklinabel)* (auch: septemdecim)	**siebzehn**
septentrio, septentrionis m. sub septentrionibus	**Norden** in nördlicher Gegend; gegen Norden hin
* **septimus, a, um**	**siebente**
septingenti, ae, a	**siebenhundert**
septuaginta *(indeklinabel)*	**siebzig**
sepultura, ae fem.	**Bestattung**
* **sequi, sequor, secutus sum (3)**	**folgen, verfolgen, Folge leisten, sich anschließen**
* *mit Akkusativ verbunden*	jemandem folgen/Folge leisten/ sich anschließen; jemanden verfolgen
serenitas, atis fem.	**Heiterkeit**
serere, sero, sevi, satum (3)	**säen**
* **sermo, sermonis m.**	**Rede, Unterhaltung, Gespräch**
sero Adverb	**spät, zu spät**
serpere, serpo, serpsi (3)	**sich ausbreiten** *z.B.: ignis*
* **servare, o, avi, atum (1)**	**retten, erhalten, bewahren, beobachten**
fidem servare de	die Treue halten in Bezug auf; sein Wort halten in Bezug auf
itinera servare	Marschweg beobachten
iura servare	die Rechte achten
ordines servare	in Reih und Glied bleiben
servilis, servilis, servile in servilem modum	**die Sklaven betreffend/sklaven-** auf sklavenhafte Weise; in einer Weise wie gegen Sklaven
servilis tumultus	Sklavenaufstand
servire, io, ivi (ii), itum (4) auribus servire	**gefällig/bedacht sein, sich richten** nach dem Mund reden (so reden, wie jemand es gern hört)
bello servire	sich für den Krieg einsetzen
temporis necessitati servire	sich nach dem Zwang der Zeit richten
privato compendio servire	in die eigene Tasche wirtschaften
servitum, servitii n.	**Sklavenvolk**
* **servitus, servitutis fem.** in servitutem abducere	**Sklaverei, Sklavenstand** in die Sklaverei führen
* **servus, servi m.**	**Sklave**
sescenarius *vgl. sexcenarius*	

*	**sescenti, ae, a**	**sechshundert**
	sesquipedalis, sesquipedalis, sesquipedale	**anderthalb Fuß dick**
*	**sestertius, ii m.**	**Sesterz** *(römische Währung)*
	seu *vgl. sive*	
	severe Adverb	**ernst, streng**
	severitas, atis fem.	**Ernst, Strenge**
	sevocare, o, avi, atum (1)	**beiseite rufen**
	sevum *vgl. sebum*	
*	**sex** *(indeklinabel)*	**sechs**
	sexagies Adverb	**sechs Millionen**
*	**sexaginta** *(indeklinabel)*	**sechzig**
	sexcenarius, a, um	**von sechshundert Mann**
	cohortes sexcenariae II	zwei sechshundert Mann starke Kohorten
	sexennis, sexennis, sexenne	**sechsjährig**
*	**sextus, a, um**	**sechste**
*	**si (Konjunktion)**	**wenn, ob**
	I. mit Indikativ:	
	si quod est admissum facinus	wenn irgendein Unrecht begangen worden ist
	II. mit Konjunktiv (Präsens/Imperfekt/Perfekt/Plusquamperf.)	
	si quid ipsi a Caesare opus esset sese ad eum venturum fuisse	wenn er selbst etwas von Caesar wollte, würde er zu ihm kommen
	III. nach den Verben des Erwartens und Versuchens (conari/exspectare/temptare)	ob
	hanc paludem si nostri transissent, hostes exspectabant	die Feinde warteten, ob unsere Soldaten diesen Sumpf überschreiten würden
*	**sic (Adverb)**	**so, so sehr, auf solche Weise**
	ac sic accidit, uti ...	und so geschah es, daß
	* ut ... sic	wie ... so
	ut ipsi concedi non oporteret, sic ...	wie ihm selbst nicht erlaubt werden dürfe, (eben)so ...
	siccitas, atis fem.	**Trockenheit, Dürre**
	sicubi Adverb	**wenn irgendwo**
*	**sicut (sicuti) Adverb**	**wie, gleichwie, gleichsam**
	quod fore, sicut accidit, videbat	wie es geschah, genau so sah er es kommen
	provinciam suam hanc esse Galliam, sicut illam nostram	dieser Teil Galliens sei seine Provinz, so wie jener unsere sei

	sidus, sideris n.	**Gestirn**
	signare, o, avi, atum (1)	**versiegeln** *z.B.: litteras/locellum/ tabellas*
	signifer, signiferi m.	**Fahnenträger**
*	**significare, o, avi, atum (1)**	**Zeichen geben, anzeigen, zu erkennen geben**
	deditionem significare	die Unterwerfung zu erkennen geben
	timorem significare	Furcht verraten
	significare, ut	anzeigen, daß
	significare *mit aci verbunden*	anzeigen, daß
	significatio, onis fem.	**Zeichen, Andeutung, Kundgebung**
*	**signum, signi n.**	**Zeichen, Feldzeichen**
	signa conversa inferre	angreifen
	* signum dare	das Zeichen (zum Angriff) geben
	signa ferre	aufbrechen
	* signa inferre *alicui/in ...*	jemanden angreifen
	ad signa convenire	den Fahneneid schwören
*	**silentium, silentii n**	**Schweigen, Stille**
	* silentio	in aller Stille
	silere, sileo, silui (2)	**schweigen**
*	**silva, silvae fem.**	**Wald**
*	**silvestris, silvestris, silvestre**	**mit Wald bewachsen, waldig, im Wald**
	silvestri loco	an einem Ort im Wald
*	**similis, similis, simile**	**ähnlich**
	magis veri simile esse	dem wahren Sachverhalt näher kommen
	similis atque *vgl. atque*	
	similiter Adverb	**ähnlich, auf gleiche Weise**
	similitudo, dinis fem.	**Ähnlichkeit**
	simplex, simplex, simplex *Gen.:* simplicis	**einfach**
*	**simul (Konjunktion** ***mit Indikativ Perfekt verbunden)***	**sobald als**
	* simulac/simulatque	sobald als
*	**simul Adverb**	**zugleich**
	simul ... simul	teils ... teils
	simulacrum, i n.	**Bild, Götterbild**
	simulare, o, avi, atum (1)	**vorgeben, sich verstellen, heucheln**
	amicitiam simulare	Freundschaft heucheln
	simulare *mit aci verbunden*	heucheln/vorgeben, daß
*	**simulatio, onis fem.**	**Täuschung, Heuchelei, Schein, Vorwand**
	* simulatione (timoris)	in scheinbarer (Furcht)
	simultas, atis fem.	**Groll, Feindschaft**
	simultas cum aliquo	Feindschaft mit jemandem

	sin	**wenn aber, sofern aber**
	sin autem	wenn aber
	sincere Adverb	**wahrheitsgemäß**
*	**sine (Präposition mit Abl.)**	**ohne**
	sinere, sino, sivi, situm (3)	**zulassen, gestatten**
	mit aci verbunden	gestatten, daß
	singillatim Adverb	**einzeln**
*	**singularis, singularis, singulare**	**einzeln, ausgezeichnet, außerordentlich, eigentümlich**
*	**singulus, a, um**	**ein einziger, einer allein**
	singuli, ae, a	einzeln, je ein
*	**sinister, sinistra, sinistrum**	**links**
	sinistrā	auf der linken Seite
*	**sinistra, ae fem.**	**linke Hand**
	sinistrorsus Adverb	**nach links**
	sinus, sinus m.	**Meerbusen, Bucht**
	siquidem	**sofern ja**
	sitis, sitis fem.	**Durst**
	Akk.: sitim	
	Abl.: siti	
	situs, situs m.	**Lage**
*	**sive (seu)** *(selten allein)*	**oder**
	* sive ... sive (seu ... seu)	sei es ... oder
	sive casu sive consilio deorum	sei es zufällig oder auf göttlichen Ratschluß
	sive timore perterriti, sive spe salutis inducti	sei es durch Furcht erschreckt, sei es aus Hoffnung auf Rettung
	socer, soceri m.	**Schwiegervater**
*	**societas, atis fem.**	**Gemeinschaft, Bündnis, Teilnahme**
*	**socius, socii m.**	**Bundesgenosse, Verbündeter**
	aliquem recipere ad se socium	sich mit jemandem verbünden
*	**sol, solis m.**	**Sonne; auch der Name der Sonnengottheit: Sol**
	solacium, solacii n.	**Trost**
	(auch: solatium)	
	soldurii, iorum m.	**Getreue**
		keltisches Wort; bezeichnet Leute, die jemandem ein Gelübde auf Leben und Tod gegeben haben; vgl. bell. Gall. 3,22
*	**solere, soleo, solitus sum (2)**	**pflegen, gewohnt sein**
	* *mit Infinitiv verbunden*	pflegen zu ...; gewohnt sein zu ...
	solitudo, solitudinis fem.	**Einöde**
	sollertia, ae fem.	**Geschicklichkeit, Anstelligkeit**

*	**sollicitare, o, avi, atum (1)**	**beunruhigen, aufwiegeln**
	sollicitare, ut	aufwiegeln zu ...
	sollicitudo, dinis fem.	**Kummer, Sorge**
	sollicitus, a, um	**besorgt, beunruhigt**
*	**solum Adverb**	**nur, allein, einzig**
	neque solum ... sed etiam	und nicht nur ... sondern auch ...
	* non solum sed etiam	nicht nur ... sondern auch ...
	non solum ... sed paene	nicht nur ... sondern fast ...
	solum, soli n.	**Erdboden**
*	**solus, sola, solum**	**ganz allein, einzig, bloß**
	Gen.: solius	
	Dat.: soli	
	Pl.: soli, solae, sola	als einzige
	capite solo exstare	nur mit dem Kopf herausragen
	cum sola decima legione	allein (nur) mit der 10. Legion
	solutio, solutionis fem.	**Zahlung**
*	**solvere, solvo, solvi, solutum (3)**	**lösen, bezahlen**
	solvit *(allein verwendet)*	er lichtet(e) die Anker
	ex superiore portu solvere	vom oberen Hafen losfahren
	* naves solvere	Anker lichten
	pecunias solvere	Geld zahlen
	somnus, somni m.	**Schlaf**
	sonare, o, ui, itum (1)	**ertönen**
	sonitus, sonitus m.	**Geräusch** *(von den Rudern gesagt)*
	sonus, soni m.	**Schall, Klang**
	sonus tubae	der Klang der Tuba
	sordidus, a, um	**niedrig, verächtlich**
	soror, sororis fem.	**Schwester**
	sors, sortis fem.	**Los, Schicksal**
*	**spatium, spatii n.**	**Raum, Zeit, Dauer, Entfernung**
	spatium intercedit	Zeit vergeht
	* brevi spatio interiecto	nach einer kurzen Zeitspanne
	horarum XII spatio	in einem Zeitraum von zwölf Stunden (alle 12 Stunden)
	spatio duum milium	in einem Abstand von 2000 (Doppelschritten)
*	**species, speciei fem.**	**Erscheinung, Anblick, Gesicht, Schein, Ansehen**
	species multum a nostrorum boum cornibus differt	das Aussehen der Hörner unterscheidet sich viel von dem unserer Rinder
	speciem defensorum praebere	den Eindruck von Verteidigern erwecken
	ad speciem	zum Schein
	in speciem	dem Anschein/Aussehen nach

	speciose Adverb	**prächtig**
	speciosus, a, um	**ansehnlich, glänzend** *z.B.: amor/causa*
	spectaculum, i n.	**Anblick**
*	**spectare, o, avi, atum (1)**	**blicken, anschauen, berücksichtigen; gelegen sein**
	antiquissimum quodque tempus spectare	gerade die ältesten Zeiten berücksichtigen *(bei einer hist. Betrachtung)*
	ad meridiem spectare	nach Süden liegen
	spectare inter occasum solis et septentriones	zwischen Westen und Norden liegen *(im Nordwesten liegen)*
	spectatus, a, um	**ansehnlich** *z.B.: triumphus*
	specula, ae fem.	**Warte** *(Anhöhe zum Spähen)*
	speculari, or, atus sum (1)	**lauern, auskundschaften, beobachten**
*	**speculator, oris m.**	**Späher, Kundschafter**
	speculatorius, a, um	**zum Kundschafter gehörig**
	speculatoria navigia	Spähschiffe
	specus, specus m./fem./n.	**Höhle, Grotte, Kanal**
	spelunca, ae fem.	**Höhle, Grotte**
*	**sperare, o, avi, atum (1)**	**hoffen, erwarten**
	* sperare *mit aci verbunden*	hoffen/erwarten, daß
*	**spes, spei fem.**	**Hoffnung**
	* *mit Genitiv der Sache verb.:*	Hoffnung auf ...
	spes reditionis	Hoffnung auf Rückkehr
	spes Gallis navibus in aliqua re consistit	die Hoffnung der gallischen Schiffsbesatzung liegt in ...
	* in summam spem venire	sich die größten Hoffnungen machen
	ea spe deiectus	in der Hoffnung darauf getäuscht
	spe sublata	nachdem die Hoffnung genommen war
	in extrema spe salutis	in der äußersten/höchsten Not
	spiritus, spiritus m.	**Übermut, Hochmut, Selbstvertrauen**
	spiritus sibi sumere	hochmütig sein/werden
	splendide Adverb	**glänzend, ruhmvoll**
	splendidus, a, um	**angesehen** *z.B.: vir*
	spoliare, o, avi, atum (1)	**berauben, plündern, rauben**
	mit Abl. der Sache verb.	einer Sache berauben
	spolium, spolii n.	**Beutestück, Rüstung**
*	**sponte (Abl.)**	**(aus freiem Willen)**
	* sua sponte	aus eigenem Antrieb
	stabilire, io, ivi, itum (4)	**befestigen**

	stabilitas, atis fem.	**Festigkeit, Feststehen** *(von der Infanterie gesagt)*
	stagnum, stagni n.	**Teich, See**
*	**stare, sto, steti, statum (1)**	**stehen, stehen bleiben, standhalten, abhängen**
	decreto stare	der Entscheidung Folge leisten
	per Africanum stat, quominus ...	es hängt von Africanus ab, ob ...
	cum aliquo stare	gegen jemanden im Feld stehen
*	**statim Adverb**	**sofort, augenblicklich, unmittelbar**
*	**statio, stationis fem.**	**Posten, Wachposten**
	stativus, a, um	**stehend, fest**
	castra stativa	Standlager
	statua, ae fem.	**Standbild**
*	**statuere, o, ui, utum (3)**	**hinstellen, aufstellen, festsetzen, beschließen**
	tabernacula statuere	Zelte aufschlagen
	statuere de (controversiis)	Entscheidungen fällen über (die Streitigkeiten)
	statuere, ut	beschließen, daß
*	statuere *mit aci verbunden*	beschließen, daß
	statuere *mit Infinitiv*	beschließen zu ...
	statumen, statuminis n.	**Schiffsrippe**
	statura, ae fem.	**Größe** *(Körpergröße von Menschen)*
	status, status m.	**Zustand, Lage, Verhältnis**
	in pristinum statum redire	den alten Zustand wiedererlangen
	eo tum statu res erat, ut	die Verhältnisse waren damals so gelagert, daß
	sternere, sterno, stravi, stratum (3)	**decken, zurüsten** *z.B.: triclinium*
	stilus, stili m.	**Fußangel**
	stimulus, stimuli m.	**Stachel**
	stipare, o, avi, atum (1)	**zusammendrängen**
	stipendiarius, a, um	**tributpflichtig, steuerpflichtig, um Sold dienend**
*	**stipendium, ii n.**	**Tribut, Sold, Dienstjahr**
	stipendium capere	Tribut beziehen
	stipendium flagitare	den Sold verlangen
	stipendium imponere alicui	jemandem Tribut auferlegen
	stipendium pendere	Tribut zahlen
	stipendium remittere	Tribut schmälern
	duplici stipendio donare	mit doppeltem Sold beschenken
	stipendio liberare	vom Tribut befreien
	octavo iam stipendio	schon im achten Dienstjahr
	stipes, stipitis m.	**Stamm, Pfahl**
	stirps, stirpis fem.	**Stamm, Geschlecht**
	storia, storiae fem. (auch: storea)	**Decke, Matte** *(aus Stroh, Binsen oder Stricken geflochten)*

	stramenticius, a, um	**aus Stroh**
	casae stramenticiae	Strohhütten
	stramentum, i n.	**Stroh, Packsattel**
	strenuus, a, um	**eifrig**
	strepitus, us m.	**Geräusch, Getöse, Lärm**
	stridor, oris m.	**Zischen, Schwirren, Geschrei**
	stringere, o, strinxi, strictum (3)	**abstreifen, ziehen** *z.B.: folia/gladios*
	structura, ae fem.	**Mauerwerk**
	struere, o, struxi, structum (3)	**bauen, errichten, aneinanderfügen**
*	**studere, eo, ui (2)**	**sich bemühen**
	* *mit Dativ verbunden*	sich um etwas bemühen
	* novis rebus studere	auf Umsturz bedacht sein
	* studere *mit Infinitiv verb.*	sich bemühen zu ...
	studere *mit aci verbunden*	sich bemühen, daß
	studere, ut	sich bemühen, daß
	studiose Adverb	**eifrig**
	studiosus, a, um	**eifrig bedacht**
	mit Genitiv der Sache verb.	eifrig auf etwas bedacht sein
*	**studium, studii n.**	**Eifer, Beschäftigung, Neigung, Parteilichkeit**
	* *mit Genitiv der Sache verb.*	Eifer für/zu
	studium pugnandi	Kampfeseifer
	studium in populum Romanum	Eifer für das römische Volk
	stultitia, ae fem.	**Torheit, Mangel an Einsicht**
	stultus, a, um	**töricht**
	stupa, ae fem.	**Werg**
	suavis, suavis, suave	**lieblich, angenehm** *z.B.: telinum*
*	**sub (Präposition)**	**unter, gegen, bis an**
	A mit Akkusativ	
	I. räumlich:	
	sub iugum mittere	unter das Joch schicken
	sub murum se recipere	sich unter die Mauer zurückziehen
	II. zeitlich:	
	sub lucem	gegen Morgengrauen
	sub noctem	während der Nacht
	III. übertragen:	
	sub populi Romani imperium redigere	unter römische Herrschaft bringen
	B mit Ablativ	
	I. räumlich:	
	sub monte considere	am Fuß des Berges Aufstellung nehmen
	Gallia sub septentrionibus posita est	Gallien liegt in nördlicher Richtung

II. zeitlich:	
sub bruma	zur Zeit der Wintersonnenwende
III. übertragen:	
sub imperio Ambiorigis esse	unter der Gewalt des Ambiorix stehen
subdere, subdo, subdidi, subditum (3)	**unterlegen**
sub pedem subdere	unter den Fuß legen
subdolus, a, um	**hinterlistig, schlau**
* **subducere, o, duxi, ductum (3)**	**wegnehmen, wegführen**
copias in proximum collem subducere	die Truppen auf den nächsten Hügel führen *(heimlich)*
naves in aridum subducere	Schiffe ans Land ziehen
vela subducere	Segel reffen
subductio, onis fem.	**das Ziehen der Schiffe ans Land**
* **subesse, subsum, subfui**	**in der Nähe sein**
hiems suberat	der Winter stand vor der Tür
* **subicere, icio, ieci, iectum (3)**	**unter/unten an etwas werfen, legen, setzen, stellen, fügen, bringen; preisgeben, heranführen, nähern**
aciem castris Scipionis subicere	das Heer dicht am Lager des Scipios in Stellung gehen lassen
ignem subicere	Feuer legen an
navigationem hiemi subicere	die Schiffe dem stürmischen Meer preisgeben
phalangas subicere	Walzen anbringen
imperio subiectus	unterworfen
iniquis locis se subicere	auf ungünstiges Gelände von unten heranrücken
servituti subicere	in die Sklaverei stürzen
subiecte Adverb	**unterwürfig**
subigere, o, egi, actum (3)	**bedrängen, unterwerfen**
Galliam subigere	Gallien unterwerfen
inopia subactus	von Mangel bedrängt
* **subire, subeo, subii, subitum** *(konjugiert wie 'ire')*	**anrücken, betreten, auf sich nehmen, ertragen**
deditionem subire	sich unterwerfen
locum subire	einen Ort betreten
periculum subire	sich in Gefahr begeben
tectum subire	ein festes Dach über dem Kopf haben
* **subito Adverb**	**plötzlich**
* **subitus, a, um**	**plötzlich, unvermutet, schnell**
* **sublevare, o, avi, atum (1)**	**aufheben, aufrichten, unterstützen, erleichtern**
fortunam sublevare	dem Glück nachhelfen
inopiam sublevare	dem Mangel abhelfen

laborem sublevare	die Arbeit erleichtern
iubis sublevare	sich an den Mähnen (der Pferde) emporziehen
sublica, sublicae fem.	**Pfahl** *(der ins Wasser eingerammt worden ist)*
sublimis, sublimis, sublime	**hoch**
in sublime	in die Höhe
subluere, o, ui, utum (3)	**bespülen**
submergere, o, mersi, mersum (3)	**versenken** *z.B.: navem*
* **subministrare, o, avi, atum (1)** (auch: sumministrare)	**zureichen, zuschicken, zuführen, darbieten** *z.B.: auxilia/copiam/equites/frumentum/lapides/multitudinem/rem*
submissus, a, um (auch: summissus)	**demütig, heuchlerisch** *z.B.: civitas/oratio*
* **submittere, o, misi, missum (3)**	**zusenden, Hilfe schicken**
equitibus subsidio submittere	den Reitern zu Hilfe schicken
mit doppeltem Akkusativ:	jemanden unterstellen als
alicui Fulvium adiutorem submittere	Fulvius jemandem als Unterführer unterstellen
* **submovere, eo, movi, motum (2)**	**entfernen, zurückdrängen**
sub murum submovere	bis an die Mauer zurückdrängen
subnubilus, a, um	**etwas bewölkt**
subruere, subruo, subrui, subrutum (3)	**unterwühlen, untergraben, umstürzen** *z.B.: arbores/loca/murum/tentoria/turrim*
* **subsequi, subsequor, subsecutus sum (3)**	**folgen, nachfolgen**
* *mit Akkusativ verbunden*	jemandem folgen, nachfolgen
subsidere, subsido, subsedi, (sidi) sessum (3)	**sich setzen, zurückbleiben**
subsidiari, or (1)	**als Reserve dienen**
subsidiarius, a, um	**zur Reserve gehörig**
* **subsidium, subsidii n.**	**Hilfe, Unterstützung, Reserve, Verstärkung**
subsidio ducere	als Reserve einsetzen
subsidio esse	zustatten kommen, helfen
* subsidio alicui mittere	jemandem zu Hilfe schicken
* subsidio venire alicui	jemandem zu Hilfe kommen
* **subsistere, subsisto, substiti (3)**	**Halt machen, stehen bleiben, festhalten**
substituere, o, ui, utum (3)	**aufstellen** *z.B.: Truppenteile*
substructio, onis fem.	**Unterbau**
subterere, subtero, subtrivi, subtritum (3)	**zerreiben**

subtrahere, o, traxi, tractum (3)	**entziehen, entfernen** *z.B.: aggerem/dediticios/impedimenta*
subvectio, onis fem.	**Zufuhr, Nachschub**
subvehere, subveho, subvexi, subvectum (3)	**zuführen** *z.B.: frumentum*
* **subvenire, io, veni, ventum (4)**	**zu Hilfe kommen, beistehen**
subvenire alicui	jemandem zu Hilfe kommen
* **succedere, o, cessi, cessum (3)**	**vordringen, nachrücken, folgen, ablösen, gelingen**
defatigatis succedere	die (vom Kampf) erschöpften Soldaten ablösen
sub primam nostram aciem succedere	gegen unser erstes Treffen von unten anrücken
res nulla successit	nichts gelang
succendere, succendo, succendi, succensum (3)	**anzünden**
succensere *vgl. suscensere*	
successus, us m.	**Anrücken**
succīdere, o, cīdī, cīsum (3)	**abhauen** *z.B.: arbores* **abmähen** *z.B.: frumentum* **zertrümmern** *z.B.: turrim*
succumbere, succumbo, succubui, succubitum (3)	**erliegen, unterliegen**
labori succumbere	den Strapazen erliegen
* **succurrere, o, curri, cursum (3)**	**zu Hilfe kommen, herbeieilen**
alicui succurrere	jemandem zu Hilfe kommen
auxilio alicui succurrere	jemandem zu Hilfe eilen
sucula, ae fem.	**Haspel** *(Ziehmaschine)*
sudis, sudis fem.	*(kurzer)* **Pfahl**
sudor, sudoris m.	**Schweiß, Anstrengung**
sufficere, io, feci, fectum (3)	**ausreichen**
vires sufficiunt	die Kräfte reichen aus
suffigere, o, fixi, fixum (3)	**anschlagen**
aliquem in cruce suffigere	jemanden ans Kreuz schlagen
suffodere, io, fodi, fossum (3)	**untergraben, von unten durchbohren** *z.B.: Alexandriam/equos*
suffragari, or, atus sum (1)	**begünstigen**
mit Dativ der Sache verbunden	etwas begünstigen
suffragium, ii n.	**Stimme, Abstimmung**
suggerere, o, gessi, gestum (3)	**darbieten, liefern** *z.B.: apparatus/frumentum*
suggestus, us m.	**Rednertribüne, Tribüne**
* **sui** *(Personalpronomen der 3. Person Sing. und Pl.; der Nominativ wird durch Formen von is/ea/id ersetzt.)*	**seiner, ihrer, sich**

* *direkt reflexiv gebraucht:*	
milites se receperunt	die Soldaten zogen sich zurück
* *indirekt reflexiv gebraucht: (im aci/der indirekten Rede/ in allen innerlich abhängigen Nebensätzen)*	
Vercingetorigem omnes Arverni obsecrant, ut ... consulat neu se ab hostibus diripi patiatur.	alle Arv. baten V., daß er sorge ... und nicht dulde, daß s i e von den Feinden geplündert werden
* **sumere, sumo, sumpsi, sumptum (3)**	**nehmen, übernehmen, sich anmaßen**
diem ad deliberandum sumere	sich einen Tag Bedenkzeit nehmen
laborem sumere	Arbeit/Mühe auf sich laden
spiritus et arrogantiam sibi sumere	sich hochmütig und anmaßend verhalten
supplicium sumere de aliquo	über jemanden die Todesstrafe verhängen
argumenti loco sumere	als Beweis/Argument benutzen
summ- *vgl. auch* **subm-**	
* **summa, ae fem.**	**Summe, Gesamtheit, Hauptsache**
summa belli	Leitung des Krieges
summa imperii	oberster Heeresbefehl
summa omnium rerum	die Gesamtheit aller Sachen
summa rerum	die Gesamtlage
summa victoriae	Entscheidung um den Sieg
summe Adverb	**im höchsten Grad**
* **summus, a, um**	**höchster**
summae Alpes	Gipfel der Alpen
summus mons	Gipfel des Berges
summa nobilitas	höchster Adel
summum odium	äußerster Haß
summum pectus	oberhalb der Brust
summae res	Angelegenheiten von äußerster Wichtigkeit; wichtigste Belange
summa vis	äußerste Kraftanstrengung
Neutrum: summum/summa	das Oberste, die Höhe, Spitze
summa collis	Gipfel des Berges
ab summo	von/an der Spitze
sumptuosus, a, um	**kostspielig**
sumptus, sumptus m.	**Aufwand, Kosten**
suo sumptu	auf eigene Kosten
super (Präposition)	**über**
I. mit Akkusativ:	
super lateres coria inducuntur	über die Ziegel wurden Tierhäute gezogen
II. mit Ablativ:	
lateres, qui super musculo struuntur	die Ziegel, die über der Minierhütte aneinandergefügt wurden

*	**superare, o, avi, atum (1)**	**überwinden, überschreiten, übertreffen, siegen**
	hostes superare	die Feinde besiegen
	promontorium superare	das Kap überwinden
	regionem superare	die Gegend überschreiten
	ripas fluminis superare	über die Flußufer steigen
	virtute superare aliquem	jemandem an Tapferkeit überlegen sein
	proelio superatus	im Kampf besiegt
	hoc superari, quod	dadurch überwunden werden, daß; dadurch unterlegen sein, daß
	superbe Adverb	**übermütig**
	superbia, ae fem.	**Übermut**
	superbus, a, um	**stolz** *(fast immer negativ gemeint)*
	supercilium, ii n.	**Anhöhe**
*	**superesse, supersum, superfui** *(konjugiert wie 'esse')*	**übrig sein, überleben, im Überfluß vorhanden sein**
*	**superior, superior, superius**	**weiter oben befindlich, letzter, vergangener**
	* annus superior	das vergangene Jahr
	bellum superius	der vergangene Krieg
	beneficia superiora	die frühere Gunst
	castra superiora	das vorige Lager; das höher gelegene Lager
	* dies superior	der vergangene Tag
	* loca superiora	Anhöhen
	ordo superior	höherer Dienstgrad
	* tempus superius	die vergangene Zeit
	supersedere, eo, sedi, sessum (2)	**sich enthalten, unterlassen**
	proelio/pugnae supersedere	nicht kämpfen
	superstruere, o, struxi, structum (3)	**darüberbauen**
*	**suppetere, o, ivi (ii), petitum (3)**	**reichlich vorhanden sein, zu Gebote stehen** *z.B.: arma/copia/fiducia/res/vires/vita*
	suppetiae fem. *(nur Nominativ und Akkusativ* 'suppetias' *vorhanden)*	**Hilfe, Beistand**
	suppetias ire	zu Hilfe kommen
	suppetias occurrere	zu Hilfe eilen
	suppetias mittere	zu Hilfe schicken
	suppetias venire	zu Hilfe kommen
	supplementum, i n.	**Ergänzung, Ergänzungstruppen**
*	**supplex, supplex, supplex** *Gen.:* supplicis	**demütig bittend**
	supplicatio, onis fem.	**Dankfest**
	supplicationem decernere	ein Dankfest festsetzen
	supplicationem reddere	ein Dankfest abhalten

suppliciter Adverb	**demütig**
* **supplicium, ii n.**	**demütige Bitte, Todesstrafe**
supplicium sumere de aliquo	über jemanden das Todesurteil verhängen
supplicio affici	niedergemetzelt/hingerichtet werden
* **supportare. o, avi, atum (1)**	**herbeischaffen, zuführen** *z.B.: aquam/auxilia/commeatum/frumentum/pabulum/rem frumentariam*
supprimere, o, pressi, pressum (3)	**hemmen, aufhalten** *z.B.: hostem/iter*
supra (Präposition mit Akk.)	**oberhalb, vor**
I. räumlich:	
supra Massiliam incolere	oberhalb von Marseille wohnen
II. zeitlich:	
paulo supra hanc memoriam	vor nicht allzu langer Zeit
* **supra Adverb**	**früher, oben**
quos supra diximus	die wir oben erwähnt haben
Komparativ: superius	weiter oben
* **suscensere, eo, censui, censum (2)**	**zürnen**
alicui suscensere, quod	jemandem einen Vorwurf daraus machen, daß
* **suscipere, io, cepi, ceptum (3)**	**auf sich nehmen, übernehmen, beginnen, unternehmen**
* bellum suscipere	einen Krieg unternehmen
cogitationem suscipere	eine Überlegung anstellen
laborem suscipere	Mühe auf sich nehmen
officium suscipere	eine Aufgabe/Pflicht übernehmen
rem suscipere	die Sache in die Hand nehmen
rem publicam suscipere	den Staat/die Staatsgeschäfte in die Hand nehmen
mit doppeltem Akkusativ:	
dignitatem defendendam suscipere	die Verteidigung der Würde übernehmen
suspectus, a, um	**verdächtig**
suspendere, o, pendi, pensum (3)	**emporheben** *z.B.: contignationem/tectum*
suspensus, a, um	**gespannt, ungewiß** *z.B.: animus*
* **suspicari, or, atus sum (1)**	**argwöhnen, vermuten**
* suspicari *mit aci verbunden*	vermuten/argwöhnen, daß
* **suspicio, onis fem.**	**Argwohn, Verdacht**
timoris suspicio	Verdacht der Furcht; Verdacht, sich zu fürchten
sustentare, o, avi, atum (1)	**ertragen, aushalten, überstehen, zurückhalten** *z.B.: aciem/bella/diem/famem/impetum/inopiam*

* **sustinere, eo, ui (2)**	**ertragen, widerstehen, stützen, aufrecht erhalten, aufhalten, hemmen**
allein verwendet:	
sustinere non posse	nicht standhalten können
* *mit Akkusativ verbunden:*	
aspectum sustinere	den Anblick ertragen
* impetum sustinere	dem Ansturm standhalten
suspicionem infidelitatis sustinere	den Verdacht der Treulosigkeit ertragen/hinnehmen
vim sustinere	dem Ansturm standhalten
* **suus. a, um** *(Possessivpronomen der 3. Person Sing. und Pl.; direkt und indirekt reflexiv gebraucht; für die Nichtreflexivität werden die Genitivformen von* 'is/ea/id' *verwendet)*	**sein, ihr**
sua, suorum n./suum, sui n.	seine/ihre Habe
* sui, suorum m.	seine/ihre Soldaten/Leute
* periculum suum	Gefahr für sich
* sua sponte	aus eigenem Antrieb
syngrapha, ae fem.	**Schuldschein**

T

tabella, ae fem.	**Stimmtäfelchen, Schreiben**
tabellarius, ii m.	**Briefbote** *Eine das ganze Reich umspannende Staatspost hat erst Augustus eingerichtet.*
* **tabernaculum, i n.**	**Zelt**
tabula, ae fem.	**Verzeichnis, Urkunde, Schuldbuch**
tabulatio, onis fem.	**Gebälk, Holzwerk**
* **tabulatum, i n.**	**Stockwerk**
tacere, eo, ui, tacitum (2)	**schweigen, verschweigen**
tacitus, a, um	**schweigend**
taeda, ae fem.	**Kienholz**
taedium, ii n.	**Überdruß**
taeter, taetra, taetrum	**häßlich, abscheulich** *z.B.: odor cadaverum*
talea, ae fem.	**Stab, Barren**
* **talis, talis, tale**	**so beschaffen**
talis ... qualis	so beschaffen ... wie

	talus, tali m.	**Knöchel**
*	**tam Adverb**	**so**
	tam ... quam	so ... wie
	tam ... ut	so ... daß
*	**tamen (Konjunktion** ***mit Indikativ verbunden)***	**dennoch**
	* cum *(mit Konjunktiv)* ... tamen	obwohl ... dennoch
	* etsi ... tamen	obwohl ... dennoch
	licet *(mit Konjunkt.)* ... tamen	obwohl ... dennoch
	* quamquam ... tamen	obwohl ... dennoch
	qui *(mit Konjunktiv)* ... tamen	obwohl er ... dennoch
	quodsi ... tamen	wenn also ... dennoch
	si ... tamen	wenn ... dennoch
	* tametsi ... tamen	obwohl ... dennoch
	ut *(mit Konjunktiv)* ... tamen	gesetzt den Fall, daß ... dennoch
*	**tametsi** *(Konjunktion mit Indikativ verbunden)*	**obgleich, obwohl**
	tamquam	**gleichwie, wie**
	tamquam amicorum adventu	wie bei der Ankunft von Freunden
*	**tandem Adverb**	**endlich, zuletzt**
	tangere, o, tetigi, tactum (3)	**berühren**
	tantulus, a, um	**so klein, so gering**
*	**tantum Adverb**	**nur, bloß**
	neque tantum ... sed etiam	und nicht nur ... sondern auch
	non tantum ... sed etiam	nicht nur ... sondern auch
	tantummodo Adverb	**nur**
	tantundem	**ebensoweit**
	tantundem ... quantum	ebensoweit ... wie
*	**tantus, a, um**	**so groß**
	Neutrum: tantum	so viel
	* tantus ..., ut	so groß, daß
	* tantus ... quantus	so groß ... wie
	* *mit Genitiv verbunden:*	
	tantum dignitatis	so viel an Würde/Ansehen
	* tantum ... quantum	so viel ... wie
*	**tardare, o, avi, atum (1)**	**verzögern, aufhalten, hemmen**
*	**tarde Adverb**	**langsam, spät**
	Komparativ: tardius	
	tarditas, atis fem.	**Langsamkeit**
	tardus, a, um	**langsam, säumig**
	taurus, tauri m.	**Stier**
	taxus, taxi fem.	**Eibenbaum**
*	**tectum, tecti n.**	**Dach, Haus**
*	**tegere, o, texi, tectum (3)**	**decken, bedecken, schützen, verbergen, verhüllen**

casas tegere	Hütten (mit einem Dach) decken
copias tegere	Truppen schützen/verbergen
incommoda tegere	die wunden Punkte (eines Heeres) verdecken/verhüllen
naves tegere	Schiffe mit einem Verdeck versehen
rem tegere	eine Sache/Angelegenheit verbergen
aliquid tegere ab	etwas verbergen vor
* **tegimentum, i n.**	**Schildüberzug, Bedeckung**
tegmen, tegminis n. (auch: tegimen)	**Decke, Bedeckung**
tegula, ae fem.	**Dachziegel**
telinum, i n.	**Salbe**
* **telum, teli n.**	**Wurfgeschoß**
* tela conicere *(in aliquem)*	Wurfgeschosse gegen jemanden schleudern
* tela mittere	Wurfgeschosse schleudern
temerarius, a, um	**verwegen, unbedachtsam**
* **temere Adverb**	**blindlings, unbesonnen, leicht**
temeritas, atis fem.	**Unbesonnenheit, Verwegenheit**
temo, temonis m.	**Deichsel**
temperantia, ae fem.	**Mäßigung**
temperare, o, avi, atum (1)	**mäßigen, mildern**
sibi non temperare, quin	sich nicht zurückhalten lassen zu ...
temperare ab	zurückhalten von
loca temperatiora	gemäßigtere Gegend *(klimatisch mild)*
* **tempestas, atis fem.**	**Sturm, Wetter, Unwetter**
* **templum, templi n.**	**Tempel**
* **temptare, o, avi, atum (1)**	**versuchen, beunruhigen, angreifen, auf die Probe stellen**
animos temptare	die Stimmung/Meinung erforschen
fortunam temptare	das Glück versuchen
opera temptare	die Arbeiten (am Schanzwerk) stören
provincias temptare	die Provinzen für sich zu gewinnen suchen
iter per vim temptare	sich den Weg zu erzwingen versuchen
temptare *mit Infinitiv verbunden*	versuchen zu ...
* **tempus, temporis n.**	**Zeit**
brevi tempore	in Kürze
* eo tempore	zu dieser Zeit
eodem tempore	zur selben Zeit
extremo tempore	in der äußersten Gefahr

* uno tempore	gleichzeitig
id temporis	zur nämlichen Zeit
in reliquum tempus	für die Zukunft/in Zukunft
tendere, o, tetendi, tensum (3)	**ausspannen, ausstrecken, gelagert sein, sich richten, marschieren**
manus tendere	die Hände ausstrecken
praetorium tendere	das Feldherrnzelt aufschlagen
ad aliquem tendere	gegen jemanden marschieren
sub vallo tendere	seine Zelte vor dem Wall aufschlagen
tenebrae, arum fem.	**Finsternis**
tener, tenera, tenerum	**zart, jung** *z.B.: arbores/radices*
* **tenere, teneo, tenui, tentum (2)**	**halten**
collem tenere	den Berg halten
cursum tenere	Kurs halten
famam tenere	seinen Ruf aufrecht erhalten
itinera tenere	Wege beherrschen/besetzt halten
lacrimas tenere	die Tränen zurückhalten
loca superiora tenere	die Anhöhen (besetzt) halten
locum tenere	die Stellung halten
locum amicitiae apud aliquem tenere	mit jemandem befreundet sein
principatum tenere	die Führung innehaben
propositum tenere	ein gestecktes Ziel erreichen
summam imperii tenere	den obersten Heeresbefehl innehaben
mit prädikativem Zusatz:	
integras possessiones tenere	den Besitz schuldenfrei behalten
mit Ablativ verbunden:	
* castris se tenere	sich im Lager halten
iure iurando teneri	durch Eid verpflichtet sein
memoria tenere	im Gedächtnis haben
obsidibus teneri	durch Geiseln gebunden sein
paludibus se tenere	sich in Sümpfen aufhalten
mit Präposition verbunden:	
in officio tenere	in Botmäßigkeit halten
teneri, *quominus:*	gehindert werden zu ...
naves vento tenebantur, quominus ...	die Schiffe wurden durch den Wind daran gehindert zu ...
tentare *vgl. temptare*	
tentoriolum, i n.	**kleines Zelt**
tentorium, ii n.	**Zelt**
tenuis, tenuis, tenue	**dünn, gering, schwach, dürftig, arm** *z.B.: animus/fastigium/moles/praeda/valetudo*
tenuitas, atis fem.	**Armut**

	tenuiter Adverb	**dünn, fein**
	ter Adverb	**dreimal**
	terere, tero, trivi, tritum (3)	**abstumpfen, zubringen** *z.B.: arma/ tempus*
	teres, teres, teres *Gen.:* teretis	**glattrund**
	tergiversatio, onis fem.	**Zögerung**
*	**tergum, tergi n.**	**Rücken**
	* terga vertere	sich zur Flucht wenden
	post tergum adoriri	im Rücken angreifen
	* a tergo adoriri	im Rücken angreifen
	terminus, i m.	**Grenze, Schranke**
	terni, ternae, terna	**je drei**
*	**terra, terrae fem.**	**Erde, Land, Landschaft, Erdboden**
	terrenus, a, um	**irden, aus Erde bestehend**
	terrere, eo, ui, itum (2)	**erschrecken, abschrecken**
	aliquem aliqua re terrere	jemanden durch etwas erschrecken
	terrere aliquem, quominus	jemanden davor abschrecken zu ...
	terrester *vgl. terrestris*	
	terrestris, terrestris, terrestre	**auf dem Land befindlich**
	copiae terrestres	Landtruppen
	iter terrestre	Landweg
	territare, o, avi (1)	**schrecken, erschrecken**
*	**terror, terroris m.**	**Schrecken**
	terror ex superioribus proeliis	der Schrecken, den er/sie von den vergangenen Schlachten davongetragen hat/haben
	terrorem inferre alicui	jemandem Schrecken einjagen
	tertio Adverb	**zum dritten Mal, drittens**
*	**tertius, a, um**	**dritte**
	tessera, ae fem.	**Parole, Losung**
	testamentum, i n.	**Testament**
	testatus, a, um	**augenfällig, offenkundig** *z.B.: poena/virtus*
*	**testimonium, ii n.**	**Zeugnis, Beweis**
	testimonium eius rei	Beweis für diese Sache
	testimonium afferre	einen Beweis erbringen
	testimonio esse	zum Beweis dienen
	testis, testis m./fem.	**Zeuge**
	testis eius rei	Zeuge für diese Sache
	aliquem testem habere	jemanden zum Zeugen haben
	militibus testibus uti	die Soldaten als Zeugen aufrufen

* **testudo, testudinis fem.**	**1. Schutzdach** **2. Schilddach**

1. bezeichnet 'testudo' ein hölzernes Schutzdach aus Balken und Bohlen, das mit feuchten Fellen und Decken gegen Feuer geschützt wurde. Die testudo stand meist auf Rädern und diente teilweise als Schutz für die unter ihr (z.B. an der Planierung des Geländes) arbeitenden Soldaten, dann wurde sie auch mit dem 'Mauerbock' (aries) verbunden, weshalb man dieses Gerüst mit einer Schildkröte (testudo) verglich, da das Vorstoßen und Einholen des 'aries' der Kopfbewegung der Schildkröte ähnlich sah. Eine 'testudo' konnte eine Länge von 18 m erreichen; vgl. dazu bell.civ. 2,2,4

2. bezeichnet 'testudo' das Schilddach, das die Soldaten bilden, indem sie ihre Schilde über die Köpfe heben.

tetrarches, tetrarchae m.	**Tetrarch** *(Fürst, der den vierten Teil eines Reiches beherrscht)*
tetrarchia, ae fem. *Akk.:* tetrarchian	**Gebiet eines Tetrarchen, Tetrarchie**
theatrum, i n.	**Theater**
* **tignum, tigni n.**	**Pfahl, Balken**
* **timere, eo, ui (2)**	**fürchten**
* *mit Dativ der Sache verbunden:*	für/um eine Sache fürchten
receptui timere	für den Rückzug fürchten
mit Dativ der Person verbunden:	für eine Person fürchten
* *mit Akkusativ verbunden:*	
mare timere	das Meer fürchten
nihil de bello timere	keinen Krieg fürchten/befürchten; keinen Krieg erwarten
timere, ne	fürchten, daß
timere, ut	fürchten, daß n i c h t
timide Adverb	**furchtsam**
timidus, a, um	**furchtsam**
* **timor, timoris m.**	**Furcht, Schrecken**
* *mit Genitiv verbunden:*	Furcht vor ...
timor ignominiae	Furcht vor Schande
timor exercitum occupat	Furcht befällt das Heer
timor augetur	die Furcht wächst
timorem conferre *in aliquam rem*	Furcht mit etwas bemänteln
timorem tollere	die Furcht nehmen
in timorem pervenire	in Schrecken versetzt werden
* **tiro, tironis m.**	**Rekrut, Neuling, Anfänger**
tirocinium, ii n.	**Unerfahrenheit**
togatus, a, um	**mit der Toga bekleidet**
Gallia togata	diesseitiges Gallien (Oberitalien)
* **tolerare, o, avi, atum (1)**	**ertragen, aushalten, ernähren**
equitatum tolerare	die Reiterei ernähren
famemtolerare	Hunger stillen
hiemem tolerare	den Winter ertragen
vitam tolerare	das Leben fristen

* **tollere, tollo, sustuli, sublatum (3)**	**beseitigen, aufheben, erheben, ermutigen**
ancoras tollere	Anker lichten
* clamorem tollere	ein Geschrei anstimmen
colloquium tollere	ein Gespräch scheitern lassen
controversias tollere	Streitigkeiten aus dem Weg räumen
dubitationem tollere	einen Zweifel beseitigen
equites tollere *(von Schiffen gesagt)*	Reiter an Bord nehmen
legem tollere	ein Gesetz außer Kraft setzen
metum tollere	Furcht beseitigen
pecuniam tollere ex	Geld herausholen aus
sacramentum tollere	den Fahneneid außer Kraft setzen
signa tollere	die Feldzeichen aufnehmen *(beim Aufbruch)*
spem (fugae) tollere	die Hoffnung (auf Flucht) nehmen
ululatum tollere	ein Geheul anstimmen
e medio tollere	beseitigen
quo proelio sublatus	durch diesen Kampf übermütig geworden/gemacht
* **tormentum, i n.**	**Winde, Marter, Wurfmaschine**
torquis, torquis m. (auch: torques, is)	**Halskette** *(als Schmuck)*
torrere, eo, torrui, tostum (2)	**versengen**
* **tot** *(indeklinabel)*	**so viele**
totidem *(indeklinabel)*	**ebensoviele**
totiens Adverb	**so oft**
* **totus, a, um** *Gen.:* totius *Dat.:* toti	**ganz, alle**
totus exercitus	das ganze Heer
tota auxilia	alle Hilfstruppen
prädikativ verwendet: Pompeius totum se ab eius amicitia avertit	Pompeius wendet sich ganz von der Freundschaft mit ihm ab
* **trabs, trabis fem.**	**Balken**
tractare, o, avi, atum (1)	**besprechen, verhandeln**
condiciones tractare	Bedingungen verhandeln/aushandeln
tractus, us m.	**Gegend, Bezirk**
tractus oppidi	Stadtbezirk
* **tradere, trado, tradidi, traditum (3)**	**übergeben, mitteilen, anvertrauen**
* arma tradere	die Waffen übergeben
consuetudinem tradere	eine Gewohnheit/Sitte überliefern
custodiam tradere	die Bewachung anvertrauen

imperium alicui tradere	jemandem den Oberbefehl übertragen
legionem tradere	die Legion übergeben
pecuniam (ex publico) tradere	Geld (aus der Staatskasse) übergeben
mit Gerundivum verbunden: turrim tuendam tradere	den Turm übergeben, damit man ihn schützt; den Turm zur Bewachung übergeben
* **traducere, o, duxi, ductum (3)**	**hinüberführen, übersetzen, hinüberziehen, befördern**
exercitum flumen traducere	das Heer über den Fluß übersetzen
in superiores ordines traducere	in höhere Ränge befördern
magnam partem clientium ad se traducere	einen großen Teil der Klienten zu sich hinüberziehen
tragula, ae fem.	**Wurfspieß** *(der Gallier und Hispanier; mit einem Schwungriemen versehen)*
trahere, o, traxi, tractum (3)	**ziehen, fortschleppen**
aquam trahere	Wasser herausziehen
tempus trahere	die Zeit hinziehen
alius in aliam partem mente atque animo trahitur	der eine neigt zu dieser, der andere zu jener Ansicht
* **traicere, io, ieci, iectum (3)**	**hinüberwerfen, hinüberschaffen, durchbohren**
exercitum traicere	das Heer hinüberführen
pontem traicere	eine Brücke hinüberlegen
gladio traicere aliquem	jemanden mit dem Schwert durchbohren
equitum magnam partem flumen traicere	einen großen Teil der Reiter über den Fluß schaffen
traiectus, us m.	**Überfahrt**
traiectus in Britanniam	Überfahrt nach Britannien
tranare, o, avi, atum (1)	**hinüberschwimmen, durchschwimmen**
flumen tranare	den Fluß durchschwimmen
tranquillitas, atis fem.	**Windstille**
tranquillitas exsistit	Windstille tritt ein
* **trans (Präposition mit Akk.)**	**jenseits, über**
trans Rhenum incolere	jenseits des Rheins wohnen
trans Mosam mittere	über die M. schicken
loca trans flumen	die Gegend jenseits des Flusses
transcendere, o, scendi, scensum (3)	**hinübersteigen, überschreiten**
transcendere in hostium naves	auf die feindlichen Schiffe übersteigen
transcurrere, o, cucurri (curri), cursum (3)	**vorbeifahren**
* **transferre, transfero, transtuli, translatum** *(konjugiert wie 'ferre')*	**hinübertragen, verlegen, versetzen, wenden**

	bellum transferre	den Krieg hinübertragen
	castra transferre	Lager verlegen
	signa ad aliquem transferre	zu jemandem übergehen
	transfigere, o, fixi, fixum (3)	**durchstechen, durchbohren**
	scutum transfigere	den Schild durchbohren
	transfodere, io, fodi, fossum (3)	**durchstechen, durchbohren**
	transfuga, ae m./fem.	**Überläufer**
*	**transfugere, io, fugi, fugitum (3)**	**überlaufen, übergehen**
	ad aliquem transfugere	zu jemandem überlaufen
*	**transgredi, ior, gressus sum (3)**	**hinübergehen, überschreiten**
	flumen transgredi	den Fluß überschreiten
	transilire, io, ii (4)	**hinüberspringen**
	in naves transilire	auf die Schiffe hinüberspringen
*	**transire, transeo, transii, transitum** *(konjugiert wie 'ire')*	**hinübergehen, vergehen**
	dies transeunt	Tage vergehen
	* flumen transire	einen Fluß überqueren
	ad hostes transire	zu den Feinden überlaufen
	transitio, onis fem.	**Übergang, Übertritt**
*	**transitus, us m.**	**Übergang**
	transitu prohibere	am Übergang hindern
	transmarinus, a, um	**überseeisch**
	transmissus, us m.	**Überfahrt**
	transmissus in Britanniam	Überfahrt nach Britannien
	transmittere, o, misi, missum (3)	**hinüberschicken**
*	**transportare, o, avi, atum (1)**	**hinüberfahren, hinüberschaffen**
	in Galliam transportare	nach Gallien schaffen
	transtrum, i n.	**Querbalken**
	transvehere, o, vexi, vectum (3)	**hinüberfahren**
	transversus, a, um	**quer**
	fossa transversa	Quergraben
	tigna transversa inicere	Balken quer darüberlegen
	traversarius, a, um	**quer**
	tigna traversaria inicere	Balken quer darüberlegen
*	**treceni, ae, a**	**dreihundert**
	tredecim *(indeklinabel)*	**dreizehn**
	trepidanter Adverb	**ängstlich**
	trepidare, o, avi, atum (1)	**ängstlich sein, in Unruhe sein, umherlaufen**
	trepidatio, onis fem.	**Hast, Eile**
*	**tres, tres, tria**	**drei**

tribuere, tribuo, tribui, tributum (3)	**zuteilen, zuschreiben, erweisen, gewähren**
agros tribuere	Äcker zuteilen
dignitatem tribuere	Bedeutung beimessen
facultatem tribuere	Gelegenheit geben
honorem tribuere	Ehre erweisen
praemia tribuere	Belohnungen/Vergünstigungen in Aussicht stellen/gewähren
tempus tribuere *alicui rei*	sich Zeit für etwas nehmen
voluntatem tribuere	Willfährigkeit bezeugen
virtuti tribuere	der Tüchtigkeit zuschreiben
tribunal, tribunalis n.	**Tribüne, Gerichtsstätte**
tribunicius, a, um	**des Tribunen**
potestas tribunicia	Befugnis des/der Tribunen
tribunus, i m.	**Tribun**
* tribunus militum	Militärtribun, Kriegstribun
* tribunus plebis	Volkstribun
tributum, i n.	**Abgabe, Steuer**
tributum imponere	Steuern auferlegen
tributum pendere	Steuern zahlen
triceni, ae, a	**je dreihundert**
tricesimus, a, um (auch: trigesimus)	**dreißigste**
trichila, ae fem.	**Hütte** *(aus Rohrstengeln oder belaubten Zweigen gefertigt)*
triciens Adverb (auch: tricies)	**dreißigmal** **drei Millionen**
triclinium, ii n.	**Speisesofa**
triduum, tridui n.	**Zeitraum von drei Tagen**
triduum morari	sich drei Tage lang aufhalten
non longius triduo abesse	nicht weiter als drei Tagesmärsche entfernt sein
triennium, ii n.	**Zeitraum von drei Jahren**
trieris, trieris, triere	**dreiruderig**
trieris navis	dreiruderiges Schiff
triginta *(indeklinabel)*	**dreißig**
trini, ae, a	**je drei, dreifach**
tripertito Adverb (auch: tripartito)	**in drei Teilen, dreifach**
triplex, triplex, triplex *Gen.:* triplicis	**dreifach**
triquetrus, a, um	**dreieckig**
triremis, triremis, trireme	**dreiruderig**
* triremis, is fem.	Dreiruderer, Galeere
tristimonia, ae fem.	**Traurigkeit**

tristis, tristis, triste — **traurig, betrübt, niedergeschlagen**
prädikativ gebraucht:
tristes terram intuebantur — sie blickten traurig *(Adv.)* zu Boden

tristitia, ae fem. — **Betrübnis, trübe Stimmung, Traurigkeit, finsterer Ernst**

triticum, i n. — **Weizen**

triumphare, o, avi, atum (1) — **triumphieren, jauchzen, froh sein**

triumphus, i m. — **Triumphzug**

Die Siegesfeier des römischen Imperators; sie stand nur den obersten Magistraten (Diktator/Konsul/Prätor) zu; Voraussetzung für einen Triumphzug war u.a. die Tötung einer bestimmten Anzahl von Feinden; der Triumphzug ging vom Marsfeld aus und führte durch die Stadt zum Kapitol; Gefangene und Beutemasse wurde im Triumphzug mitgeführt, dahinter folgte der Wagen des Triumphators und seine siegreichen Truppen; der Feierlichkeit des Festes und der Würde des Imperators widersprach es jedoch nicht, wenn die Soldaten bei aller Ergebenheit gegen ihren Feldherrn Spottlieder auf ihn sangen; so etwa mußte Caesar es sich gefallen lassen, daß seine Soldaten in Anspielung seiner Ausschweifungen in Gallien den römischen Männern den Rat gaben, ihre Ehefrauen einzuschließen und es nicht unterlassen konnten, auch seine nur mühsam unter dem Lorbeerkranz verborgene Kahlköpfigkeit besonders hervorzuheben.

Eine andere große Ehrung war die in bell.Gall. 2,35,4 und 7,90,8 genannte 'supplicatio', ein Dankfest, das bis Pompeius auf höchstens 12 Tage festgesetzt wurde, später bis zu 40 oder 50 Tage dauerte.

trucidare, o, avi, atum (1) — **niedermetzeln**

truncus, i m. — **Stamm** *(eines Baumes)*

* **tu (Personalpronomen)** — **du**
(im Nominativ nur verwendet, um die Person besonders hervorzuheben)

tuba, tubae fem. — **Tuba, Trompete**
signum tuba dare — das Zeichen mit der Tuba geben *(als Zeichen zum Angriff)*

tubicen, tubicinis m. — **Trompeter**

* **tueri, tueor, tuitus sum (2)** — **schützen, verteidigen**
debitorum existimationem tueri — den Kredit der Schuldner sichern
oppidum tueri — eine Stadt schützen/verteidigen

* **tum Adverb** — **dann, darauf**
* cum ... tum — wenn schon ... dann (ganz besonders)
tum demum — dann schließlich; dann endlich
* tum etiam — dann auch (sogar)

tumultuari, or, atus sum (1) — **lärmen**

tumultuarius, a, um — **(in größter Eile) zusammengerafft**

tumultuose Adverb — **lärmend**

* **tumultus, us m.** — **Lärm, Aufruhr**

* **tumulus, i m.** — **Hügel**

* **tunc Adverb** — **dann, damals**

tunica, ae fem. — **Unterkleid, Rock**

turba, ae fem.	**Gedränge**
turbare, o, avi, atum (1)	**verwirren, bestürzt machen**
turbate Adverb	**ohne Ordnung**
turbidus, a, um	**stürmisch** *z.B.: tempestas* **trübe** *z.B.: aqua*
turbulentus, a, um	**unruhig** *z.B.: tribuni* **stürmisch** *z.B.: tempestas*
* **turma, turmae fem.**	**die Turme** *(eine Abteilung der römischen Reiterei; etwa 30 Mann stark)*
turmatim Adverb	**geschwaderweise**
* **turpis, turpis, turpe**	**häßlich, schändlich**
* *mit Dativ der Person verb.*	schändlich für
turpiter Adverb	**schimpflich, schmachvoll**
turpitudo, dinis fem.	**Schande, Schmach**
turpitudo fugae	Schmach seiner Flucht; schändliche Flucht
* **turris, turris fem.**	**Turm** *(Belagerungswerkzeug; auch auf Schiffen aufgebaut vgl. u.a. bell.Gall. 3,14,4)*
turres agere	Türme vorschieben
turres excitare	Türme aufrichten
turritus, a, um	**mit Türmen versehen**
elephanti turriti	mit Türmen versehene Elefanten
tutari, or, atus sum (1)	**abwehren**
inopiam tutari	Mangel abhelfen; Not abwehren
* **tuto Adverb**	**sicher, gefahrlos**
* **tutus, a, um**	**sicher, gefahrlos, ungefährdet**
* tutus ab	sicher vor
* **tuus, a, um (Possessivpron.)**	**dein**
tympanum, i n.	**Pauke**
tyrannus, i m.	**(unumschränkter) Herrscher**

U

uber, uber, uber *Gen.:* uberis	**reichhaltig, mit Übertreibung**
haec uberiora perscribere	dies ziemlich übertrieben darstellen
* **ubi Adverb**	**wo**
* **ubi (Konjunktion)**	**sobals als**

* mit Indikativ Perfekt verb. mit Indikativ Präsens verb. mit Indikativ Imperfekt verb. mit Indikativ Plusquamperf. mit Konjunktiv Plusquamperf.	
Caesar ubi ex captivis cognovit	sobals als Caesar von den Gefangenen erfuhr
ubi primum *vgl. auch: primum*	sobals als
ubicumque Adverb	**wo auch immer**
ubique Adverb	**überall**
ulcisci, ulciscor, ultus sum (3)	**rächen, strafen**
aliquem ulcisci	sich an jemandem rächen; jemanden strafen
pro scelere ulcisci	wegen des Verbrechens strafen
* **ullus, ulla, ullum** *Gen.:* ullius *Dat.:* ulli	**irgendein**
* **ulterior, ulterior, ulterius** *Gen.:* ulterioris	**jenseitig, entfernterer**
Gallia ulterior	jenseitiges Gallien
Hispania ulterior	jenseitiges Spanien
* **ultimus, a, um**	**weit entlegen, entfernteste, äußerste, letzte**
ultimae nationes	die entferntesten Völkerschaften
ultimum supplicium	Todesstrafe
* **ultra (Präposition mit Akk.)**	**jenseits**
1. zur Angabe der Richtung: paulo ultra eum locum castra transferre	das Lager ein wenig weiter weg aufschlagen
2. zur Bezeichnung des Standortes: ultra eum locum, quo	jenseits des Ortes, wo
ultra Adverb	**darüber hinaus, weiterhin**
nullum ultra periculum vereri	darüber hinaus keine Gefahr befürchten
* **ultro Adverb**	**1. freiwillig, von selbst** **2. sogar** **3. hinüber, hin** **4. noch dazu**
ultro ad aliquem venire	freiwillig zu jemandem kommen
ultro militum vocibus sibi parcere cogi	sogar von den Soldaten aufgefordert werden, sich zu schonen
quae facile nostri milites repellebant magnisque ultro illatis detrimentis eos, ..., in oppidum reiciebant	*unsere Soldaten wehrten dies mit Leichtigkeit ab, brachten obendrein schwere Verluste bei und warfen sie, ..., in die Stadt zurück*
legatos ultro citroque mittere	Legaten hin und her schicken

	ululatus, us m.	**Geheul**
	umbilicus, i m.	**Nabel**
	umerus *vgl. humerus*	
	umidus *vgl. humidus*	
	umquam Adverb neque umquam	**jemals, irgendwann einmal** und niemals
	una Adverb * una cum aliquo	**zusammen, zugleich, gemeinsam** zusammen mit jemandem
	unde Adverb	**von wo, woher**
	undecim *(indeklinabel)*	**elf**
	undecimus, a, um	**elfte**
	undetricesimus, a, um	**neunundzwanzigste**
	undique Adverb	**von allen Seiten, von überall her, überall**
	unetvicesimani, orum m.	**Soldaten der 21. Legion**
	ungere, ungo, unxi, unctum (3) (auch: unguere)	**salben**
*	**universus, a, um**	**ganz, sämtlich, alle zusammen**
*	**unus, a, um** *Gen.:* unius *Dat.:* uni	**ein, einzig, allein, derselbe,einzeln**
	unum diem morari	einen Tag sich aufhalten
	unis Suebis concedere	allein den Sueben aus dem Weg gehen
	unum consilium	gemeinsamer Beschluß
	unum magistratum habere	dieselbe Verwaltung/eine gemeinsame Verwaltung haben
	uno tempore	zur gleichen Zeit, gleichzeitig
	unusquisque, unaquaque, unumquodque *(auch getrennt geschrieben:* unus quisque ...)	**ein jeder, jeder**
*	**urbanus, a, um**	**zur Stadt gehörig, städtisch, in/aus der Stadt**
	praetor urbanus	der für die Stadt zuständige Prätor *vgl. praetor*
	urbanus, i m.	Stadtbewohner
*	**urbs, urbis fem.**	**Stadt** *(häufig ist Rom gemeint)*
	urgere, urgeo, ursi (2) ab hoste urgeri	**bedrängen** vom Feind bedrängt werden
	urus, uri m.	**Auerochse**
	usitatus, a, um	**gebräuchlich, gewöhnlich**
	usquam Adverb	**irgendwo**

* **usque**	**bis, hin**
* usque ad *(mit Akk.)*	bis hin, bis zu
usque ad mare ducere	bis zum Meer hinführen
* usque eo	bis dorthin, soweit, in dem Grad
nec prius sunt visi, usque eo ut ...	und sie sind nicht eher gesichtet worden als bis ...
summa difficultate rei frumentariae affecto exercitu, usque eo ut complures dies frumento milites caruerint	als das Heer mit der Verpflegung in äußerste Schwierigkeiten kam und zwar in einem solchen Maß, daß die Soldaten mehrere Tage lang nichts zu essen hatten ...
usura, ae fem.	**Zinsen**
gravissimae usurae	sehr hohe Zinsen
* **usus, usus m.**	**Gebrauch, Nutzen, Erfahrung, Bedürfnis, Notwendigkeit**
usus militum	Erfahrung der Soldaten
usus belli	kriegerische Aktivitäten
* usui esse (ad bellum)	(zum Krieg) nützlich sein
* usum habere	Erfahrung haben
usum in castris habere	Kriegserfahrung haben
usum in re militari habere	Kriegserfahrung haben
ex usu (accidere)	zum Nutzen (geschehen)
ex usu esse	nützlich sein, nützen
* **ut (Konjunktion)** (auch: uti)	*1. Zweck:* **damit** *2. Folge:* **daß, so daß** *3. Einschränkung:* **obgleich** *4. Vergleich:* **wie** *5. Zeit:* **sobald als** *6. Attributsatz:* **daß** *7. Subjekt-/Objektsatz:* **daß**
I. Zweck: mit Konjunktiv (negiert: ne)	damit; um ... zu
legatos mittunt, ut ... impetrarent	sie schickten Gesandte, um zu erlangen
eo ..., ut ...	zu dem Zweck, daß
II. Folge: mit Konjunktiv (negiert: ut non)	daß; so daß
temporis tanta fuit exiguitas, ut ...	die Zeit war so kurz, daß ...
* adeo ... ut	so sehr ... daß
* ita ... ut	so ... daß
* sic ... ut	so ... daß
tam ... ut	so ... daß
* tantus ... ut	so groß ... daß
* tantum ... ut	so viel ... daß/so weit ... daß
usque eo ut *vgl. usque*	
III. Einschränkung: mit Konj.	wenn schon, obgleich
ac iam ut omnia contra opinionem acciderent, tamen ...	und wenn schon alles anders ausgehen sollte, als man vermutet hatte, dennoch ...

IV. Vergleich: mit Indikativ	wie
* ut tum accidit	wie es damals geschah
* ut (barbarorum) consuetudo est	wie es der Gewohnheit (der Barbaren) entspricht
* ita uti supra demonstravimus	so wie ich/wir oben schon berichtet haben
sic ... ut	so ... wie
V. Zeit: mit Indikativ **vgl. primum**	sobald als
VI. Attributsatz: mit Konjunkt.	daß; zu ...
quod consuetudo eorum est, ut ...	weil es ihrer Gewohnheit entspricht zu ...
VII. Subjektsatz/Objektsatz: mit Konjunktiv	daß
* accidit, ut	es ereignet sich, daß *(als Subj.)*
* accedebat, ut	es kam noch hinzu, daß *(als Subj.)*
* confirmare, ut	bekräftigen, daß *(als Objekt)*
* **uter, utra, utrum** *Gen.:* utrius *Dat.:* utri	**wer von beiden**
uter, utris m.	**Schlauch**
* **uterque, utraque, utrumque** *Gen.:* utriusque *Dat.:* utrique	**beide**
'uterque' wird meist in der singularischen Form verwendet und mit singularischem Prädikat verbunden:	
uterque exspectabat, si ...	beide warteten ab, ob ...
Bei Wörtern, die keinen Singular bilden können, wird regelmäßig die pluralische Form von 'uterque' verwendet:	
utraque castra	beide Lager
aber auch bei anderen Gelegenheiten findet sich der pluralische Gebrauch:	
utrisque ducibus his utrisque utrisque militibus quibus utrisque	
utraeque uxores utrique *(Pl. m.)*	
u.ö.	
Die Verbindung der singularischen Form von 'uterque' mit einem pluralischen Prädikat ist selten:	

	uterque exercitum educunt *bell. civ. 3,30*	beide führten ihre Heere weg
*	**uti, utor, usus sum (3)**	**gebrauchen, sich bedienen, zeigen, beweisen, ausüben**
*	*mit Ablativ verbunden:*	
	arrogantia uti	sich anmaßend verhalten
	clementia uti	Milde walten lassen
	mari uti	das Meer befahren
	valetudine non bona uti	gesundheitlich leiden
*	*mit doppeltem Ablativ:*	
	aliquo adiutore uti	sich jemandes als Helfer bedienen; jemandes Hilfe annehmen
*	*mit Präposition verbunden:*	
	ad perniciem uti	zur Vernichtung benutzen
*	**utilis, utilis, utile**	**nützlich**
	mit Dativ der Sache/Person verbunden	für jemanden/etwas nützlich
	utile est *mit Infinitiv*	es ist nützlich zu ...
	utilitas, atis fem.	**Vorteil, Nutzen, Dienlichkeit**
	utinam (Konjunktion) *(mit Konjunktiv verbunden)*	**daß doch; wenn doch**
	utinam dii immortales fecissent, ut	o daß doch die unsterblichen Götter bewirkt hätten, daß ...
	utrimque Adverb	**auf beiden Seiten**
	utrobique Adverb	**auf beiden Seiten**
	utrum ... an *(zur Einleitung von Doppelfragen)*	**ob ... oder**
	intellegere posse, utrum apud eos pudor atque officium an timor valeret	einsehen können, ob bei ihnen Scham und Pflichtgefühl oder Furcht überwiegt
	utrum ... necne	ob ... oder nicht
	declarare, utrum proelium committi ex usu esset, necne	offenbaren, ob es vorteilhaft ist, die Schlacht zu liefern oder nicht
*	**uxor, uxoris fem.**	**Ehefrau, Gattin**

V

	V	**Zahlzeichen für 5**
*	**vacare, o, avi, atum (1)**	**leer sein, frei sein, unbesetzt sein**
	mit Ablativ verbunden	frei sein von ...
	vacare *ab aliqua re:*	frei sein von ...
	a custodiis vacare	unbewacht sein
	ab opere vacare	keine Schanzarbeit zu leisten brauchen

	vacatio, onis fem.	**Befreiung**
	militiae vacationem habere	vom Kriegsdienst befreit sein
*	**vacuus, a, um**	**frei, leer, unbesetzt, entblößt**
	* vacuus ab	frei/leer/unbesetzt/entblößt von
	a defensoribus vacuus	von Verteidigern entblößt
	vadimonium, ii n.	**Bürgschaft**
	vadosus, a, um	**voll von Untiefen** *z.B.: mare*
*	**vadum, vadi n.**	**Furt**
*	**vagari, or, atus sum (1)**	**umherschweifen** *z.B.: eques* **kreuzen** *z.B.: naves*
	vagina, ae fem.	**Schwertscheide**
	vagus, a, um	**herumirrend**
	valde Adverb	**sehr**
*	**valere, valeo, valui (2)**	**vermögen, Einfluß haben**
	equitatu valere	mit der Reiterei etwas ausrichten können
	gratia valere	Einfluß haben
	plurimum valere	das meiste/sehr viel vermögen
	valere *mit aci verbunden*	die Tatsache, daß ... übt Einfluß aus
*	**valetudo, dinis fem.**	**Gesundheit**
	valetudine non bona uti	gesundheitlich leiden
	vallare, o, avi, atum (1)	**verschanzen** *z.B.: castra*
*	**vallis, vallis fem.**	**Tal**
*	**vallum, valli n.**	**Wall** *(Verteidigungswall)*
	vallum ducere	einen Wall errichten/ziehen
	* vallo fossaque munire	mit Wall und Graben befestigen
*	**vallus, valli m.**	**Pfahl, Palisade**
	valvae, arum fem.	**Türflügel, Tür**
	varie Adverb	**verschieden**
	varie nuntiari	verschieden gemeldet werden
	varie pugnare	mit unterschiedlichem Erfolg kämpfen
	varietas, atis fem.	**Mannigfaltigkeit, Farbenwechsel**
	varietas pellium	Farbenwechsel der Felle
*	**varius, a, um**	**mannigfaltig, verschieden, wechselnd, ungleich**
	varium certamen	unentschiedener Kampf
	varius eventus	wechselnder Ausgang/Erfolg
	varii morbi	unterschiedliche Krankheiten
	variae sententiae	unterschiedliche Meinungen
	varia voluntate uti	sehr verschieden entgegenkommen
	vas, vasis n.	**Gerät, Kriegsgerät**
	vasa conclamare	den Befehl geben, das Heeresgepäck einzupacken (sich marschfertig zu machen)

* **vastare, o, avi, atum (1)**	**verwüsten**
* agros vastare	die Äcker verwüsten
fines vastare	das Gebiet verwüsten
provinciam vastare	die Provinz verwüsten
vastus, a, um	**weit, unermeßlich** *z.B.: mare/Oceanus*
vaticinatio, onis fem.	**Weissagung**
vaticinationibus declarare	durch Weissagungen offenbaren
–ve	**oder**
telum tormentumve	Ferngeschoß oder Wurfmaschine
* **vectigal, vectigalis n.**	**Steuer**
vectigalia augere	die Staatseinnahmen vergrößern
vectigalia redempta habere	Steuern gepachtet haben
vectigal imperare	Steuern verlangen
vectigalia imponere	Steuern auferlegen
vectigalia pendere	Steuern zahlen
vectigalis, vectigalis, vectigale	**steuerpflichtig, tributpflichtig**
aliquem sibi vectigalem facere	sich jemanden tributpflichtig machen
aliquem vectigalem habere	jemanden zu Tribut verpflichtet haben
vectis, vectis m.	**Hebebaum, Brechstange**
vectorius, a, um	**zum Transport dienend**
navigium vectorium	Lastschiff
vectura, ae fem.	**Anfuhr, Fuhre**
vectura frumenti	Anfuhr von Getreide
vehemens, vehemens, vehemens *Gen.:* vehementis	**hitzig, heftig** *z.B.: clamor/concursus/cursus/fuga/tempestas/ventus*
* **vehementer Adverb**	**heftig, hitzig**
vehere, veho, vexi, vectum (3)	**fahren**
equo vehi	auf einem Pferd reiten
navigio vehi	mit einem Schiff fahren
vehiculum, i n.	**Fuhrwerk, Wagen**
* **vel (Konjunktion)**	**oder**
vel ... vel	entweder ... oder
vel Adverb	**selbst, sogar, auch nur**
se vel principes eius consilii fore profitebantur	sie erklärten öffentlich, daß sie sogar an die Spitze des Unternehmens treten werden
* **velle, volo, volui**	**wollen**

Für Caesar und seine sog. Fortsetzer sind folgende Formen belegt:

* velle
vultis
volunt
velim
* velit
* velint

* volebat	
volebant	
vellem	
* vellet	
* vellent	
volent	
* Perfekt und Plusquamperfekt	
mit Dativ der Person verb.	von jemandem etwas wollen
* velle *mit aci verbunden*	wollen, daß
* velle *mit Infinitiv verb.*	... wollen
velle *mit Konjunktiv verb.*	wollen, daß
* **velocitas, atis fem.**	**Behendigkeit, Schnelligkeit**
velociter Adverb	**schnell**
velox, velox, velox	**schnell, behende**
Gen.: velocis	*z.B.: cursus/pedites*
velum, veli n.	**Segel**
vela in altum dare	aufs hohe (offene) Meer hinaus segeln
vela subducere	Segel reffen
velut Adverb	**gleichwie, wie**
velut in acie	wie in einer Schlachtreihe
velut si	gleich als ob, wie wenn
velut si coram adesset	wie wenn er persönlich anwesend wäre
vena, ae fem.	**Wasserader**
venam avertere	eine Wasserader umleiten
venae aquae dulcis	Süßwasser(adern)
venatio, onis fem.	**Jagd**
in venationibus esse	sich auf Jagd befinden
venator, oris m.	**Jäger**
* **vendere, vendo, vendidi, venditum (3)**	**verkaufen**
publice vendere	öffentlich versteigern
bona vendere	Besitz verkaufen/versteigern
sub corona vendere	in die Sklaverei verkaufen *(die Gefangenen wurden wie Opfertiere mit Kränzen geschmückt)*
venditio, onis fem.	**Versteigerung**
venditio bonorum	Versteigerung eingezogener Güter
venia, ae fem.	**Verzeihung**
veniam dare alicui	jemandem Verzeihung gewähren; jemandem verzeihen
* **venire, venio, veni, ventum (4)**	**kommen, anrücken, geraten, gelangen**
* *mit doppeltem Dativ verb.:*	
auxilio alicui venire	jemandem zu Hilfe kommen
* subsidio alicui venire	jemandem zu Hilfe kommen
mit Akkusativ verbunden:	
suppetitas venire (alicui)	(jemandem) zu Hilfe kommen

* *mit Präposition verbunden:*
ad aliquem venire — zu jemandem kommen
ad diem non venisse — bis zur Stunde noch nicht eingetroffen sein
in castra venire — ins Lager kommen
in conspectum venire — in Sichtweite kommen; unter die Augen treten
in contemptionem venire — sich die Verachtung zuziehen
in cruciatum venire — gefoltert werden
in deditionem venire — sich unterwerfen

* *mit Supinum verbunden:*
oratum venire — kommen, um zu bitten
postulatum venire — kommen, um zu fordern

vēnire, veneo, venii *(konj. wie 'ire')* — **verkauft werden**
bona veneunt — eingezogene Güter werden versteigert

ventitare, o, avi, atum (1) — **oft kommen**

* **ventus, venti m.** — **Wind**
ventus remittit — der Wind flaut ab
se vento dare — vor dem Wind segeln
ventum nancisci — Wind bekommen
vento certo vehi — bei stetigem Wind segeln

ver, veris n. — **Frühling**
primo vere — zu Beginn des Frühlings

verbera, verberum n. — **Schläge**

verberare, o, avi, atum (1) — **schlagen, treffen**

* **verbum, verbi n.** — **Wort, Rede**
verba facere — vorbringen, sprechen
aliquem in Pompei verba ius iurandum adigere — jemanden auf Pompeius' Namen schwören lassen
Gallorum animos verbis confirmare — den Galliern Mut zusprechen

vere Adverb — **der Wahrheit gemäß, wirklich**

* **vereri, vereor, veritus sum (2)** — **fürchten**
* *mit Akkusativ verbunden:*
insidias vereri — einen Hinterhalt fürchten
periculum vereri — eine Gefahr fürchten

mit Dativ verbunden: — für/um etwas fürchten
navibus vereri — für/um die Schiffe fürchten

vereri *mit Infinitiv verbunden* — fürchten zu ...
* vereri, ne — fürchten, d a ß
vereri, ne non *(bei Wortverneinungen)* — fürchten, daß ... nicht
vereri, ut *(bei Satzverneinungen)* — fürchten, daß ... nicht

vergere, vergo (3) — **sich erstrecken, liegen**
collis ad flumen vergit — der Hügel fällt ab zum Fluß
Gallia ad septentriones vergit — Gallien liegt in nördlicher Richtung
locus vergit in longitudinem passuum circiter CCCC — der Ort erstreckt sich in einer Länge von ungefähr 400 Doppelschritten

	ea pars, quae ad Uticam vergit	der Teil, der nach U. hin liegt
	Vergiliae, arum fem.	**Pleiaden (Sternbild)**
	Vergiliarum signo confecto	als das Sternenbild der Pleiaden ganz (mit allen Sternen) am Himmel stand
	vergobretus, i m.	*Name der obersten Behörde bei den Häduern; sie wurde jährlich gewählt und verfügte über die Halsgerichtsbarkeit*
	verisimilis, verisimilis, verisimile	**wahrscheinlich**
	quod est magis verisimile	was der Wahrheit näher kommt
	veritas, atis fem.	**Wahrheit, Wirklichkeit**
*	**vernaculus, a, um**	**einheimisch, inländisch**
	vernaculus, i m.	Einheimischer
*	**vero Adverb**	**in der Tat; freilich; in Wahrheit; aber**
	* tum vero	dann aber
	versare, o, avi, atum (1)	**in eine wechselnde Lage bringen**
	fortuna in contentione utrumque versat	das Glück verwandelte beide in dem Zwist, den sie miteinander hatten (d.h.: sie veränderte ihre Beziehung zueinader positiv)
*	**versari, versor, versatus sum (1)**	**sich aufhalten, befinden**
	in prima acie versari	in vorderster Linie stehen
	in simili culpa versari	ebenso schuldig sein
	in periculo versari	sich in Gefahr befinden
	in proeliis versari cum aliquo	mit jemandem verwickelt sein *(im Kampf)*
	in rebus secundis versari	in glücklichen Umständen leben
	versus, versus m.	**Vers**
	versus *mit Akkusativ* (auch: versum)	**nach ... hin**
	Massiliam versus	nach Marseille
	* quoque versus	nach allen Seiten hin
	* *versus ad*	zu/nach ... hin
	ad Oceanum versus proficisci	in Richtung auf den Ozean aufbrechen
*	**vertere, verto, verti, versum (3)**	**wenden, sich wenden**
	* terga vertere	sich zur Flucht wenden
	detrimentum in bonum vertere	Unglück zum Glück wenden
	aliquid in suam contumeliam vertere	etwas als schmachvoll auslegen
	in fugam vertere	in die Flucht treiben
	se vertere	sich (zur Flucht) wenden
	auster in Africum se vertit	der Südwind drehte nach Südwest
	verus, a, um	**wahr**
	verissima scientia	sehr genaue Kenntnis
	verum est *mit aci verbunden*	es entspricht der Wahrheit, daß

	verutum, i n.	**Wurfspieß**
*	**vesper, vesperi (vesperis) m.**	**Abend**
	prima vesperi	in der ersten Abensstunde
	primo vespere	in den frühen Abendstunden
*	sub vesperum	gegen Abend
*	**vester, vestra, vestrum** (Possessivpronomen der 2.P.Pl.)	**euer**
*	**vestigium, vestigii n.**	**Spur, Fährte, Augenblick**
	vestigia alcium	Fährten der Elche
	vestigio temporis	schon
	e vestigio	unmittelbar darauf
	eodem vestigio	im gleichen Augenblick
	in vestigio	gleich darauf; bald danach
	in illo vestigio temporis positus	von diesem einen Augenblick abhängend
	vestimentum, i n.	**Kleidungsstück, Gewand, Decke**
	vestire, io, ivi (ii), itum (4)	**kleiden, bekleiden, bedecken**
	vestis, vestis fem.	**Kleid, Kleidung**
	vestitus, us m.	**Kleidung**
	vetare, o, ui, itum (1)	**verbieten**
	vetare *mit aci verbunden*	verbieten, daß
*	**veteranus, a, um**	**altgedient, erprobt** *z.B.: cohortes/exercitus/legio/miles*
*	**vetus, vetus, vetus** *Gen.:* veteris *Abl.:* vetere	**alt, ehemalig, früher** *z.B.: amicitia/beneficia/castra/causae/contumelia/copiae/gloria/inimicitiae/iniuriae/legiones/naves/olivetum/panicum*
	vetustas, atis fem.	**Alter, lange Zeit, Vergangenheit**
	vetustus, a, um	**alt, lange dauernd** *z.B.: navis/templum/usus*
	vexare, o, avi, atum (1)	**heimsuchen** *z.B.: Haeduos* **verheeren** *z.B.: agros* **jemandem Abbruch tun** *z.B.: hostes*
	vexillum, i n.	**das rote Fähnchen**
	vexillum proponere	das rote Fähnchen aufziehen

Zum Zeichen für den Angriff wurde ein rotes Fähnchen auf das Feldherrnzelt gesteckt; in einer Seeschlacht war dies das unmittelbare Zeichen zum Angriff; bei einem Kampf zu Lande kam noch das Signal der Tuba hinzu.

*	**via, viae fem.**	**Weg, Marsch**
	via per Sequanos	der Weg durch das Gebiet der Sequaner
	vias obsidere	die Wege besetzt halten
	viam tridui procedere	drei Tage lang marschieren
	viam tridui progredi	drei Tage lang marschieren
	viator, oris m.	**Amtsbote**

vibrare, o, avi, atum (1)	**sich hin und her bewegen**
vicatim Adverb	**straßenweise**
viceni, ae, a	**je zwanzig**
vicesimus, a, um	**zwanzigste**
vicies Adverb	**zwanzigmal**
vicinitas, atis fem.	**Nachbarschaft**
* **vicis fem.**	**Abwechslung**
* in vicem	abwechselnd, gegenseitig, wechselweise, einer um den anderen
vicissim Adverb	**wiederum, dagegen**
victima, ae fem.	**Opfertier**
victor, victoris m.	**Sieger**
victor *(adjektivisch)*	siegreich
* **victoria, ae fem.**	**Sieg**
victoriam conclamare	"Sieg" schreien
ut explorata victoria	als ob der Sieg bereits erfochten wäre
ut parta iam victoria	als ob der Sieg bereits erfochten wäre
victrix fem. *Adjektiv*	**siegreich**
* **victus, victus m.**	**Lebensunterhalt, Nahrung, Lebensweise**
eodem victu uti	dieselbe Lebensweise führen
ad victum pertinere	zum Lebensunterhalt gehören
victus consistit in	die Nahrung besteht aus
* **vicus, vici m.**	**Dorf, Bezirk, Stadtteil**
* **videre, video, vidi, visum (2)**	**sehen**
* videre *mit aci verbunden*	sehen, daß
* videri, eor, visus sum	1. gesehen/gesichtet werden 2. scheinen, gut scheinen
* 1. modo visus Ambiorix	der eben gesehene Ambiorix
2. quae videbantur, administrabant	sie besorgten, was gut zu sein schien
* videri *mit Infinitiv:*	
quae deesse operi videbantur, perficiunt	sie stellten fertig, was an der Schanzarbeit noch zu fehlen schien
* mihi videtur	es scheint mir gut
visum est *mit aci verbunden*	es schien gut, daß
vigil, vigilis m.	**Wächter**
vigilantia, ae fem.	**Wachsamkeit**
* **vigilia, ae fem.**	**Nachtwache**

Die Nacht begann nach römischer Zeitrechnung um 18 Uhr und dauerte bis 6 Uhr früh; die Nachtwachen teilten die Nacht in vier Teile zu je drei Stunden: 1. Nachtwache von 18 bis 21; 2. Nachtwache von 21 bis 24; 3. Nachtwache von 24 bis 3; 4. Nachtwache von 3 bis 6 Uhr.

* **viginti** *(indeklinabel)*	**zwanzig**
vigor, vigoris m.	**Regsamkeit**
villa, villae fem.	**Landgut**
vimen, viminis n.	**Rute, Flechtwerk**
vimineus, a, um	**aus Flechtwerk** *z.B.: loricula/tegimentum*
* **vincere, vinco, vici, victum (3)**	**siegen, besiegen, die Oberhand behalten**
Gallorum copias bello vincere	die Truppen der Gallier im Krieg besiegen
nostri virtute vicerunt	unsere Soldaten siegten durch Tapferkeit
haec sententia vincit	diese Meinung/Ansicht überwog
vincire, vincio, vinxi, vinctum (4)	**fesseln**
catenis vincire	mit Ketten fesseln
vinculum, i n.	**Fessel, Gefängnis**
ex vinculis causam dicere	sich gefesselt vor Gericht verantworten
in vincula coniectus	in Fesseln gelegt
fame vinculisque excruciare	durch Hunger und Gefängnis peinigen
* **vindicare, o, avi, atum (1)**	**strafen, befreien, schützen**
libertatem vindicare	die Freiheit sichern
in aliquem vindicare	gegen jemanden (strafend) vorgehen
in libertatem vindicare	befreien
a periculo vindicare	von einer Gefahr befreien/schützen
* **vinea, ae fem.**	**Sturmlaube**
vineas agere	Sturmlauben vorschieben

Die 'vinea' ist eine nach der Art der Weinlaube gebaute leichte Schutzhütte aus Pfählen und Stangen; sie dient als Belagerungsgerät; ihre ungefähren Maße betragen in der Breite 2,30 m, in der Höhe 2 m und in der Länge 4,70 m. Sie wurde entweder von den Soldaten zur feindlichen Mauer getragen oder stand auf Rädern.
Mehrere 'vineae' wurden zu einem Laufgang zusammengestellt (vgl. bell. civ. 2,2,2). Ähnlich wie die 'testudo' wurde die vinea gegen Brandgeschosse mit frischen Fellen oder nassen Decken geschützt.

vinum, vini n.	**Wein**
violare, o, avi, atum (1)	**mißhandeln, verletzen**
fines violare	die Grenzen verletzen
hospitem violare	den Gastfreund mißhandeln
indutias violare	den Waffenstillstand brechen
* **vir, viri m.**	**Mann**
virgo, virginis fem.	**Jungfrau, Mädchen**
virgultum, i n.	**Strauchwerk, Reisig**

Reisig wurde vor allem dazu benutzt, den Graben, der das feindliche Lager umgab, einzuebnen, um so beim Sturmangriff schneller über den Verteidigungswall zu kommen.

	virilitas, atis fem.	**Männlichkeit**
	viritim Adverb	**Mann für Mann; einzeln**
*	**virtus, virtutis fem.**	**Tüchtigkeit, Tapferkeit**
*	**vis, vim, vi fem.** *Genitiv und Dativ können nicht gebildet werden. Dafür treten die Formen* 'roboris' *und* 'robori' *ein.*	**Kraft, Gewalt, Ansturm, Vorrat**
	vis fluminis	Strömungsgewalt
	vis frumenti	riesiger Vorrat an Getreide
	vis hostium	Ansturm der Feinde
	vis telorum	Gewalt der Wurfgeschosse
	vis tempestatis	Gewalt des Sturmes/Unwetters
	vis ventorum	Gewalt der Stürme
	vires deficiunt	die Kräfte schwinden
	vires alere	die Kräfte stärken
	vim facere	Gewalt anwenden
	vim habere ad	Macht(mittel) besitzen zu
	vim sustinere	dem Ansturm standhalten
	per vim	gewaltsam
	vi cogere	gewaltsam zwingen
	summa vi	mit aller Kraft
	viribus consumptis	mit geschwächter Kraft
	integris viribus	mit frischen Kräften
	visere, viso, visi, visum (3)	**betrachten, besuchen**
*	**vita, vitae fem.**	**Leben**
	vitam amittere	sterben
	vitam concedere	das Leben schenken
	vita superare	(jemanden) überleben
*	**vitare, o, avi, atum (1)**	**meiden, vermeiden, ausweichen, entgehen**
	aestum vitare	die Sonnenhitze meiden
	colloquium vitare	dem Gespräch ausweichen
	mortem vitare	dem Tod entgehen
	periculum vitare	einer Gefahr ausweichen
	tela vitare	den Wurfgeschossen ausweichen
	suspicionem vitare	den Verdacht vermeiden
*	**vitium, vitii n.**	**Fehler, Schaden, Nachteil, Schuld, Mißgriff**
	vitium castrorum	nachteilige Anlage des Lagers
	vitium naturae	Fehler/Mißgriff der Natur
	vitium tempestatis	Widrigkeit des Sturms
	vitium tribuni	Schuld des Tribuns
	vitium facere	schadhaft geworden sein
	vitium habere	Nachteil mit sich bringen
	vitrum, vitri n.	**Waid** *(eine blaufärbende Pflanze)*
	vivere, vivo, vixi, victum (3)	**leben, sich ernähren**
	beneficio alicuius vivere	durch die Gnade jemandes am Leben sein

	frumento/lacte/ovis/piscibus vivere	sich von Getreide/Milch/Eiern Fischen ernähren
*	**vivus, a, um**	**lebendig, bei Lebzeiten**
	omnia, quae vivis cordi fuerant	alles, was ihnen zu ihren Lebzeiten etwas bedeutet hat
	neminem vivum capi patiuntur	sie ließen es nicht zu, daß irgendeiner lebendig gefaßt wurde
*	**vix Adverb**	**kaum, mit Mühe, eben, gerade**
	vix defendere	mit Mühe verteidigen
	vix ut tempus daretur	so daß kaum Zeit blieb
	vix agmen processerat, cum ...	gerade/kaum war das Heer ausgerückt, als ...
	* *bei Zahlen*	
	vix hominum milium septem	kaum siebentausend Mann stark
	vocabulum, i n.	**Benennung, Name**
	vocabula armamentorum cognoscere	die Fachausdrücke der Takelage kennenlernen
*	**vocare, o, avi, atum (1)**	**rufen, herbeirufen, auffordern, nennen**
	aliquem ad arma vocare	jemanden zu den Waffen rufen
	ad gerendum bellum vocari	sich zum Krieg aufgefordert sehen
	servos ad libertatem vocare	Sklaven die Freiheit schenken
	ad se vocare	zu sich rufen
	ex omni provincia vocare	aus der ganzen Provinz herbeirufen
	oppidum vocare, cum silvas ... munierunt	etwas einen festen Platz nennen, wenn man Wälder ... befestigt hat
	vociferari, or, atus sum (1)	**laut rufen**
	voluntarius, a, um	**freiwillig** *z.B.: copiae/milites*
*	**voluntas, atis fem.**	**Wunsch, Wille, Zustimmung, Zuneigung, Gesinnung, Absicht**
	* voluntas erga/in aliquem	Zuneigung zu jemandem; gute Gesinnung gegen jemanden
	voluntas militum	die Ergebenheit der Soldaten
	contra voluntatem suam	gegen seine/ihre Absicht
	* voluntate sua	nach seinem/ihrem Willen; mit seiner/ihrer Zustimmung
*	**voluptas, atis fem.**	**Vergnügen, Lust, Genuß**
	voluptatem alicui afferre	jemandem Vergnügen/Lust bereiten
	voraginosus, a, um	**voller Schlünde; bruchreich** *z.B.: ein Flußbett*
*	**vos (Personalpronomen)** *Gen.:* vestri *und* vestrūm	**ihr/du**
	votum, voti n.	**Gelübde**
	vovere, voveo, vovi, votum (2)	**geloben**
	mit aci verbunden	geloben, daß
*	**vox, vocis fem.**	**Stimme, Äußerung, Wort, Formel**

vocem audire	eine Äußerung vernehmen
nullam vocem exprimere posse	kein Wort herausbringen können
voce ad arma vocare	durch eine feierliche Formel zu den Waffen rufen
magna voce	mit lauter Stimme
vulgaris, vulgaris, vulgare	**gewöhnlich, üblich** *z.B.: signum*
vulgo Adverb	**allgemein, allenthalben, gewöhnlich**
vulgus, vulgi n. *Akk.:* vulgus *und* vulgum	**Volk**
* **vulnerare, o, avi, atum (1)**	**verwunden**
vulneratio, onis fem.	**Verwundung**
* **vulnus, vulneris n.**	**Wunde**
* vulnus accipere	verwundet werden
vulneribus confectus	von Wunden erschöpft; schwer verwundet
vultus, vultus m.	**Miene**
vultum fingere	die Miene verstellen: sich beherrschen

X

X	**Zahlzeichen für 10**

A N H A N G

Der Anhang umfaßt in einer Liste der 450 häufigsten Wörter den Grundwortschatz für eine Lektüre der Schriften Caesars und seiner sog. Fortsetzer. Die Übersetzung gibt jeweils nur die wichtigsten Bedeutungsvarianten an.

a, ab *Präp. mit Ablativ*	von
abesse, absum, afui *konjugiert wie 'esse'*	wegsein, entfernt sein, fehlen
accedere, o, accessi, accessum (3)	sich nähern, hinzukommen
accidere, o, accidi (3)	zustoßen, widerfahren, sich ereignen
accipere, io, cepi, ceptum (3)	annehmen, empfangen
acies, aciei fem.	Schlachtreihe, Schlacht, Schärfe
acriter *Adverb*	heftig
ad *Präp. mit Akkusativ*	bei, zu, nach
addere, o, addidi, additum (3)	hinzufügen
adducere, o, duxi, ductum (3)	hinführen
adire, adeo, adii, aditum *konjugiert wie 'ire'*	herangehen, anrücken
aditus, us m.	Zugang
adoriri, ior, ortus sum (4)	angreifen
adventus, us m.	Ankunft
adversarius, ii m.	Gegner
adversarius, a, um	feindlich
adversus, a, um	zugekehrt, gegenüber, entgegen, widrig
aedificium, ii n.	Gebäude, Bauwerk
aequus, a, um	eben, gleich, günstig, gerecht
ager, agri m.	Acker, Land, Gebiet
agere, ago, egi, actum (3)	tun, treiben, führen
agger, aggeris m.	Dammerde, Angriffsdamm
aggredi, ior, aggressus sum (3)	angreifen
agmen, agminis n.	Heer, Heereszug
aliquis, aliquid	irgendein, irgendetwas
alius, alia, aliud *Gen.:* alterius *Dat.:* alii	ein anderer
alter, altera, alterum *Gen.:* alterius *Dat.:* alteri	der andere
altitudo, altitudinis fem.	Höhe, Tiefe
amicitia, ae fem.	Freundschaft
amittere, o, misi, missum (3)	verlieren, vorbeilassen
angustiae, arum fem.	Engpaß, Bedrängnis
animadvertere, o, verti, versum (3)	bemerken

animus, i m.	Geist, Mut
annus, i m.	Jahr
ante *Präp. mit Akkusativ*	vor *(räumlich u. zeitlich)*
appellare, o, avi, atum (1)	nennen
appropinquare, o, avi, atum (1)	sich nähern
apud *Präp. mit Akkusativ*	bei
aqua, ae fem.	Wasser
arbitrari, or, atus sum (1)	glauben, meinen
arma, orum n.	Waffen
armatura, ae fem.	Waffengattung, Bewaffnung
at	aber
atque	und *(bei Ausdrücken d. Gleichheit u. Ähnlichkeit:* wie, als*)*
auctoritas, atis fem.	Ansehen
audere, eo, ausus sum (2)	wagen
audire, io, ivi, itum (4)	hören
augere, eo, auxi, auctum (2)	erhöhen, vermehren
aut	oder *(verdoppelt:* entweder ... oder)
autem	aber
auxilium, ii n.	Hilfe
barbarus, a, um	ausländisch, fremd, roh *(subst.:* der Ausländer)
bellum, i n.	Krieg
beneficium, ii n.	Wohltat
bonus, a, um	gut
caedes, caedis fem.	Tötung, Blutbad
calamitas, atis fem.	Unglück, Niederlage
campus, i m.	Feld
capere, io, cepi, captum (3)	fassen, nehmen
captivus, i m.	Gefangener
castellum, i n.	Befestigung, Schanze, Burg
castra, castrorum n.	Lager
casus, us m.	Fall, Untergang
causa, ae fem.	Grund
causa *Postposition mit Gen.*	wegen, um zu
celeritas, atis fem.	Schnelligkeit
celeriter Adverb	schnell
centurio, onis m.	Hauptmann
certus, a, um	gewiß, sicher

circiter Adverb	ungefähr
circumvenire, io, veni, ventum (4)	umzingeln
civis, is m.	Bürger
civitas, atis fem.	Bürgerschaft
clamor, oris m.	Lärm, Geschrei
classis, is fem.	Flotte
coepisse, coepi, coeptum	begonnen haben
cogere, o, coegi, coactum (3)	zwingen, zusammenziehen
cognoscere, o, cognovi, cognitum (3)	erkennen, erfahren
cohors, cohortis fem.	Kohorte
cohortari, or, atus sum (1)	ermahnen, anfeuern
collis, is m.	Berg
collocare, o, avi, atum (1)	aufstellen
colloqium, ii n.	Unterredung
commeatus, us m.	Lebensmittelzufuhr
committere, o, misi, missum (3)	anvertrauen, zulassen, liefern
complere, eo, plevi, pletum (2)	anfüllen
complures, complures, complura	mehrere
conari, conor, conatus sum (1)	versuchen
concilium, ii n.	Versammlung
condicio, onis fem.	Bedingung, Lage
conferre, confero, contuli, collatum *konjugiert wie 'ferre'*	zusammenbringen, vergleichen
conficere, io, feci, fectum (3)	beenden, töten
confidere, o, confisus sum (3)	vertrauen
confirmare, o, avi, atum (1)	befestigen, ermutigen
conicere, io, ieci, iectum (3)	werfen
coniungere, o, iunxi, iunctum (3)	verbinden
consequi, or, secutus sum (3)	verfolgen, folgen, erreichen
consilium, ii n.	Rat, Plan, Beschluß, Versammlung
consistere, o, stiti (3)	halt machen, sich aufstellen
conspectus, us m.	Anblick, Aussicht
constituere, o, stitui, stitutum (3)	festsetzen, beschließen, aufstellen
consuescere, o, suevi, suetum (3)	sich gewöhnen *(Perf.:* pflegen)
consuetudo, dinis fem.	Gewohnheit
consul, consulis m.	Konsul
contendere, o, tendi, tentum (3)	eilen, sich beeilen, anstrengen, kämpfen, behaupten

continere, eo, ui, tentum (2)	(sich) aufhalten, zusammenhalten
contra *Präp. mit Akkusativ*	gegen
convenire, io, veni, ventum (4)	zusammenkommen
convertere, o, verti, versum (3)	wenden
copia, ae fem.	Menge, Vorrat; *Pl.:* Truppen
cornu, us n.	Heeresflügel
cum *Präp. mit Ablativ*	mit
cum *mit Ind. u. Konj.*	als, weil, obgleich
cursus, us m.	Lauf, Fahrt, Richtung
dare, do, dedi, datum (1)	geben
de *Präp. mit Ablativ*	von, wegen, über
debere, eo, debui, debitum (2)	müssen, schulden, verdanken
deducere, o, duxi, ductum (3)	führen, wegführen, bringen
defendere, o, fendi, fensum (3)	verteidigen, abwehren
deferre, defero, detuli, delatum *konjugiert wie 'ferre'*	hinbringen, melden
demonstrare, o, avi, atum (1)	erklären, erwähnen
detrimentum , i n.	Verlust, Niederlage
dicere, o, dixi, dictum (3)	sagen
dies, diei m. und fem.	Tag *(m.)* Termin *(fem.)*
difficultas, atis fem.	Schwierigkeit
dignitas, atis fem.	Würde, Ansehen
dimicare, o, avi, atum (1)	kämpfen
dimittere, o, misi, missum (3)	entsenden, entlassen, verlieren
discedere, o, cessi, cessum (3)	weggehen, sich entfernen
disponere, o, posui, positum (3)	aufstellen, ordnen
diu *Adverb*	lange
docere, doceo, docui, doctum (2)	mitteilen, erklären
domus, us fem.	Haus, Familie, Heimat
ducere, o, duxi, ductum (3)	führen, halten für, zählen zu
duo, duae, duo	zwei
dux, ducis m.	Führer
educere, o, duxi, ductum (3)	herausführen
efficere, io, feci, fectum (3)	erregen, bewirken, machen
ego *Plural:* nos	ich wir *(oft auch gleichbedeutend mit* 'ich')
egredi, egredior, egressus sum (3)	sich entfernen, ausrücken
enim	nämlich, denn

eo	dorthin
eques, equitis m.	Reiter
equester, equestris, equestre	zu Pferde
equitatus, us m.	Reiterei
equus, i m.	Pferd
eruptio, onis fem.	Ausfall
esse, sum, fui	sein
et	und (*verdoppelt:* sowohl ... als auch)
etiam	sogar
etsi	obgleich
evocare, o, avi, atum (1)	berufen, vorladen, herausfordern
ex (e) *Präp. mit Ablativ*	aus, von
excedere, o, cessi, cessum (3)	sich entfernen, räumen
exercitus, us m.	Heer
existimare, o, avi, atum (1)	glauben, meinen
expeditus, a, um	kampfbereit
exspectare, o, avi, atum (1)	erwarten, abwarten
extremus, a, um	äußerste, letzte
facere, io, feci, factum (3)	machen, tun
facile *Adverb*	leicht, ohne Mühe
facultas, atis fem.	Möglichkeit
fere *Adverb*	fast, beinahe, ungefähr
ferre, fero, tuli, latum	tragen, bringen
fides, fidei fem.	Treue, Vertrauen, Sicherheit, Schutz
filius, filii m.	Sohn
finis, finis m.	Grenze (*Pl.:* Gebiet)
finitimus, a, um	benachbart
finitimus, i m.	Nachbar
flumen, fluminis n.	Fluß
fortuna, ae fem.	Glück
fossa, ae fem.	Graben
frater, fratris m.	Bruder
frumentarius, a, um	zum Getreide gehörig
frumentum, i n.	Getreide
fuga, ae fem.	Flucht
fugere, fugio, fugi (3)	fliehen
genus, generis n.	Art, Stamm, Geschlecht
gerere, gero, gessi, gestum (3)	tragen, führen, verhandeln

gratia, ae fem.	**Gunst, Wohlwollen**
gravis, gravis, grave	**schwer, beschwerlich**
habere, habeo, habui, habitum (2)	**haben, rechnen zu**
hiberna, hibernorum n.	**Winterlager**
hic, haec, hoc	**dieser, diese, dieses**
homo, hominis m.	**Mensch, Mann**
honor, honoris m. (auch: honos, honoris)	**Ehre**
hortari, hortor, hortatus sum (1)	**ermahnen, ermuntern**
hostis, hostis m.	**Feind**
huc *Adverb*	**hierzu, dahin**
iam *Adverb*	**schon** *(non iam: nicht mehr)*
idem, eadem, idem	**derselbe, dieselbe, dasselbe**
idoneus, a, um	**geeignet**
ignis, ignis m.	**Feuer**
ille, illa, illud	**jener, jene, jenes**
impedimentum, i n.	**Hindernis** (*pl.:* **Troß)**
impedire, io, ivi, itum (4)	**hindern**
imperator, oris m.	**Befehlshaber**
imperare, o, avi, atum (1)	**befehlen**
imperium, ii n.	**Befehl, Herrschaft, Regierung**
impetus, us m.	**Angriff**
imponere, o, posui, positum (3)	**hineinlegen, auferlegen**
in *Präp. mit Akkusativ*	**in, nach, gegen**
in *Präp. mit Ablativ*	**in, auf, bei**
incendere, o, cendi, censum (3)	**anzünden**
incitare, o, avi, atum (1)	**antreiben, erregen, aufregen**
incolumis, is, e	**unversehrt**
incommodum, i n.	**Nachteil, Niederlage**
inferre, infero, intuli, illatum *konjugiert wie 'ferre'*	**hineintragen**
initium, ii n.	**Anfang, Beginn**
iniuria, ae fem.	**Unrecht**
inopia, ae fem.	**Mangel**
insequi, sequor, secutus sum (3)	**folgen, verfolgen**
insidiae, arum fem.	**Hinterhalt**
instituere, o, tui, stitutum (3)	**errichten, anordnen**
instruere, o, struxi, structum (3)	**errichten, ausrüsten**
intellegere, o, lexi, lectum (3)	**einsehen, begreifen**
inter *Präp. mit Akkusativ*	**zwischen, unter, während**

intercludere, o, clusi, clusum (3)	versperren, abschneiden
interficere, io, feci, fectum (3)	niedermachen, töten
interim *Adverb*	inzwischen
intermittere, o, misi, missum (3)	dazwischen legen, unterbrechen, verstreichen lassen
intra *Präp. mit Akkusativ*	innerhalb, in ... hinein
ipse, ipsa, ipsum	selbst *(nachgesellt)*
ire, eo, ii, itum	gehen
is, ea, id	dieser
ita *Adverb*	so
itaque	daher, also
item *Adverb*	ebenso
iter, itineris n.	Marsch, Weg
iubere, eo, iussi, iussum (2)	befehlen
iudicare, o, avi, atum (1)	urteilen, entscheiden
iugum, i n,	Joch, Bergrücken
iumentum, i n.	Zugvieh
ius, iuris n.	Recht
labor, laboris m.	Arbeit, Mühe
latus, lateris n.	Seite, Flanke
legatus, i m.	Gesandter, Unterfeldherr
legio, legionis fem.	Legion
legionarius, a, um	zur Legion gehörig
lex, legis fem.	Gesetz
licet	es ist erlaubt
litterae, arum fem.	Brief
locus, i m.	Ort, Platz, Stelle
loca, orum n.	Gelände
longe *Adverb*	weit, bei weitem
longus, a, um	lang, weit, fern
maxime *Adverb*	am meisten
magistratus, us m.	Behörde, Amt, Magistrat
magnitudo, dinis fem.	Größe
magnus, a, um	groß
manus, us fem.	Hand, Schar
mare, maris n.	Meer
medius, a, um	mittlere
miles, militis m.	Soldat
militaris, is, e	soldatisch, militärisch

mille *pl.:* **milia**	**tausend**
mittere, o, misi, missum (3)	**schicken**
modus, i m.	**Art, Weise**
mons, montis m.	**Berg**
morari, or, atus sum (1)	**verweilen, sich aufhalten**
movere, eo, movi, motum (2)	**bewegen**
multi, ae, a	**viele**
multitudo, dinis fem.	**Menge**
munire, io, ivi, itum (4)	**befestigen**
munitio, onis fem.	**Befestigung**
murus, i m.	**Mauer**
nam	**denn**
nancisci, or, na (n) ctus sum (3)	**erreichen, gewinnen**
natura, ae fem.	**Natur, natürliche Gegebenheit**
navis, is fem.	**Schiff**
ne	**daß nicht, damit nicht**
negotium, ii n.	**Unternehmen, Geschäft**
nemo, neminis	**niemand**
neque	**und nicht** (*verdoppelt:* **weder ... noch**)
nihil	**nichts**
nisi	**wenn nicht, außer**
noctu	**bei Nacht**
nomen, nominis n.	**Name**
non	**nicht**
nonnulli, ae, a	**einige**
noster, nostra, nostrum	**unser**
nostri, orum m.	unsere Leute, Soldaten
novus, a, um	**neu**
nox, noctis fem.	**Nacht**
nullus, a, um *Gen.:* nullius *Dat.:* nulli	**kein**
numerus, i m.	**Zahl, Anzahl**
nuntius, ii m.	**Bote, Botschaft**
obses, obsidis m/fem.	**Geisel**
obtinere, eo, ui, tentum (2)	**innehaben, innehalten**
occupare, o, avi, atum (1)	**einnehmen, besetzen**
occurrere, o, occurri, occursum (3)	**entgegengehen, vorbeugen, einfallen**

officium, ii n.	**Dienst, Pflicht, Gehorsam**
omnis, is, e	**ganz** *pl.:* **alle**
opinio, onis fem.	**Meinung, Ruf**
oppidanus, i m.	**Stadtbewohner**
oppidum, i n.	**Stadt**
oppugnare, o, avi, atum (1)	**bestürmen**
oppugnatio, onis fem.	**Bestürmung**
opus, operis n.	**Arbeit, Belagerungswerk**
oratio, onis fem.	**Rede**
ordo, ordinis m.	**Reihe, Ordnung**
palus, paludis fem.	**Sumpf**
par, par, par *Gen.:* paris	**gleich**
parare, o, avi, atum (1)	**bereiten**
pars, partis fem.	**Teil**
partim *Adverb*	**teils, zum Teil**
parum *Adverb*	**zu wenig**
parvus, a, um	**klein**
pati, patior, passus sum (3)	**ertragen**
pauci, ae, a	**wenige**
paulo	**um ein weniges**
pax, pacis fem.	**Friede**
pecunia, ae fem.	**Geld**
pedes, peditis m.	**Fußsoldat**
per *Präp. mit Akkusativ*	**durch, vermittels, über ... hin, während**
perferre, fero, tuli, latum *konjugiert wie 'ferre'*	**überbringen**
perficere, ficio, feci, fectum (3)	**vollenden**
periculum, i n.	**Gefahr**
permovere, eo, movi, motum (2)	**bewegen, veranlassen**
perspicere, io, spexi, spectum (3)	**erkennen**
perterrere, eo, ui, itum (2)	**sehr erschrecken**
perturbare, o, avi, atum (1)	**verwirren**
pervenire, io, veni, ventum (4)	**gelangen zu**
pes, pedis m.	**Fuß** *(Längenmaß)*
petere, peto, petivi, petitum (3)	**zu erreichen suchen, bitten, angreifen**
polliceri, eor, pollicitus sum (2)	**versprechen**

ponere, pono, posui, positum (3)	**stellen, setzen, legen**
pons, pontis m.	**Brücke**
populus, i m.	**Volk**
porta, portae fem.	**Tor**
portus, us m.	**Hafen**
posse, possum, potui	**können**
post *Präp. mit Akkusativ*	**nach**
postea *Adverb*	**später**
potestas, atis fem.	**Macht**
praeda, ae fem.	**Beute**
praeesse, praesum, praefui *konjugiert wie 'esse'*	**den Oberbefehl haben (über)**
praeficere, io, feci, fectum (3)	**die Führung übertragen**
praemittere, o, misi, missum (3)	**vorausschicken**
praesidium, ii n.	**Schutz, Besatzung**
praeterea *Adverb*	**außerdem**
premere, premo, pressi, pressum (3)	**drücken, bedrängen**
princeps, principis m.	**Führer**
princeps, princeps, princeps	**der erste**
prior, prior, prius	**frühere**
Sup.: primus, a, um	der erste
pro *Präp. mit Ablativ*	**vor, für, anstatt**
procedere, o, cessi, cessum (3)	**vorrücken, vorausziehen**
producere, o, duxi, ductum (3)	**ausrücken lassen**
proelium, ii n.	**Gefecht**
proficisci, or, fectus sum (3)	**aufbrechen**
progredi, ior, gressus sum (3)	**vorrücken**
prope *Adverb*	**nahe bei, fast**
propinquus, a, um	**benachbart**
proponere, o, posui, positum (3)	**hinstellen, darlegen**
propter *Präp. mit Akkusativ*	**wegen**
propterea quod	deshalb weil
provincia, ae fem.	**Provinz**
proximus, a, um	**der nächste**
publicus, a, um	**öffentlich**
pugna, ae fem.	**Kampf**
pugnare, o, avi, atum (1)	**kämpfen**
quam *beim Komparativ*	**als**
beim Superlativ	**möglichst**
quantus, a, um	**wie groß**
quantum	wie viel

quartus, a, um	**der vierte**
quattuor	**vier**
–que *(angehängt)*	**und**
qui, quae, quod	**welcher; der**
quidam, quaedam, quoddam	**ein gewisser** *(pl.:* einige*)*
quidem	**freilich**
ne ... quidem	nicht einmal
quin	**so daß (nicht);** *meist mit Infinitivsatz übersetzt*
quinque *(indeklinabel)*	**fünf**
quis, qui	**wer**
(neutrum: quid)	(was)
nach 'si', 'nisi', 'ne', 'num'	irgend jemand, irgend etwas
quisque	**jeder**
quo	**wohin, damit desto**
quod	**daß; weil**
ratio, rationis fem.	**Art, Weise, Überlegung**
recipere, io, cepi, ceptum (3)	**aufnehmen, in Besitz nehmen**
referre, refero, rettuli, relatum *konjugiert wie 'ferre'*	**zurückbringen, erwidern**
regio, regionis fem.	**Gegend**
regnum, i n.	**königliche Herrschaft**
relinquere, o, reliqui, relictum (3)	**zurücklassen**
reliquus, a, um	**übrig**
remittere, o, misi, missum (3)	**zurückschicken**
reperire, io, repperi, repertum (4)	**finden, erfahren**
res, rei fem.	**Sache, Lage, Ereignis, Habe**
resistere, o, restiti (3)	**Widerstand leisten**
res publica, rei publicae fem.	**Staat**
retinere, eo, tinui, tentum (2)	**zurückhalten**
reverti, revertor, reverti (3) *(Perf. ist klassisch immer aktivisch)*	**zurückkehren**
rex, regis m.	**König**
rursus *(oder:* **rursum***) Adverb*	**wiederum**
sagittarius, ii m.	**Bogenschütze**
salus, salutis fem.	**Wohl, Wohlergehen**
satis *Adverb*	**genug**
secundus, a, um	**der zweite, folgend, günstig**
sed	**aber, sondern**

senatus, us m.	**Senat**
sequi, sequor, secutus sum (3)	**folgen**
servus, i m.	**Sklave**
si	**wenn**
sic *Adverb*	**so**
signum, i n.	**Zeichen**
silva, ae fem.	**Wald**
simul	**zugleich**
simul atque	sobald als
sine *Präp. mit Ablativ*	**ohne**
singuli, ae, a	**einzelne**
sive	**oder**
sive ... sive	sei es ... oder
spatium, ii n.	**Zwischenraum, Zeitraum**
spes, spei fem.	**Hoffnung**
studium, ii n.	**Eifer**
sub *Präp. mit Abl. u. Akk.*	**unter**
subito *Adverb*	**plötzlich**
subsequi, sequor, secutus sum (3)	**nachsetzen**
subsidium, ii n.	**Schutz, Reserve**
sui (sibi, se, secum)	*reflexives Personalpronomen der dritten Person Sg. u. Pl.* 'seiner', 'sich', 'sich', 'mit sich'
superare, o, avi, atum (1)	**überwinden**
superus, a, um	**der obere, der vorhergehende**
supra *Adverb*	**oben**
sustinere, eo, tinui (2)	**ertragen**
suus, a, um	**sein (***pl.:* **ihr)**
tam *Adverb*	**so**
tamen	**dennoch**
tantus, a, um	**so groß**
tantum	so viel
telum, i n.	**Wurfgeschoß**
tempestas, atis fem.	**Sturm, Wetter, Unwetter**
tempus, temporis n.	**Zeit**
tenere, teneo, tenui (2)	**halten, haben**
terra, ae fem.	**Erde, Land**
terror, terroris m.	**Schrecken**
timere, eo, ui (2)	**fürchten**
timor, timoris m.	**Furcht**

totus, a, um *Gen.:* totius *Dat.:* toti	**ganz**
tradere, o, tradidi, traditum (3)	**übergeben**
traducere, o, duxi, ductum (3)	**hinüberführen**
transire, eo, ii, itum *konjugiert wie 'ire'*	**hinübergehen**
tres, tres, tria	**drei**
tribunus, i m.	**Tribun**
tum *Adverb*	**dann, darauf**
turris, turris fem.	**Turm**
ubi	**wo; sobald als**
ullus, a, um *Gen.:* ullius *Dat.:* ulli	**irgendein**
unus, a, um *Gen.:* unius *Dat.:* uni	**ein**
urbs, urbis fem.	**Stadt**
usus, us m.	**Gebrauch, Praxis**
ut	**1. so daß** *mit Konj.* **2. damit** *mit Konj.* **3. wie** *mit Ind.*
uterque, utraque, utrumque *dekliniert wie "uter, utra, utrum"*	**beide**
uti, utor, usus sum (3)	**gebrauchen**
velle, volo, volui	**wollen**
venire, venio, veni, ventum (4)	**kommen**
vero *Adverb*	**in Wahrheit, freilich**
via, viae fem.	**Weg**
victoria, ae fem.	**Sieg**
videre, eo, vidi, visum (2)	**sehen** *(pass. auch* 'scheinen'*)*
vigilia, ae fem.	**Nachtwache**
virtus, virtutis fem.	**Tapferkeit, Tüchtigkeit**
vis *Gen.: u. Dat. Sg. fehlen;* *Akk.:* vim; *Abl.:* vi	**Kraft, Gewalt, Ansturm, Vorrat**
vita, ae fem.	**Leben**

Klassische und mittellateinische Philologie

BAEBLER, J. J.: Beiträge zu einer Geschichte der lateinischen Grammatik im Mittelalter. 1885. Nachdruck 1971. VIII, 206 S. Leinen DM 38.– *ISBN 3-87118-553-1*

HAARMANN, Harald: Der lateinische Lehnwortschatz im Albanischen (Hbger Philolog. Studien 19). 1972. 174 S. DM 22.– *ISBN 3-87118-097-1*
–: Der lateinische Lehnwortschaft im Bretonischen (Hbger Philolog. Studien 32). 1973. 139 S. DM 18.– *ISBN 3-87118-139-0*
–: Der lateinische Einfluß der Interferenzzonen am Rande der Romania (Romanistik in Geschichte und Gegenwart 5). 1978, 170 S. mit zahlr. Tabellen und 14 Kartenskizzen DM 24.– *ISBN 3-87118-356-3*

PAOLI, Cesare: Grundriß zu Vorlesungen ueber lateinische Paläographie und Urkundenlehre. 3 Bde. I: Lateinische Palaeographie. 3. Aufl. 1902. II: Schrift- und Buecherwesen. 1895. III: Urkundenlehre. 1900. Nachdruck in einem Band 1973. (4), X, 108 + VI, 208 + 212 + VI, S. 213–403. Leinen DM 118.– *ISBN 3-87118-542-6*

SITTL, Karl: Die lokalen Verschiedenheiten der lateinischen Sprache mit besonderer Berücksichtigung des afrikanischen Lateins. 1882. Nachdruck 1972. (2), IV, 163 S. DM 28.– *ISBN 3-87118-545-0*

WATTENBACH, Wilhelm: Anleitung zur lateinischen Paläographie. 4., verb. Aufl. 1886. Nachdruck 1971. (4), 106 S. Leinen DM 29.80 *ISBN 3-87118-536-1*

ZIESKE, Lothar: Felicitas – eine Wortuntersuchung (Hbger Philolog. Studien 23). 1972. VIII, 424 S. DM 48.– *ISBN 3-87118-117-x*

Handbücher für den Sprachwissenschaftler

BRACHIN, Pierre: Die niederländische Sprache. Ein Überblick. Übertragen aus d. Französ. v. Christian Zinsser. 1987. Ca. 240 Seiten mit einer Karte *In Vorbereitung*

COLLINDER, Björn: Sprache und Sprachen. Einführung in die Sprachwissenschaft. 1978. 293 S. mit zahl. Abbildungen DM 24.80 *ISBN 3-87118-324-5*

DALGADO, Sebastio Rodolfo: Glossário Luso-Asiático. Com uma introduçao por Joseph M. Piel. 2 vols. Coimbra 1919 e 1921. Nachdruck 1982. 12, LXX, 535 + X, 580 pp. Gr 8°. Leinen DM 340.– *ISBN 3-87118-479-9*

FODOR, István / HAGEGE, Claude (Eds): Language Reform – History and Future. La réforme des langues – Histoire et Avenir. Sprachreform – Geschichte und Zukunft. With a Preface by Joshua Fishman. (A collection of studies by specialists of 70 selected languages in English, French, German, Russian and Spanish). 3 volumes. Cloth DM 750.– *ISBN 3-87118-572-8*
–: Vol. I – 1983. XXII, 544 pp with 16 illus. DM 248.– *ISBN 3-87118-676-7*
–: Vol. II – 1983. 521 pp with 28 illus. DM 248.– *ISBN 3-87118-677-5*
–: Vol. III – 1984. XII, 586 pp with 19 illus. DM 254.– *ISBN 3-87118-678-3*

HAARMANN, Harald unter Mitarbeit von Anna-Liisa Värri Haarmann: Die finnisch-ugrischen Sprachen. Soziologische und politische Aspekte ihrer Entwicklung (Fenno-Ugrica 1). 1974. 309 S. mit 44 Karten, 12 Faksimiles, Graphiken und Tabellen. DM 36.– *ISBN 3-87118-155-2*

HAUGEN, Einar: Die skandinavischen Sprachen. Eine Einführung in ihre Geschichte. Gegenüber d. englischen Ausgabe von 1976 umgearbeitet und erweitert. Autorisierte Übertr. v. Magnús Pétursson. 1984. 636 S. mit zahlr. Abbild., Faks. und Karten. Leinen DM 124.– *ISBN 3-87118-551-5*

HAIDÚ, Péter / DOMOKOS, Péter: Die uralischen Sprachen und Literaturen. Übertragen aus d. Ungarischen v. Lea Haader. 1986. 618 S. mit zahlr. Karten und Abb. Leinen DM 124.– *ISBN 3-87118-745-3*

HEEPE, Martin (Hg): Lautzeichen und ihre Anwendung in versch. Sprachgebieten von Fachgelehrten zus.gestellt. 1928. Nachdr. mit e. einleit. Kapitel v. Elmar Ternes (Forum Phoneticum 27). 1983. XXVIII, (8), 116 S. Geb. DM 38.– *ISBN 3-87118-495-0*

HEINE, Bernd / SCHADEBERG, Thilo / WOLFF, Ekkehard (Hg): Die Sprachen Afrikas. Ein Handbuch mit zahlr. Karten und Tabellen sowie umfangreichen Literaturangaben zu jedem Kapitel. 1981. 665 S. Leinen DM 124.– *ISBN 3-87118-433-0*

JEDLICKA, Alois u. a.: Wörterbuch der slavischen linguistischen Terminologie in allen slavischen Sprachen und in deutsch, englisch und französisch.
Band 1: 1977. XXXVIII, 533 S. Leinen DM 96.– *ISBN 3-87118-271-0*
Band 2: 1979. XIII, 483 S. Leinen DM 80.– *ISBN 3-87118-272-9*
Beide Bände zusammen DM 176.– *ISBN 3-87118-270-2*

KELLER, Rudolf E.: Die deutsche Sprache und ihre historische Entwicklung. Bearbeitet und übertragen a. d. Englischen, mit einem Begleitwort sowie einem Glossar versehen von Karl-Heinz Mulagk. 1986. XIV, 641 S. mit zahlr. Kartenskizzen und Tabellen. Leinen DM 124.– *ISBN 3-87118-552-3*

LAANEST, Arvo: Einführung in die ostseefinnischen Sprachen. Autorisierte Übertragung a. d. Estnischen von Hans-Hermann Bartens. Gegenüber d. estn. Ausg. v. 1975 korrigiert und ergänzt. 1982. 349 S., 1 Karte DM 64.– *ISBN 3-87118-487-x*

MANN, Stuart E.: An Indo-European Comparative Dictionary. Erscheint seit 1984 in 11 Lieferungen zu je 80 Seiten. Pro Liefrg. DM 64.–
Gesamtband 1984–1987. Ca. 900 S. Leinen ca. 750.– *ISBN 3-87118-550-7*

METUZĀLE-KANGERE, Baiba: A Derivational Dictionary of Latvian (Bayreuther Beitr. z. Sprachwissenschaft 5) 1985. XXXVI, 355 pp 2°. Geb. DM 128.– *ISBN 3-87118-616-3*

PALLAS, Peter Simon: Linguarum totius orbis vocabularia comparativa. 2 Bde. St. Petersburg 1786 und 1789. Nachdruck hrsgeg. u. m. e. Vorwort versehen von Harald Haarmann.
Band 1: 1977. XXVI, 411 S. Geb. DM 100.– *ISBN 3-87118-285-0*
Band 2: 1978. XIV, 491 S. Geb. DM 124.– *ISBN 3-87118-286-9*
Beide Bände zusammen DM 224.– *ISBN 3-87118-287-7*

SCHMIDT, Pater Wilhelm: Die Sprachfamilien und Sprachenkreise der Erde. 1926. Nachdruck 1977. Textband. XVI, 595 S. Geb. DM 84.– *ISBN 3-87118-277-x*
Atlas mit 14 farbigen Karten. Großformat DM 64.– *ISBN 3-87118-278-8*

WOLF, Siegmund, A.: Jiddisches Wörterbuch mit Leseproben. Wortschatz d. dt. Grundbestandes d. jiddischen (jüdischdt.) Sprache. Korrig. Nachdr. d. Ausg. 1962. 2., durchges. Aufl. 1986. 203 S mit Faksimiles. Ln. DM 48.– *ISBN 3-87118-751-8*

–: Wörterbuch des Rotwelschen. Deutsche Gaunersprache. Korrig. Nachdruck d. Ausg. 1956. 2., durchges. Aufl. 1985. 432 S. Leinen DM 98.– *ISBN 3-87118-736-4*

–: Großès Wörterbuch der Zigeunersprache (romani tšiw) Wortschatz deutscher und anderer europäischer Zigeunerdialekte. Korrig. Nachdruck d. Ausg. 1960. 2., durchges. Aufl. 1987. 287 S. Leinen DM 64.– *ISBN 3-87118-777-1*

Liefermöglichkeit und Preisänderungen vorbehalten